第一部 战国七匹狼

读不够的
战国史

DU BU GOU DE ZHAN GUO SHI

鸟山居士 ◎ 著

中国文史出版社

图书在版编目（ＣＩＰ）数据

读不够的战国史. 第一部, 战国七匹狼 / 鸟山居士
著. -- 北京：中国文史出版社, 2023.1
　　ISBN 978-7-5205-3402-4

　　Ⅰ. ①读… Ⅱ. ①鸟… Ⅲ. ①中国历史－战国时代－
通俗读物 Ⅳ. ①K231.09

中国版本图书馆CIP数据核字（2021）第241777号

责任编辑：刘　夏
装帧设计：欧阳春晓

出版发行：中国文史出版社

网　　　址：www.wenshipress.com

社　　　址：北京市海淀区西八里庄路69号　　邮编：100036

电　　　话：010-81136606　81136602　81136603（发行部）

传　　　真：010-81136655

印　　　装：北京温林源印刷有限公司

经　　　销：全国新华书店

开　　　本：1/16

印　　　张：22　　字　数：330千字

版　　　次：2023年4月北京第1版

印　　　次：2024年1月第2次印刷

定　　　价：56.00元

目录 Contents

第七章 纵横时代 / 269

引

话说天下大事合久必分，分久必合，自涿鹿之战（黄帝和蚩尤那场）以后，中原大地最终由华夏联盟统一。

时光如同滔滔的黄河河水奔腾不息，经历了舜逼尧、禹逼舜，夏朝在大禹的手中建立。

之后商汤灭夏，武王伐纣，周朝又屹立于中原之顶。

在周朝以前，华夏还没有诸侯这个称号（一说夏朝就有，但并无考证），一般都是以部落的形式存在的。可周朝建立以后，周武王赏赐给了臣下们大量的封地，这些封地便以"国"的形式存在了下来，而这些"国"的统治者便是我们都熟悉的诸侯了。

据说在周朝（确切地说应该是西周）刚刚开创的时候一共有五百多个诸侯国，可是到了春秋的时候便只剩下一百多个了，那么为什么几百年的时间这些诸侯国都消失了呢?

关于这个问题，只能用四个字解释，"盛极而衰"。

周这个国家从武王创立开始便一直处于动荡之中，周文王姬昌在位期间，靠着所谓的"仁政"和舆论战硬是将英明神武的子辛（纣王）变成了"一代昏君"。

武王灭商以后，商朝遗民知道自己是被欺骗了，便起兵造反，想要夺回商朝失去的土地，可那时候商朝的辉煌早已经是一去不复返了，周公姬旦和齐侯姜子牙一个在西、一个在东，瞬间灭了叛乱分子。

后来，这些商朝遗民被统一划拨在了宋和卫这两个国家，使他们慢慢地融入了周朝，周朝这才算是稳定了下来。

俗话说富不过三代，在周朝前三代君王都归天以后，周朝后来这些君主更是一代不如一代（除了周穆王姬满），直到周幽王姬宫湦宠幸褒姒，赶走了太子姬宜臼，使得国内局势超级紧张，最终是被申侯（姬宜臼的外公）勾结邻国和西戎将镐京屠了个干干净净。

至于为什么没有提到烽火戏诸侯，只能说真实性有待考证。

首先，烽火戏诸侯的真实性自古就有很多史官表示怀疑，现在史学界也分成两派来讨论这个问题，笔者是不信烽火戏诸侯的，因为这事的破绽实在是太多，我就挑重点来说吧。

第一，这等大事所有史书都一定会有记载，但《清华简》《竹书纪年》等很多书籍都没有记载，这说明了什么呢？

第二，路程、时间和行军工具，如果按照史书上说的那样，周围诸侯都来援的话，从诸侯国和镐京的距离来看就不现实。

第三，烽火这种警戒方式最早出现在汉朝，在这之前根本没有。

而这三点还不是全部，所以笔者断定，烽火戏诸侯纯属扯淡。

再后来，在外公申侯的帮助下，姬宜臼成功登上了周朝的王位，这便是周平王了。

可此时的镐京已经被毁得千疮百孔，再也不适合当一个都城了，所以，周平王向东迁都于成周（今河南省洛阳市），而后来的人们也习惯于称东迁以后的周朝为东周，之前的则为西周。

因为周朝在之前的内乱之中差点儿被灭了国，所以威望下降得厉害，按理说周平王就应该发展国力以图东山再起，可他偏不，非要招惹当时风头正劲的郑庄公，结果被郑庄公好一顿收拾，差点儿被一箭射死。

打这以后，周朝的威望受到了毁灭性的打击，再加上那时期群雄割据，周朝从此礼崩乐坏，算是彻底抬不起头来了。

这就进入了春秋时期。

要说春秋，大家第一时间就会联想到五霸，关于这五霸的归属众说纷纭：

A. 齐桓公、晋文公、秦穆公、楚庄王、宋襄公。

B. 《荀子》：齐桓公、晋文公、楚庄王、吴王阖闾、越王勾践。

C. 《白虎通》：齐桓公、晋文公、秦穆公、楚庄王、吴王阖闾。

至于这三个选项哪一个才正确，请读者自己定夺。

这五国哪一国最强呢？毫无疑问——晋国！

可晋国却是春秋诸多强国中第一个被瓜分灭掉的国家，为什么呢？这就要说一下晋国的官场体制了。

当初晋文公重耳历经多方磨难夺回政权以后，为了感谢陪他一起征战的好兄弟们，特地在晋国设置了六卿制度，所谓六卿制度，顾名思义，就是将晋国的军政大权以及大部分肥沃的土地平均分配给这六个重臣。

开始一切看起来都很美好，重耳和这六个大臣之间亲密无间，国力蒸蒸日上。

可是随着时间的推移，六卿制度慢慢地变成了晋国的坟墓，六卿家族也从最开始的郤、先、狐、赵、栾、士变成了范、中行、智、韩、魏、赵六家，而晋国君主手中的权力也随着时间的流逝和历代君主的无能全都过渡到六卿的手中。

而我们战国的故事就是从这里开始的。

关于战国的起始时间有两个说法，第一个是从公元前475年一直到公元前221年，第二个是从公元前403年一直到公元前221年，而笔者就从497年开始写了，因为这时候战国局势已经慢慢地形成了，从这时候开始写代入感强，还请各位读者不要见怪。

战国时代，虽然只有短短的254年（抑或182年），却是一个伟大的时代。

在战国时代，各国相互竞争、战争，他们变法，创造新的制度，研发新的科技、兵法，华夏民族在这个时期如同飞一般地高速发展。

春秋以及春秋以前，咱们华夏并不是世界上最强悍的民族，可是自从战国以后，华夏民族彻底崛起，这个强悍是全方位的。

战国，能人辈出，不管从军事上还是政治上，人才一个接一个地蹦了出来，他们的能力，他们的才华，就算是以后的名将贤臣们也难以比肩，战争也从原来的几万人变成了几十万人之间的大战。

这个时期是黑暗的也是伟大的，而本书却和其他的战国题材稍有不同，前期线索是以《竹书纪年》为主，《史记》《资治通鉴》《战国策》为辅，而后期则转为以《史记》《资治通鉴》《战国策》为主，其他的一些历史资料为辅，我相信这部《读不够的战国史》一定会让您满意。

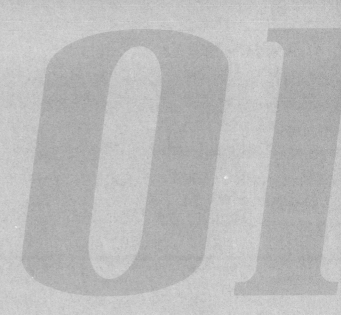

第一章

铁血赵国的发迹史

1.1 乱

晋国国内，随着"六卿"之间权力的争夺战愈演愈烈，终于在公元前497年，晋国爆发了血腥的内战，使得晋国六卿一下子变成了"四卿"。

事情的开端是这样的，身在晋国邯郸的守城大夫赵午在某一天突然接到了赵氏宗族族长赵鞅的一份命令，命令赵午将邯郸城内的五百户居民迁到晋阳居住。

按理说赵午是老赵家的一个旁支，族长赵鞅发出的命令他有义务去执行，可这里面有一个问题，那就是这五百户是个什么概念。

大家都知道，那时的晋国根本就不是公室做主，不只是"六卿"拼命往自己家族里搜罗土地和资源，就连那些守城的大夫们哪个不是铆足了劲儿给自己的城池添丁强力？

五百户在当时那是相当大的一群劳动力啊，这一下全都被调走了，对邯郸来说毫无疑问是一笔不小的损失。所以，赵午在他七大姑八大姨的建议下，婉言拒绝了赵鞅的要求。

本来以为被赵鞅骂一顿也就算了，可谁知道赵鞅为了杀鸡吓猴，直接把赵午抓起来杀了，这还不算，他还派人去了邯郸，告诉赵午的家里人，"我是宗族的族长，我有权力处罚赵午，人我已经杀了，你们再另选继承人吧。"

新继承邯郸大夫的人是赵午的儿子赵稷，赵稷为报杀父之仇，直接在邯郸竖起一杆大旗宣布独立，并且声称和赵鞅不死不休。

赵稷的精神还是值得鼓励的，可他没弄明白一件事儿，邯郸虽然从里到外都是他赵稷的，可名义上还是晋国的土地啊。

果不其然，晋定公一听这事儿自然是非常气愤，他直接就给赵鞅发出了命令，让赵鞅去将这块地方打回来，你们老赵家自己惹出的事情自己去解决，只要别分裂我们晋国土地就行。

赵鞅对这事儿自然是义不容辞，别说晋定公发话了，就是他不说赵鞅也时刻准备着呢。

就这样，赵鞅出动庞大的赵家军队杀向邯郸，如果不出意外，邯郸很快就会被赵鞅的大军攻破。

可赵鞅爽快砍人的时候却忽略了一点，那就是晋国现在的形势，现在六卿（智、赵、韩、魏、范、中行）整天都明里暗里地钩心斗角，而赵家又是这里面最强的一家，其他家族自然不会放过这次攻击赵家的机会。

这不，赵鞅前脚刚走，范家和中行家就在这时候出手了。

他们找到了晋定公，言之凿凿地说："主公，我记得咱们晋国的法律是始祸者死吧？那赵午和赵鞅虽然是同宗关系，可是经过这么多代的繁衍，他俩早就没关系了，可是赵鞅仗着自己的权势，却任意屠杀朝中大臣，臣就想问了，咱们晋国的法律要是不要？"

这一番话说得很不客气，估计要是晋重耳那时候早就教训他了，可是晋国到了晋定公的时候，君主不说被彻底架空也差不多了，晋定公只能打碎牙往肚子里咽。

他无奈地道："那众位卿家有什么想法呢？"

"想法很简单，如果赵鞅不私自杀了赵午，那赵稷能反？既然咱们晋国的法律明文规定了始祸者死，那就让赵鞅去死吧！只要他一死，赵稷一定会再重新回到咱们晋国的怀抱。"

晋定公想想也是，再加上两大家族的施压，便同意了攻打赵鞅的事情。

有了舆论导向和国君的支持，范家和中行家行事再无顾忌，直接带着本部兵马，杀向赵鞅的老巢——晋阳。

本来两家想要打一个突袭战，在赵鞅未能回军的时候就攻陷晋阳，可岂料赵鞅在朝中党羽众多，提前得到了消息，赶紧来了个三百六十度大回旋，直接跑回了晋阳。

之后，赵鞅采取坚壁清野的战术，死死地守住晋阳，打算和范、中行两家拼死一搏。

而范家和中行家也是家底尽出，他们包围了晋阳城，死活都要把赵家从晋国给拔出去，然后分了赵家的领土，巩固自家的势力。

　　他们对晋阳城发动了猛烈的攻击，可是这些年，晋阳城被赵鞅经营得铜墙铁壁一般，哪里会这么容易就被攻下？所以两家苦苦攻打了近一年都没将晋阳攻下。

　　攻城的辛苦，守城的一样不轻松，守了一年多的城，早在一个月前就没有粮食送进来了，外面被围得水泄不通，城里的粮食已经快用尽了，照这样下去，用不了两个月，晋阳城必破！

　　这种二对一的情况，如果不出意外的话，赵家将会被两家驱除，而历史也会被改写。

　　但是，两家很明显犯了和赵鞅一样的错误，他们自以为自己是黄雀，可悲哀的是，他们只不过是一只可怜的螳螂，就在两家即将攻克晋阳的时候，就在三家都因为这场大战消耗一空的时候，真正的黄雀出现了，那就是智、魏、韩三家。

　　三家一起找到了晋定公向他施压，因为三家里面实力最强的是智家，所以智家的族长智砾就代表三家和晋定公道："主公啊，现在咱们晋国已经让赵、范和中行这三家的大战给消耗得不行了，如果再不制止那咱们晋国可就要完了！难道你就这么看着不管吗？你对得起列祖列宗吗？"

　　晋定公弱弱地问道："那爱卿打算怎么办呢？"

　　智砾点了点头说："我看他们三家都不是什么好东西，要不是他们，咱们晋国怎么会到这种程度呢？我看一锅端了得了！这次就由您统军出击！"

　　晋定公心中冷笑："哼！晋国怎么了？我看就是你们三家想分了另外三家的地盘还差不多，这还不算，还要借着我的名头出师！"可嘴上却不敢这么说，只能答应三家的要求。

　　就这样，晋定公"统率"这三家大军，浩浩荡荡地杀向了晋阳，中行家和范家听闻这个消息以后大惊，也不攻城了，赶紧派遣使者去晋阳城内，说要和赵鞅联合，一起攻打国君。

　　赵鞅很聪明，他含糊其词，既没有答应，也没有拒绝，两家一看赵鞅和他们打起了太极，也不再多说，率领着军队前去攻打三家的入侵，只要你赵鞅到时候别在后面推我一下就行。

本来就消耗得差不多的中行、范两家面对着智、魏、韩三家的入侵根本就没有什么抵抗能力，外加上国君也站在三家那一边，他们既没有天时也没有地利，人和就更不必说了，最郁闷的是赵鞅还在两军对战的时候在后面偷袭了他们。

结果，中行家和范家彻底地告别了历史的舞台，两家的封地和政治地位也全都被智、魏、韩三家瓜分。

那剩下的赵家应该怎么处理呢？按理说，赵家也早就被三家给定性了，可是赵鞅行事果断，在这次的事件中戴罪立功，晋定公也发话了，要饶过赵鞅，三家也实在找不出什么借口来彻底消灭赵鞅，只能让赵鞅把董安于给杀了了事，以此来削弱赵家的实力。

那这个董安于是谁呢？

董安于：生年不详，据说是春秋中早期不给晋国权臣赵盾面子之董狐的后人，他是赵家首屈一指的智囊，赵家之所以这么强，和他有很大的关系。据说赵鞅要做什么都会先征询董安于的意见，他和董安于的关系也是最近的。

所以，让他献上董安于的首级，他是一千个不愿意的，可现在又能怎么办呢？要是不杀董安于，他们赵家将会彻底地从晋国消失，赵家所有的权力、金钱、土地就全没了，这要是赵鞅自己也就罢了，关键是他还有后代，还有一族的人要靠他供养，所以赵鞅只能照办。

董安于死后，赵鞅特意为他建造了一座庙堂，命赵家人世代供奉，其受尊崇的程度可见一斑。

这事儿结束以后，晋国的六卿只剩下智、赵、韩、魏四家了，而虽说智、魏、韩三家的实力明显提升，但这其中一半的好处都被强大的智家所得，再看赵家，也再没有之前独领风骚的强悍，只能和其他三卿平起平坐，甚至实力已不如智家了。

晋国的这次内乱，不只让晋国公室的权威跌落到了谷底，更要命的是晋国从此再也不去管中原那些事了，你们爱打谁打谁，反正和我们晋国再无关系了，只要你们别来找我们的麻烦就行。

在中原霸主晋国的袖手旁观下，中原从此陷入了无止境的战乱，各路诸侯你打我我打你，大鱼吃小鱼，并且抓紧时间发展国内人口和城邑的数量，随时为战争做准备。

可这一切都在公元前476年结束了，这一年，沉寂多年的晋国突然发难，对周边的国家进行横扫，智家的智瑶率领大军讨伐郑国，而赵家的赵无恤则带领其手下重兵讨伐代国。

您可不要以为这是晋国国君的政令，现在姬姓公室在晋国地位极低。这实际上都是赵、智两家私人的行为。

因为四卿基本上已经把晋国的地盘瓜分得差不多了，所以他们开始逐渐对外扩张，致力于增加自己的直辖领土。智家在晋国的实力是最强悍的，所以族长智瑶便打算直接灭了郑国，取而代之。

可是郑国就是再弱，那也是中原的老牌国家，不是那么好吞并的，并且郑国还不知道通过什么渠道联系上了齐国，齐简公二话不说，亲率大军前去支援郑国。

那智瑶一看齐国气势汹汹而来，料想凭着一己之力无法吞并郑国，便在和齐国进一步交恶之前领兵退去了。而赵无恤攻打的代国相对来讲要简单一些。

代国，说是一个国家，实际上也就是一座城池而已，可就这样，赵无恤依然不敢直接攻打代国，而是设计将代王引出来参加他的"鸿门宴"，那代王是赵无恤的姐夫，所以根本就没想到赵无恤会害他，等代王进入宴会以后，赵无恤毫不啰唆，直接将他擒住，然后立马率领大军攻打代地。

代地此时国内无主，一片混乱，可就是这样，赵无恤也是费了很大的力气才把这地方拿下。那这代地有什么好的呢？为什么就为了这一个地方费了那么大的劲儿呢？那是因为代地有一个相当厉害的特产，那就是代马！

这代马是以后赵国的国宝，从古至今，中原马匹的质量一直都是历代君主最头痛的事情之一，因为不管是从环境上来讲还是技术上来讲，他们都不如周边少数民族养的马好。（注：那时的匈奴、义渠，以后的蒙古、契丹……）

这代马却不一样，代地，位于现在河北省蔚县东北三十五公里左右，处于燕国和晋国之间，并且紧挨着林胡和娄烦等少数民族。四周全都是肥美广阔的草原，极适合良种马匹的饲养。

此地产出的战马膘肥体壮，耐力又好，非常适合打仗。所以，赵无恤不管用什么手段都要得到这地方。

1.2　智瑶和赵无恤

智瑶，那是智家上上代族长智砾的孙子，上代族长智申的儿子，个人才能称得上文武双全，深得智家众人的信任。所以，智申老早就把继承人的位置传给了智瑶。

可是在这里面还出过一段小小的插曲，那智家有一人名叫智果，在家中很有声望，是个智多星，智果一听说智申将智瑶定为了继承人，十分惊恐，忙去找智申道："主公！您可不能将智瑶定为继承人啊！"

智申呵呵笑道："我说智果啊，你是不是糊涂了？我大儿子英俊高大、文武双全，遇事果敢坚毅，口才了得，就是其他的什么琴棋书画也是样样精通。怎么就不能定为继承人呢？这种人才要是都当不了继承人的话，我实在是想不起来我还有哪个儿子能继承智家大位了。"

智果叹息一声道："主公，您说的这些都没错，我也知道，可是智瑶那小子有一个天大的缺点会毁了咱们智家的。"

智申很是纳闷儿地问："什么缺点？你可不能胡说八道。"

智果道："我胡说八道什么呀？那智瑶虽说是集万千才能于一身，但是为人贪婪残暴，狂傲无边，从来都不听别人的谏言。这种人，早晚会被其他的家族给围攻，咱们智家也早晚被他毁灭！主公，你一定要慎重啊！"

智申听了这话，也只是一声冷笑，那人家有才能还不狂一点儿？都像你这样谨慎地活一辈子，那才叫憋屈。所以，智果的反对直接就被智申忽略了。

智瑶就这样当上了智家的族长。

接下来再看看咱们赵家的族长赵无恤。

赵无恤是赵鞅的儿子，因为母亲是从妾，又是狄女子。所以，他在赵鞅诸子中名分最低，属于身份最差的庶子。

在他小时候，不只兄弟姐妹们看不起他，总欺负他，甚至连赵鞅也看不上他，见他从来都没有笑模样，久而久之，甚至都把自己的这个儿子给淡忘了。

可是大家全都走眼了，赵无恤脑袋瓜子确实是聪明，还更兼胆识过人，最重要的是，他的忍耐功夫极为了得，哪怕这些兄弟姐妹们欺负他都欺负出花儿来了，他也从来不作声，只是默默学习，默默忍耐。

话说赵无恤有一个极大的缺点，那就是长得相当有碍观瞻，他的具体长相史书上没有记载，但从以后智瑶和他的对话中就能看出来。

俗话说得好，"是金子总会发光"。而赵无恤这颗金子马上就要发光了。

话说一日，春秋时期的第一相术大师姑布子卿来到了晋国赵家的地界，赵鞅一听姑布子卿到了自己的地盘儿，直接跳将起来，对手下兴奋地道："快！快把大相士给我请过来！记住！一定要彬彬有礼地给我请，千万别把这个人给我得罪了。"

下人听罢，慌忙跑去请了。

这个姑布子卿确实有点儿邪乎，据说，只要是他相中说能成才的人，基本上没有一个是废才。所以，赵鞅一听姑布子卿来到了自己的地盘儿，便赶紧把他请到了赵家，希望他能给自己的儿子们相一下面，看看谁更适合做自己的继承人。

那姑布子卿一直都是靠着这种办法来发家致富的，他这次来赵家的地盘，本来就有这个打算。便很是开心地来到了赵家。

赵鞅先是对姑布子卿寒暄了一番，把一个装满金子的袋子交给了他，然后把所有的儿子都叫了过来，请姑布子卿看相。

只见姑布子卿看一个摇了摇头，再看一个又摇了摇头，最后直接将金子还给了赵鞅，说道："大人，不好意思了，这钱我也不要了，我先走了。"说完转身就走。

赵鞅一把将姑布子卿拉了回来，阴冷地说道："大师！到底是什么意思，你给我说句明白话行吗？哪怕是坏消息我也收着！"

姑布子卿摇头叹息道："既然大人这样问了，小人也只好如实相告。实不相瞒，您的这些个儿子，没有一个会成气候的，您不管将大位传给谁，都会毁在此人的手上。"说完甩开了赵鞅的手，直接走了。

那赵鞅好像泄了气的皮球一般，坐在凳子上半天无法言语。可就在赵鞅差不多已经绝望的时候，姑布子卿又火急火燎地跑了回来，在赵鞅满脑子问号的情况下，他拉着赵鞅的手狠狠说道："大人！我刚才在门外看到一个扫地的孩子！这孩子老鹰眼、高鼻梁，根本就是一副霸主之相，他如果是你们赵家的孩子那就妥了，可如果不是的话，你一定要在这孩子长大之前将他弄死！否则整个赵家都会被他夺取！言尽于此，爱信不信！"说完，姑布子卿一阵风似的跑了。

赵鞅不敢怠慢，赶紧叫了一群家丁随他出去。他倒是要看看这个霸主之相的孩子到底是哪个奴才。

可当他看到那个扫地男孩儿的时候，顿时从气愤改为兴奋。

原来这个孩子正是之前被他忽略的赵无恤。

赵鞅冲了过去，一把抓住赵无恤，左看看，右看看，又是掐又是捏的，把这个一向淡定的孩子差点儿吓着了。

打这以后，赵鞅将这个他一直忽略的孩子捡了起来，不只让他和其他的公子们一起读书，还有事儿没事儿地将赵无恤单独叫来聊天，从中深入了解这个孩子。

不过他也并不是完全相信姑布子卿的话，总觉得这个神棍这次好像算得不太准。

于是，他想了一个考核自己孩子们的办法。他将家族的训诫之词刻在了好几份竹简上，要求这些孩子们认真习读，领悟其要旨，并告诉他们三年之后要逐一考查。

这些孩子们听了之后都没当回事儿，就这么点儿的家训，还要三年以后再考，简直是侮辱我们的智商！

所以，这群公子哥儿将竹简拿到家里以后，只是粗略地看了一遍便随手扔了。

三年的时间一晃而过，一天，赵鞅将这些公子全都聚在了一起，考查他们是不是背诵了自己给他们的家训。

可是在考查的时候，赵鞅失望透顶，因为这些孩子们没一个背得出来，更让他气愤的是，就连世子赵伯鲁也背诵不出。别说背了，就连当初给他的竹简都不知道被扔到哪里去了。

只有赵无恤，不只将赵氏家族的家训背得滚瓜烂熟，还将赵鞅给他的那个竹简常年放在袖子里，每天都要温习好多遍。

打这以后，赵鞅算是真正地看中了赵无恤，并且有将大位传给他的想法。

不过谨慎的赵鞅还是没有将赵无恤立为世子。直到诸子长大成人，赵鞅对他们进行了最终的考查。

一天，他召见儿子们说："我将一枚宝符藏在常山之上，你们去寻找吧，先得者有赏。"

于是，这些孩子们全都快马加鞭地去常山寻宝，倒不是这些娇生惯养的孩子们差这点儿赏赐，而是这时候他们都长大了，有了争夺世子的想法，上一次让赵无恤捡了便宜，他们自认为那是因为自己那时候不懂事，可现在都长大成人了，谁还会不珍惜机会呢？天知道这次是不是父亲再次的考核。

（注：古时候家族或者公侯的继承人叫世子，王室的继承人那叫太子。周朝刚刚建立的时候，伟大的周公姬旦曾经弄出一部《周礼》，这里面很明确地规定，只有嫡长子才能够继承王子或世子的位置。可如今礼崩乐坏，周王室毫无存在感，还有谁在乎什么劳什子的《周礼》呢？所以，很多的诸侯们都弄出来过废立世子的事情，世子或者太子的位置就变得不那么牢固了，到最后造成的结果就是全天下诸侯的孩子们都会为了这个位置争得头破血流）

然而，他们翻遍了整个常山，谁也没有找到宝符，只得空手而归。

只有赵无恤一个人站在常山之巅，默默地看着山下的代地久久不语，等回家以后，所有的孩子都灰头土脸地说自己没有找到宝符，只有赵无恤坚定地道："我得到了宝符。"

赵鞅闻言眼睛一亮，忙让赵无恤将宝符拿出来，可赵无恤却微微一笑说："父亲，我找到的宝符不是一个符，而是天下最强悍的战马和居高临下的常山！"

赵鞅听罢哈哈大笑，顿时觉得只有赵无恤明白自己的良苦用心，是赵氏大业难得的继承人。便当即废掉世子赵伯鲁，改立赵无恤为世子。

又过了几年，看着赵无恤将赵家地盘治理得井井有条，便彻底地将位置传给了赵无恤，自己直接颐养天年去了。

从上面两人的介绍和以后的表现，我以游戏的方式大概将二人的能力变为数值，这样会更加直观。

智瑶：武力74、统帅88、智力90、政治77。

赵无恤：武力63、统帅75、智力90、政治90。

〔注：这里以三国时期的文官和君主为例（估计大家了解最多的就是三国时期的人物了），0-50 范例：刘禅。50-65 范例：孔融。65-80 范例：袁绍。80-90 范例：刘备、孙权。90-99：关羽、张辽、陆逊等辈。100则属于盖代英杰，在某一方面无人能够超越，例如谋略方面的诸葛亮和统军打仗方面的曹操〕

那么这两家的族长会在以后擦出什么样的火花呢？我们拭目以待。

1.3　酒桌恶霸

那边赵无恤得到了代地和代马，混得风生水起，这边的智瑶也没闲着。

公元前472年，为了报几年以前的伐郑之仇，智瑶亲率智氏大军攻伐齐国，并将其大败，威震中原。

郑国害怕智瑶回去的时候捎带也把自己灭了，便命使者跑去智瑶军中，宣誓从此效忠于智家。

公元前464年，智瑶背信弃义，联合赵、魏、韩三家再次出兵伐郑，几乎将虎牢关以北的地盘全部打下，紧接着又出兵围困了郑国的首都新郑。

郑声公慌忙之下派出了好几拨使者前去晋国军营，宣誓从今以后誓死追随智瑶，永不背叛，并且年年都会给智瑶上贡，只求智瑶饶自己一回。

可是郑国早就在前几年便已经投靠了智家，从来都没有违抗过智瑶，就这样智瑶还要攻打郑国，很明显就是要灭了郑国，以此来增加自己的地盘，在此基础上，他怎么会答应郑声公的请求呢？

所以，智瑶断然拒绝了郑声公，并且让他洗干净脖子等着。

郑声公被欺人太甚的智瑶给激怒了，打算和晋军拼死一搏。

他拖着年迈的身体，亲自登上城楼誓师，并指挥战斗。

可让他震惊的是，勇猛的晋军并没有马上攻城，只不过是在新郑城下面待了几天就一溜烟地撤退了。

这突然的一幕让郑声公百思不得其解，到底是为什么呢？

直到一个月以后，郑声公才知道当初晋军为什么会撤兵。

原来，当时智瑶看到新郑城上的士兵一个个精神焕发，喊打喊杀，便知道这次的攻城战肯定会损失惨重，而第一拨负责攻城的部队更是难以幸存，现在晋国有资格和自己对抗的家族无疑便是赵家，要是能在这一战中削弱赵家的力量……

想到这儿，智瑶和赵无恤道："赵无恤，你带着你们赵家士卒充当先锋，我会带着魏、韩两家跟上你的脚步的，等攻下新郑以后，我立你头功！"

赵无恤一听这话，怒火直往上蹿，心说："好你个智瑶，你智家挨着郑国，得到的好处肯定是最大的，我赵家非但拿不到什么好处，还要给你啃最硬的骨头，你智瑶拿我赵无恤当冤大头不成？"

所以，赵无恤阴着个脸纹丝不动，就像没听到智瑶的话一般。

这可把智瑶给惹怒了，他智家在晋国四卿中充当主宰已经好多年了，其他三卿谁见了他智瑶不得点头哈腰？就是你爹也不敢给我脸色看啊，你小子却在这儿和我玩儿深沉，不想活了是怎么着？

于是，愤怒的智瑶阴狠狠地道："小子，我和你说话呢，你聋啊？"

赵无恤也不示弱，鄙视地笑道："呵呵，你身为主帅，自己的士兵都不当前锋，却让我这个来帮你的人打前锋，你是怎么想的？难道除了你智瑶，别人都没长脑袋不成？"

智瑶怒骂道："姓赵的！你个匹夫！你长得丑也就算了，竟然连胆量都如老鼠一般，我真是搞不懂，赵鞅怎么会让你这个胆小如鼠的人继承赵家的家业。"

赵无恤也不和智瑶争辩，只是坐在那里鄙视智瑶。

智瑶一看赵无恤这个德行，怒不可遏，撸胳膊挽袖子就要去打赵无恤，要不是魏、韩两家的族长拉着，赵无恤肯定是要挨打了。

就这样，在智、赵两大巨头都不肯出力的情况下，灭郑之战就这样草草了事了。可灭郑之战是完事儿了，但是智、赵两家已经撕破了脸皮，他们的较量才刚刚开始。

智瑶回国以后，对于赵无恤胆敢抗拒他的事情耿耿于怀，总想找个机会报复他。

一日，智瑶邀请了赵、魏、韩三家一起去他的府邸喝酒，三家族长也没想那么多，收到消息就过去了。可令赵无恤没有想到的是，智瑶这次的宴会就是为他赵无恤准备的。

酒宴刚刚开始的时候，气氛还是很融洽的，可酒过三巡以后就不是那么回事儿了。智瑶的酒量那是出了名的好，三巡以后还要三巡，其他各家的族长当时就表示喝不动了，可那智瑶却一定要赵无恤再喝几杯，赵无恤瞬间明白过来，原来这次的宴会就是为了对付他呀。

虽然恼怒，可是赵无恤并不敢动，现在大家都在智家的领地，如果出了什么岔子，那自己的命可就没了，所以赵无恤无奈之下又和智瑶喝了几杯。

可那智瑶得寸进尺，硬是让赵无恤喝了这杯再来三杯。

赵无恤知道，除非给智瑶喝醉了，要不然今儿个光喝酒都能把他喝死。可是智瑶的酒量天下闻名，谁能喝得过他？所以赵无恤是死活都不再喝了。

智瑶微笑着拿起了酒杯，坐在赵无恤身边说道："兄弟，哥哥给你面子你也得接着不是？你就说吧，这酒你喝还是不喝？"

赵无恤对智瑶抱拳道："兄弟，我的酒量有限，真的不能再喝了。"

话毕，智瑶突然发难，一手掐住赵无恤的下巴狠狠往下一拽，将赵无恤的嘴给拽开，另一只手拿起酒杯狠狠往里倒。

赵无恤哪里能想到智瑶这么狠。猝不及防，再加上智瑶力大，还真就被智瑶将酒一股脑儿地全都倒进了自己的嘴巴，差点儿没把赵无恤给呛死。

赵无恤手下的那些随从直接就怒了，抢起胳膊就要上。而此举正中智瑶下怀，马上就要命门外埋伏的刀斧手发难。

可就在这时，赵无恤突然举手制止了冲动的手下，并且怒吼道："你们要干什么！我兄弟强灌我酒那是和我要好的表现，而你们是要干什么？还不给我滚！"

赵无恤的手下们你看看我，我看看你，最终还是憋着一股怒气走开了。等到自己的手下们全走光以后，赵无恤站了起来，向智瑶连连致歉，说手下不懂规矩，还请原谅。

智瑶也是郁闷连连，都把事儿做到这种地步了，他赵无恤依然还能忍耐，也真是醉了。

赵无恤都把姿态放得这么低了，智瑶也不好再次发难，只得悻悻而去。而赵无恤凭着自己的智慧和忍耐，逃过了智瑶带给他的第一次劫难。

1.4　声名大噪

公元前462年，智瑶在高梁城召集了其他三家巨头，宣布改名为伯，并且以后"四卿"之间的事儿就由他说了算。

三家没有人敢反抗他，纷纷答应。（注：伯，在春秋时候也有霸的意思，智瑶之所以改名，就是要向其他三卿表明自己的态度）

公元前458年，智伯尽出智家兵马灭了仇由国，又将自己的版图扩大了一些。

话说晋国东北方有两个少数民族国家，他们分别是中山国（以前的鲜虞）和仇由国。

仇由和中山都是北面狄戎人建立的国家，地理位置重要，西邻晋国、北邻燕国、南邻卫国、东邻齐国，所以智伯歼灭他们的头号原因便是要用此地开疆拓土。

在地理上，仇由更加靠近晋国，所以他成了智伯的首要攻击目标。但仇由国地处太行山脉，属于山国。而山路崎岖，阻碍又多，想要光靠大军就拿下这个国家非常艰难。

不说别的，光说仇由国没有供给大军行驶的军道就是一个让人头痛的问题。再加上仇由人擅长山地作战，智伯想要拿下仇由那是必须要付出血的代价的。

于是，聪明的智伯想出了一个办法，他命人铸造了一座超级青铜大钟，假意送给仇由国君。

而仇由国国君凭空得到这样一件大礼，当然非常高兴，只是这座大钟大到要把两辆大车并排才能装载起运，没有大道就运送不到首都。

仇由国君不知智伯包藏祸心，当即命人凿山填沟，铺路架桥，要现修一条大道来迎纳大钟。

仇由国的一个大夫叫赤章蔓枝，他听说国君的行为以后大急，当即就劝谏国君，"主公！此举万万不可。我们仇由国地处大山之中，从来都是自给自足，没有什么值得夸耀的地方，也没有什么拿得出手的财富，他智伯为人贪婪，不讲信用，凡事都是以利为先，他凭什么要来结好我们仇由国呢？况且送大礼这事儿，从来都是小国讨好大国才会做的，现在却弄反了。我敢断定，这必然是智伯要攻打我国却苦于无大道可通，所以想用这座大钟来赚我们修路。大钟来时，晋军必尾随而行。所以，主公断不能受此大礼啊！"

这赤章蔓枝说得有理有据，完全符合当时的形势，可是仇由国君现在已经被大钟给迷惑了，怎么会听取否定他想法的建议呢？于是，仍下令"修道迎钟"。

谁知道赤章蔓枝也是一根筋，他又谏道："我说主公啊，你咋就不听好人说话呢？我就明白地说了吧，这钟您要是收了，咱们仇由国就危险了！"

仇由国君冷笑道："呵呵，不听你的就危险了？我看你才是什么都不懂！那晋国是大国！大国与我们这样的小国结交，你要是不顺从的话，更容易挨打，我看你还是不要再提意见了，提了也是废话，滚，滚，快滚！"

赤章蔓枝一看自己的主公油盐不进，还反过来骂他，只能气呼呼地走了。

回到家中以后，他和妻子说道："赶紧的，收拾东西跟我跑吧！"

赤章蔓枝的妻子不明就里，怔怔地看着赤章蔓枝说道："活得好好的，跑什么啊？你今儿个怎么了？"

赤章蔓枝叹息道："我当人家臣子的，如果对主公不忠诚，那我应该去死，可是我说忠言却不被采纳，那可就不是我的问题了，如今主公不听我的忠告，必被智伯所灭，到时候别再把咱两口子也给拖累了，所以我为了躲避祸事，只能抽身而去了。"话毕，当日就套马驾车，并把车毂截短（长毂车稳，短毂车快），赶紧出走去了相邻的卫国，再由卫入齐。

而结果也如赤章蔓枝所料，那边仇由国一边修路，后面的智家大军便悄悄地跟随。等到路修完以后，还没等仇由国主好好地欣赏一下大钟，就听见城外杀声震天，智家军队突然对仇由发动了袭击，仇由上下猝不及防，没过两个时辰就被拿下了。

公元前457年，智伯再次组织兵力讨伐中山国，这中山国是白狄人建立的国家，虽然没有仇由的山地之险，但是他们的尚武之风特别浓厚，其步兵的战斗能力也是闻名天下的，所以中山人一听说智伯前来讨伐他们，一个个扯着脖子便直接去迎战了。

可你要说战斗力，经过多年不断变革的晋国大兵那可是一点儿都不怵白狄步兵，多年以前晋国曾经进行了一次革命性的步兵改革，把军事经费全投入步兵的建设中。所以，晋国步兵的精锐程度，在当时可以说是天下第一的。

有强悍步兵为依托的智伯只怕你防守，或者打游击，你想出来和智伯硬抗硬，那是正中他的下怀了。

果然，智伯的大军一路势如破竹，连战连捷。先是占领了中山国的穷鱼之丘，然后以此为根据地，直插中山腹地，一日之间连下左人、中人两座城池，"中山狼"因此受到了致命的打击。（注：中山狼是中山国人的外号，第一是因为他们作战风格特别勇猛，第二是因为中山这个地方狼多，并且很狡猾）

中山国的一把手在无奈之下，只得死守剩下的几座城池，和智伯打起了消耗战。可是智伯主要的战略目标就是中人这座城池，既然已经拿下了这座城池，东南西北的通路就全打通了，他也没必要非得灭了中山，于是智伯撤了兵。

所以，志得意满的智伯在灭一国、打残一国的情况下，得胜回国。

回国以后，智伯开始在国内寻找新的下手目标，因为他在外讨伐别国的时候，就是因为国内还有赵、魏、韩三家大族在国内虎视眈眈，使他不敢放开手脚进行大战。要不然，灭掉中山国和郑国这等小国还不是易如反掌？

所以，再继续对外扩张以前，智伯打算开始清理内部的祸患，这便是攘外必先安内。

1.5　千年硬气一回

那赵无恤虽然明面上和智伯还过得去，但其实这两个家族，在心底里都巴不得对方早点儿死。

当然了，是智伯先下手的，可是赵无恤的忍耐功夫确实到家，硬是没让智伯找到攻击他的借口。于是，智伯又把他如狼一般的眼睛盯上了韩家。

原因无他，韩家在晋国四卿之中是最弱小的，把他干掉了不会付出太大的代价。

于是，智伯打算故技重施，再次设宴，邀请了其他三家一起参宴，三家族长一听智伯又要设宴，心里都是不愿意去的。

可人家是晋国霸主，实力要高出自己好几个档次，如果不去的话，到时候让智伯找到口实，自己还活不活？所以，虽然心里不愿意，但三家的族长还是老老实实地前去赴宴了。

赵无恤这次赴宴可是做足了准备，参宴以前喝了一洗脸盆的牛奶，心说道："你智伯这次要是还想拿喝酒来和我说事儿，我就和你斗到底！"

岂料这次智伯根本就没理他赵无恤，而是将矛头直指韩虎。他借着酒劲儿和韩虎道："我说韩虎啊，咱们晋国这些上卿里面就属你韩家最差，地盘、财力、军事，你说，哪一个你韩家能拿得出手？我就纳闷儿了，你们韩家也是百年老族，怎么就这么完了呢？我要是你，都没脸出来见人了！"话毕，一直盯着韩虎看。

他虽然也被智伯气得小脸儿黢黑，但还是忍住了，没有发作。

这可就让智伯憋屈了，一个赵无恤是这样，怎么你韩虎也是这个德行？

一计不成再施一计，看着韩虎身后站着的段规，智伯又笑了。他指着段规对韩虎说道："咱不说别的，就说说你这个第一谋士段规，他这样的智商也配当咱们晋国上卿的谋臣？还第一谋臣，我都替你觉得掉价！"

话毕，韩虎气得浑身直哆嗦，差点儿发作。可就在这时候，段规轻轻地把手放在韩虎的肩膀上拍了拍，韩虎这才把一股冲动忍了下去。

只见段规对智伯行了一个大礼，然后说道："智大人切勿动怒，我们韩家确实没有大人手上那么多优秀的人才，也没有大人那么慧眼识人，如果鄙人在这里惹得大人不高兴了，那鄙人向您道歉。"

说罢，弯着腰，极为谦卑地退了出去。而韩虎虽然气愤，但还是无可奈何地忍了。

这一次，韩家逃过了一劫。可"躲得过初一，躲不过十五"，智瑶统一晋国的决心已定，想要让他收手？那是难比登天！

公元前455年，智伯以晋出公想要重新振作晋国为由，先是向韩虎讨要一百里土地。

那韩虎本来是不愿意给的，却在段规的规劝下忍痛予之。

看到韩虎给了自己百里土地，智瑶信心大增，又像魏驹伸出了黑手，同样讨要一百里土地。

魏驹可没有赵无恤和韩虎那么软弱，他收到通知以后破口大骂："智伯你个贪得无厌的！竟然把手伸到我的地盘上还让我给你土地？太过分了！"话毕，就打算派人去拒绝智伯的要求。

可就在这时候，他手下的谋臣任章突然道："主公且慢！"

刚要派人的魏驹听到自己很是信任的谋臣让他慢来，顿时止住了动作，而是疑惑地看着任章。

任章继续说道："主公！如果你拒绝智伯之后，智伯派军队来打你，你打算怎么办呢？"

魏驹愤愤地道："怎么办我不知道，反正想要无缘无故取我的地盘，我就是不给他！"

看到魏驹正处于暴怒的状态，任章也不强劝，而是微笑着道："主公，《周书》上有一句话说得挺好，那便是'将欲败之，必姑辅之；将欲取之，必姑与之'。那智伯横行霸道也不是一天两天了，如今又无缘无故地想要收取土地，这必定会令其他的家族惶恐不安，悲愤难平，要知道，要土地和羞辱别人可不一样，被羞辱了，忍一忍就过去了，可是土地没了，那就什么都完了。难道他韩虎就是傻的吗？那他为什么还要给呢？其目的就是要坐山观虎斗。咱们不如就忍他这一次，看看赵无恤会有什么动作，哪怕是赵无恤也将土地交出去了，他智伯肯定还会有下一次，到时候，众人忍无可忍，必定会组成联盟而共击智氏，等到那个时候，一切都迎刃而解了。主公何必在乎这一时的百里土地呢？"

魏驹听罢，从其言，将百里土地交给了智伯。可智伯虽然收到了土地，但脸上却没有一点儿的笑容，因为他想要的不是土地，要的是一个氏族的反抗，这样他就可以以晋出公为借口，出兵灭了那一家氏族，从而增强智家的实力。

于是，面对下一个目标赵无恤，智伯不打算再要那区区的一百里土地，而是让赵无恤将蔡和皋狼这两块地方全都交出来。

这可真是狮子大开口了，要知道，这两个地方加在一起不只要超过百里，更重要的是，这两块地方全都在赵家中央，属于战略要地！一旦以后智家和赵家开战，赵家将会面临内外被合击的窘境。

赵无恤这次是彻底怒了！他再也无法忍受智伯无休无止的挑衅和勒索。

于是，赵无恤撕掉了智伯的通告文书，并将智伯的使者痛骂一顿并赶出府邸。

终于，赵无恤在智伯的"面前"痛快了一把。他是痛快了，但是自己即将面临的却是智伯洪水般的大军。

果然，当智伯得知赵无恤拒绝了他的要求以后，哈哈大笑，立马调集了能调集的所有兵力，这还不算，他还派遣使者通知韩虎和魏驹，让他们两家尽出精锐，和自己一同讨伐赵无恤，并答应两家，灭了赵无恤以后，赵家地盘，三家尽分。

魏驹和韩虎不敢得罪智伯，再说分了赵家也确实对他们有些好处，便都点头答应了。

那这次赵无恤面对三家联军能不能够力挽狂澜创造奇迹呢？——难。

1.6 晋阳攻防战

看着三家都在积极调兵遣将，赵无恤知道，决战的时候到了。他把赵家的大臣全都集中在一起问道："如今，智、魏、韩三家都在集合兵力，准备灭了我赵家，如果单从战力上来讲，我赵家连智家都打不过，更别提三家联合了。所以，我打算坚壁清野，和三家死磕，大家就说说吧，什么地方能够支撑我扛住三家的猛攻。"

话毕，场下一片寂静，大家都在思考赵无恤说的话。大概小半炷香以后，有人提议道："您长子的封地城墙坚硬厚实，能够挡得住大军的猛攻。"

赵无恤冷笑一声："他？哼！这小子，别人不知道他那个城是怎么回事儿，我可全都知道，以前他为了让自己的城墙更加坚固，耗费了很多人力物力来修补城墙，为此死去的老百姓不计其数，这些老百姓不反我就不错了，哪里还能帮我守城呢？"

又有人提议道："那邯郸怎么样呢？我听说，邯郸不但城墙厚实，最重要的是粮草物资充足，可维持近一年。"

这个提议要比上一个好，可是依然被赵无恤给否决了，他说："邯郸的财富全都是官员搜刮民脂民膏得来的，老百姓依然不会给咱们卖力。我要的是能够和咱们官军共同抗敌的老百姓，就好像当年吴国的姑苏一样！"

说完这话，场下可真是安静了，谁都想不到有什么地方能比邯郸更好的了，再者说，姑苏的那次守城战，在历史上也是少有的，纵观整个春秋，也就那么一次而已。（注：当初越王勾践曾经趁着吴王夫差北上中原称霸的时候，率领越国精锐突袭吴国，并势如破竹一般攻到吴国首都姑苏，本来以为这姑苏也是一日便下的所在，可谁能料到太子友带领着姑苏的老百姓们进行了激烈的抵抗，硬是把勾践的越国大军拖在姑苏城外好几个月，这不得不说是一个奇迹）

这时候，赵无恤很看重的谋臣张孟谈终于说话了。他说道："主公若想守住三家联军，唯有一地可行！"

看到张孟谈终于说话了，赵无恤忙问道："哪个地方？"

"晋阳！"

一听这话，赵无恤心神一震！他心想："是呀！晋阳，我怎么就没想到呢？当初父亲死之前，曾经语重心长地对我说，让我在有紧急情况的时候退守晋阳，我怎么把这事儿给忘了呢？"

于是，赵无恤从其计，调集所有能够动用的战力奔赴晋阳，打算在晋阳和联军展开决战。

那赵无恤为什么会对晋阳有这么大的信心呢？

当初赵鞅用晋阳抵挡了范家和中行家的攻击以后，深知这地方的重要性——当地百姓对赵家的感情特别深，凝聚力很强且民风彪悍。所以，他命令心腹尹铎全力治理此地，对老百姓实施惠民政策，减少百姓的赋税。

那尹铎照着赵鞅的命令治理晋阳，晋阳果然被治理得井井有条，而本来就比较爱戴赵家的老百姓，打这以后对赵家的归属感就更强烈了，赵家族长要是有什么命令的话，他们就算是拼了命也会服从。

可是，当赵无恤率领着六万精锐大军入驻晋阳以后，他彻底蒙圈了。在他的印象中，晋阳城应该是物资充足，城墙高厚。可现在的晋阳却和自己想象的晋阳如天差地别一般，这地方的城墙又矮又薄，这地方的仓库连一粒米都没有，除了老百姓夹道欢迎他们以外什么都没有！

赵无恤怒了，他一把将张孟谈拽了过来，愤怒地道："张孟谈！你不是说晋阳城坚墙厚、粮草富余吗？你不是说晋阳的箭矢多得都数不过来吗？哪儿呢？"

面对声色俱厉的赵无恤，张孟谈并没有任何的惊慌，只不过轻轻拍了拍那拽住自己脖领子的手，然后风轻云淡地道："主公，您别急啊，圣明贤德的人所治理的城镇并不是将财富都放在粮仓金库，而是都藏在百姓的家里面，他治理百姓主要是从思想道德入手，而不是让他们去修建城墙。"

赵无恤本来就怒火中烧，听了张孟谈的话更是愤怒，他怒吼："你别和我废话！我不要什么藏富于民，我也不要我治下的老百姓有多高的思想觉悟，我只要高厚的城墙、富足的粮草、用之不尽的箭矢，我就问你，这些东西在哪儿呢？"

张孟谈却依然风轻云淡地道："主公，您先别急，就算是您现在后悔也来不及了，这么着，您先去府邸休息几日，等一切准备就绪以后我回去找您。"

赵无恤也是无奈了，现在再撤到别的根据地根本就不现实了，别的不说，光是智、魏、韩三家联军已经出动的消息就不允许他再搬迁。算了，就算是死我也要拼一回。

绝望的赵无恤也不管那么多了，打算死马当作活马医，在人生的最后阶段再享受享受。

这几天，赵无恤什么也不管，整日寻欢作乐，吃好的用好的，门也不出了。

可到了第五天的时候，张孟谈兴高采烈地来找赵无恤，他说道："主公，请您出去看看吧。"

赵无恤郁闷得很，本来不想再理会张孟谈了，可看着他这兴高采烈的劲头，他还是好奇地出去看了一下。可这一出去，这哪里是他刚来时候的晋阳啊！

这时候的晋阳，城墙要比他刚来的时候高出两丈多，厚度更是多出一倍。这还不算，就见晋阳城所有的百姓都在忙活着把一捆一捆的箭矢堆在武器库外围。因为里面已经装满了箭矢，再也放不下了。

看着这一切，赵无恤整整愣了半炷香的时间，他忽然一个激灵，也没和张孟谈说话便直奔粮仓而去。

只见晋阳城内的好几个粮仓全都堆满了粮食，竟然没有一个是空的，这些粮食别说守几个月了，就是守个几年那也是没问题的。

赵无恤又是一把将张孟谈拽了过来，激动得手脚直哆嗦，"张孟谈！你快告诉我，这些东西都是从哪里来的！"

张孟谈哈哈笑道："主公，别激动啊，几天前我不是说过嘛，咱们晋阳城从来不搜刮百姓，藏富于民。这些粮食都是百姓们家里的东西，他们就是吃也吃不完啊，一听说智伯要来攻打咱们，全都把家里富余的粮食拿出来了，这些就是成果。"

赵无恤哈哈大笑，接着道："那这城墙呢？只有五天怎么能把城墙加高加厚到这种程度？"

张孟谈无不得意地道："这就是平时给百姓们做思想道德工作的功效了，您入城以后，全城的青壮年都自告奋勇地修筑城墙，他们轮换倒班，日夜不休，为的只是保证赵家能够抗战胜利，他们还能继续在赵家的统治下生活。而那些箭矢您也不必问了，当初先主在世的时候，用了好几年的积蓄，将晋阳城所有的房梁都加盖了一层木梁，所用的材料都是十年以上的松竹木，而这些松竹木便是做箭矢最优质的材料。"

张孟谈说的这些话彻底颠覆了赵无恤的世界观，他以前一直认为武力和财富是世界上最好的武器，可如今才真正地明白了，什么叫作仁者无敌。

就这样，固若金汤的晋阳城被建立起来了。赵无恤威风凛凛地站在城墙上，嚣张地遥望着远方大吼道："智伯！你来吧！"

果然，三日以后，三家联军气势汹汹地到达了晋阳城郊。

看着黑压压如同蚂蚁一般的军队，赵无恤的表情无比凝重，因为智家出兵十二万，魏家出兵八万，韩家出兵七万，三家联军合计二十七万人，而晋阳城内的守军还不到七万。

那么赵家不是除了智家最庞大的家族吗？怎么士兵还不如魏家和韩家呢？

那是因为当初晋国历代的君主为了防止六卿坐大，所以给他们封地都是分散地给，并没有将其整合在一起，防的就是以后他们造反。

如今，三家联盟共同讨伐赵家，便把他们势力范围内赵家的封地给堵了起来，赵无恤自然不能随心所欲地调兵遣将，不然他能调集的士兵不会低于十万之数。

就这样，赵无恤硬要用将近七万人抗拒二十七万大军，全天下没有一个人看好赵无恤，都认为此番晋阳之战必定是赵无恤的末日。

那智伯带领大军进入晋阳城郊以后，直接开始布置围城，他命韩虎率领本部兵马围住晋阳东侧，命魏驹率本部兵马围住晋阳西侧，从智家大军分出一半的士兵堵住南门，他智伯则亲自率领主力部队堵住北门，誓要全歼赵军。

次日，晋阳之战开战。虽说在晋国赵家士兵的单兵作战能力是最强的，但是拥有四倍于赵家兵力的智伯根本就没拿赵军当回事儿，誓要在三日之内拿下晋阳。

所以，攻城战的第一天，智伯便命整个大军分三拨来回不停地攻打晋阳，他要让晋阳的赵军疲于奔命。

可是令智伯想不到的是，晋阳不只有姑苏没有的精锐赵军，还有比姑苏更忠诚的老百姓。

话说联军的大兵轰隆隆地慢慢向前推进，他们打算在到达弓箭的有效射程内才整体冲锋（春秋时期的弓箭，有效杀伤范围在七十米左右），可当他们距离晋阳还有一百米的时候，突然从晋阳城内传出了令人恐惧的砰砰声，紧接着，如同漫天蝗虫一般的箭矢就冲他们飞了过来。

智伯见此哈哈大笑对左右道："哈哈，赵无恤竟然连弓箭能射多远都不知道。都说他赵家人个个都是行军打仗的好手，我看这话水分太……"

智伯的话还没说完，就听见自己联军的阵营内一片哭爹喊娘之声，因为不止智伯没有想到，就连联军的这些大兵也没有想到赵军的箭矢能射到一百米。

所以大家基本上都没有什么准备，士兵们甚至都没把手中防御箭矢的大盾举起来。

结果，第一拨弓箭就射死了联军好几千人。

愤怒的智伯反应迅速，立即命手下将官敲响冲锋的战鼓。

咚咚咚，战鼓擂动，联军的士兵们马上将大盾举到自己的头顶上加速冲锋，伤亡立马直线下降，并且距离晋阳城下越来越近。

智伯还命令弓箭手大队跟着向前冲，等冲到射程内的时候对城内进行射击。

可是智伯的计划明显落空了，因为赵军的箭矢射程太远，并兼杀伤力强悍，他们只要看到了联军的弓箭手，便全部集火于此。

所以，联军只能在没有火力掩护的情况下硬攻晋阳。

此时的晋阳城内，两万多名弓箭手不停地向城外射击，城墙上的赵军严阵以待，城内的男子们每人手中都拿着一捆箭矢，不停地给赵国的弓箭手们输送箭矢，而妇女们则分成两批，一批给士兵们做饭，一批忙着给伤员包扎。

在蒙受了不小的损失以后，联军终于冲到了城下，架上了云梯，可紧接着等待他们的则是从城墙上扔下来的那一大堆滚石，城下的联军顿时脑浆横飞、鲜血四溅。

结果，联军还没一个人登上城墙，就已经损失惨重，有个别的士兵好不容易登上了城墙，可是又被手拿长戈的赵军硬生生地给扎了下去。

就这样，战斗从上午一直打到了黄昏，看着自己的士兵一个接一个地在晋阳的城墙上上演空中飞人，而进攻却又一点儿效果都没有，智伯只能无奈地下令撤军。

此后，他用了半个月的时间建造了数量庞大的攻城器械，于围城第十六日再次对晋阳发动总攻。

可这些赵军不管是箭法还是箭矢的质量都远高于联军，那些井栏（和城墙差不多高的攻城器械，可以载着十来名弓箭手在上面对城内的守军进行火力压制）刚刚进入射程范围，就被赵军无尽的火矢所淹没。

看到这种情况，智伯怒了，他大吼道："传我号令，让所有的大盾部队掩护攻城锤，给我把军力集中到一点，狂攻晋阳城门！我就不信了，四倍于敌的军力竟然就拿不下一个晋阳城！"

联军得到命令，立马有一大群身材魁梧、手拿大盾的士卒掩护在攻城锤的旁边，徐徐向晋阳的城门前进。

效果是立竿见影的，漫天的火矢全被这些职业防守队员挡在了攻城锤以外。可将攻城锤快推到城门的时候，他们直接蒙了，因为晋阳城上面突然射过来很多箭矢，每一个箭矢上面都绑着一个袋子，袋子里面装的不是别的，而是能点燃的油。

绑着油袋的箭矢射到地上，油便洒一地，这些赵国士兵毫不留情地用火矢往下面射。

呼的一声，距离城门四五十米的地方蹿出了冲天的火墙，使得攻城锤再难有寸进，而城墙上面的士兵们则像射活靶一样射击城下六神无主的破门部队。

井栏计划失败，攻城锤计划又失败了，怒极的智伯再次命令部队狂攻晋阳。可是结果还是和第一天一样毫无进展。

无奈的智伯只能再次让士兵们撤回来商讨破城之策。

看着一次一次被自己击退的联军，城墙上的赵军嘶吼呐喊，城内的军民举杯庆祝。而智伯则阴着老脸，回营商讨对策去了。

就这样，联军断断续续地攻击晋阳城三个月之久，可是晋阳城依然牢不可破。

到最后，毫无办法的智伯只能用最原始的办法来拿下晋阳。那就是饿！

主意已定，智伯说干就干，他命令全军将包围圈向外后撤十里，以防止赵军偷袭，紧接着做的便是等了，等到那可恶的晋阳人都饿死。

这次围城整整持续了一年多。晋阳，这个小小的城池，现在却牵动了整个晋国人的心，吸引了全天下诸侯的注意，他们都想知道，最后谁能耗得过谁！

公元前454年，围了晋阳一年的智伯简直不敢相信自己所经历的一切，他从来没听说过哪一座城池能在断粮的情况下坚守这么长时间，这简直就是亘古未闻的事情。

看着晋国国内躁动不安，齐、秦等强国在国内频频调兵遣将，智伯知道事情不能再拖了。

可是不拖又能怎么办呢？想要硬拿下晋阳根本就不现实。

郁闷的智伯在汾水河岸来回踱步，想要借着大自然的力量给他点儿破城的灵感。

还真别说，走着走着，智伯突然灵光一现，看着汾水发呆良久。这汾水正好处在晋阳城的上游，如果将汾水的大坝给他掘了，那晋阳……

想到这儿，智伯怪叫一声，疯了似的往军营跑。

春秋的时候，诸侯们还都讲究一个仁义道德，像屠城这样的事儿很少发生，因为那会被天下人唾骂。而引洪水灌城那就更不用说了，自古以来就没人这么做过，可是智伯才不管那么多，围困晋阳城已经足足一年多了，这一年多，不但部队的士气下降，其他的诸侯国们也都虎视眈眈，就等着晋国内斗四败俱伤，他们好从中渔利。

所以，下定决心的智伯马上命令手下的士兵们凿开大坝，水淹晋阳。

一场灭绝人性的阴谋正在进行中，可这时候的赵无恤在干什么呢？他正在高兴呢，看着联军灰头土脸的样子，赵无恤别提有多开心了。

可就在这时候，让他更开心的事出现了。只见一名传令兵火急火燎地跑了进来，一脸喜色地说道："报主公！智、魏、韩三家联军已经拔寨撤兵了！"

话毕！赵无恤腾地一下站了起来，风一般往城墙上面跑，当他看到联军撤退得干干净净以后相当高兴，他仰天长啸："从此！我赵无恤再也不用怕智伯了！"

可是，赵无恤错了，错得非常离谱，那联军哪里是撤军了？他们只不过是向后撤了几十里，占据高地，躲避洪水罢了。

等所有的人撤退完毕以后，智伯开始毁大坝了，那边赵无恤才刚刚吼完，突然感觉整个城墙都在震动，仿佛地震了一般。

紧接着，令人恐惧的轰鸣声从汾水那边传来！赵无恤不明就里，怔怔地看着那个方向发呆，紧接着，让人毛骨悚然的一幕出现了，只见汾水那边突然向晋阳方向冲来了滔天大水。

上一刻还扬扬得意的赵无恤，这时候彻底蒙了。不只他一个，所有城墙上的士兵全都畏惧地看着大水发愣。

轰！随着一声巨响，洪水撞到了晋阳的城墙上，虽然没有将城墙冲垮，但是那洪水无孔不入，使得晋阳城内的水位越来越高，城内的老百姓们都疯狂地往城墙上面涌，没有抢到城墙上的人全都登上了城内房屋的屋顶，而没能登上屋顶的人全都被无情的洪水淹没。

粮食、武器，这一切随着洪水的到来全都毁于一旦，不管多强的人类在大自然的面前都显得如此不堪一击。

看着城下的一切，赵无恤绝望了，他知道，这一切都完了。而智伯呢？那是相当得意了，他带着仪仗队，领着韩虎和魏驹一起在远处高地上欣赏自己的杰作。

智伯突然坏笑着对二人说："这洪水，真是壮观啊！我以前从来都不知道，原来一场大水也可以毁灭一座城池，今日算是开眼了。话说这大水既然能够毁灭晋阳，那我想一定也能毁灭平阳和安邑吧，您二位说是吗？"

韩虎和魏驹听了这话一个激灵，吓得赶紧点头称是。那这二位为什么这么害怕呢？

原来这平阳是韩虎的老巢，而安邑则是魏驹的老巢，智伯这话的意思就太明显了，就是："你俩以后都给我放低姿态！今天是晋阳，明天是你俩！"

他以为，用这种办法能够让韩虎和魏驹更加畏惧他，可令智伯没想到的是，就是因为这一句话，使得自己踏上了毁灭之路。

时间一晃而过，转眼之间，晋阳城已经被淹了近半年，在这半年的时间里，晋阳人过得生不如死，他们有住在树上的，有住在房屋顶上的，除了每天风餐露宿以外，他们还得整天看着水里面飘荡的尸体。

这还不算太严重，最要命的是粮食！在洪水彻底淹了粮仓以前，晋阳人虽然从粮仓里取出了不少粮食，可毕竟也是有限的，到如今，粮食早就吃没了，晋阳甚至都出现了易子而食的情况。

士兵的士气越来越低，百姓们投降的意愿也越来越强。毕竟，谁都不想在这种毫无希望的战争中白白死掉。

对于眼下这种情况，赵无恤也没有什么办法了，陷入绝望的他也有了投降的打算，便将自己的打算和张孟谈说了一遍，可是张孟谈绝不甘心就这样失败，他坚定地和赵无恤道："主公！你可有想到，如果你投降的话会有什么下场？"

赵无恤也很是无奈地道："我知道，被羞辱一顿之后残忍地杀害！可我的一条命如果能换回晋阳人民的生，那我就是死了又能怎么样呢？"

这话说得大义凛然，可张孟谈一句话马上将赵无恤打回了原形，"如果我能让主公不死，反倒消灭智伯，您还要投降吗？"

赵无恤一听张孟谈这话，本来已经灰暗的眼神立马闪亮起来，他兴奋地道："有这办法我投什么降！兄弟你快说，是什么办法？"

张孟谈整理了一下思路，阴狠狠地道："主公！如果咱们赵家灭亡了，那紧接着就轮到魏家和韩家了，那魏驹和韩虎都不是省油的灯，他们肯定也知道事情的严重性。所以，我打算从他们身上下手，分化三家联盟，让他们反戈一击，咱们再从城里面杀出去，直接灭掉智家大军！"

话毕，赵无恤本来光亮的眼神又黯淡了下去，"唉，兄弟你这话说得是好，可是他们围城这期间我已经派出去很多使者策反他们二人了，可这二人胆子太小，说什么都不敢反了智伯，那时候咱们的晋阳没有被水淹，士气正盛，他们都不敢投靠咱们，如今晋阳危在旦夕，他们怎么可能还会被策反呢？"

听了这话，张孟谈也没多说废话，直接就四个字："事在人为！"

赵无恤惨笑一声，也只能死马当作活马医了，要是这次再不成，他可就真要投降了。

当天夜里，张孟谈独自驾着小舟，静悄悄地离开了晋阳，奔赴韩军营地。

韩虎此时正在吃饭，突然来了一个传令兵，说是有一个路人甲要见自己，并且声称自己大限已至，他是来救自己的。

这要是平时，韩虎直接就让下人将这个不知死活的路人甲给弄死了，可是如今韩虎一听这话，心里却是没来由地一阵忐忑，忙叫人将这个所谓的路人甲给请了进来。

可当他见到来人是张孟谈以后，表情却是冷了很多，但也没直接将他赶走，而是冷冷地说道："先生，现在正是交战时期，你来我这里好像不太合适吧！"

张孟谈一听这话，心里别提多兴奋了，因为之前赵无恤派的那几拨人，没等见到魏驹和韩虎便都让这二人给赶了出去，可如今韩虎虽然冷言冷语，但是没有在第一时间赶走自己，那就是有戏！

于是张孟谈赶紧说道："明公！我是为了韩国的安危才来找你的！"

韩虎冷哼一声，也没有言语，很明显是要等着张孟谈继续说。

张孟谈接着说，"不可否认，眼下的赵家是要被灭了。但是，赵家灭亡以后该轮到谁了呢？难道您真的认为智伯会将赵家的土地三家平分吗？赵、魏、韩三家并存，还可以和智家抗衡一下，可如果赵家灭亡，而赵家的土地又全都被智伯所霸占，那时候，哪怕是魏、韩两家联合了，也绝对不是智伯的对手！这一点你明不明白？"

听了这话，韩虎一个激灵，张孟谈这些话他不是不懂，之前赵无恤的使者也是在营外这样喊的，可是他一直心存侥幸，感觉智伯不会对他两家下手，但智伯之前那些威胁的话语就好像魔咒一般，一直在韩虎的心中挥之不去。

所以，当他再听到张孟谈重复同一个意思的时候，内心可就开始动摇了。

不过韩家人一向谨慎，他没有马上答复张孟谈，而是让张孟谈先回晋阳，等待他的消息，说他要去找魏驹商量一下，如果魏驹也想反抗智伯，他韩虎再派人联系张孟谈。

可张孟谈哪里肯走，他坚定地道："我来这一次冒了很大的风险，难保再回去的时候不被抓住，到时候消息被泄露，咱们谁都好不了，不如我和您一起去找魏驹，正好我也有些话想和他说。"

韩虎想想也是，便在当夜领着张孟谈一起去了魏军的大营。

魏驹听了同样的话以后，皱眉权衡得失，久久不能决定。张孟谈可不给他思考的机会，不只用智伯来吓唬他，还动之以利，他说道："明公！赵国被灭的话，我敢保证您和韩家是一定不会得到土地的！但是，如果咱们三家灭了智家，我们赵家一定会和二位平分土地，绝不食言！话说回来，就算是我们主公想要食言，那也得有智家的实力才行啊！"

这话就好像是压垮骆驼的最后一根稻草，魏驹听罢，狠狠地一拍桌子，"撑死胆大的，饿死胆小的，反了！"

就这样，在这月黑风高的夜晚，三人拟定了一场惊天阴谋。商量完毕之后，张孟谈志得意满地回到了晋阳，而为了麻痹智伯，韩虎和魏驹还在第二天的时候前去拜访了智伯，一顿马屁给智伯拍得欢天喜地。

可这两人明显是在画蛇添足，要不是智伯实在太狂妄，他们的计划十有八九便要失败。

事情是这样的，当日韩虎和魏驹正要离开，很巧地碰上同样来找智伯的智果。这智果非常聪明，他一看韩虎和魏驹闪烁的眼神，就怀疑这俩人要起兵谋反。

他急忙走到智伯面前问道："主公！这俩人来干什么？"

智伯哈哈笑道："还能干吗？当然是给我请安，这两个老小子怕我怕得要死，又是送礼又是夸赞，给我弄得都不好意思了。"

岂料这话一说，智果面色大变！赶紧规劝道："主公！大事不好了！正所谓无事献殷勤，非奸即盗！我观韩虎和魏驹目光闪烁，必有谋划主公之念！我主现在应该马上将两人追回来，严加看守，并派遣监军立刻前往魏韩军营，监视两军的一举一动！"

智伯一听这话哈哈大笑，"背叛？就这他俩也敢背叛我？哈哈哈，简直是无稽之谈！哪怕他们要背叛也不会挑在这时候背叛我的，这对他们有什么好处？叔叔啊，您怎么人一老就开始杞人忧天了呢？你快退下吧，绝对没有这回事！"

智果一看智伯不听劝，只能叹息而去，"唉！希望真的是我杞人忧天了吧。"

智伯摇了摇头，刚想起身去休息，可这时候，他手下的心腹郗疵又来求见智伯，并且将智果的话原封不动地又说了一遍。

智伯听了这话很是生气，以为是智果怂恿他来的，便将郗疵赶出去了。

其实智伯这次是真的误会了郗疵。原来，韩虎和魏驹在离开不久之后又碰到了郗疵，其闪烁的目光又被郗疵看了个通透，这才产生了怀疑。

可谁承想，智伯不但不相信自己的话，反而还将韩虎、魏驹叫了回来，将自己的话原封不动地说了一遍。

韩虎、魏驹倒打一耙，说郗疵是赵无恤的间谍，他这么说就是因为想要离间三家的关系，使得三家内讧，这样赵无恤才能有存活的机会。

郗疵一听这话，吓得直接逃奔齐国去了。

可他这样做却更坚定了智伯对其他两家的信任。

当天晚上，一批由魏韩精兵组成的精干小队悄悄地摸上了汾水堤坝，他们以迅雷不及掩耳之势迅速斩杀了那少得可怜的智家驻兵。然后，狠狠地凿开了汾水西面的大坝。

轰！随着一声震撼人心的巨响，大水直接冲向了智军大营。此时的智伯正在做着美梦，突然闻听营外一片哭喊声，他一个激灵从床上蹿了起来，发现自己的帐篷里面全都是水。

他出去一看，差点没哭出来，只见整个军营都被大水淹没，所有的士兵都乱作一团。

就在这时，砰的一声，已经紧闭了近三年的晋阳城门却突然打开，里面的赵国士兵如同饿狼一般从正面杀向自己的军营，韩军和魏军也在此时从左右两翼包抄，誓要全歼智军！

这时候的智军早没有了任何抵抗的想法，虽然智伯还在嘶吼着，还在咆哮着让大军重新组织起来有序撤退，可是谁还会听他的呢？每个人这时候都只顾着逃窜。

到最后，智家大败，智伯被赵兵活捉，赵、魏、韩三家成了最终的胜利者。

赵无恤看到失魂落魄、满身是泥的智伯以后，并没有对他进行羞辱，而是用最直接的方法表达了他积攒多年的愤怒。

他手拿大砍刀，直奔智伯，直到把智伯的身体砍成了肉酱，后又把智伯人头的皮给扒了下来，再将这个头骨头顶的骨头削去，做成了一个酒杯，然后将酒倒在里面，对着骷髅头道："智大哥，你不是喜欢说别人丑吗？现在谁丑？你不是喜欢强灌别人酒吗？现在是谁灌谁呢？"

说罢，将这"杯"血肉模糊的酒一饮而尽！

1.7　刺客豫让

公元前453年，赵、魏、韩三家彻底瓜分了智家的领地，晋国从此从"四卿"变成了"三卿"，而赵家也从被群殴的苦主一跃变成了三卿中最强悍的家族。

吞并了智家以后，赵无恤、魏驹和韩虎通过统一协定，互相交换领地，使得本来分散的领地整合在了一起，每一家都有了完整而不再分散的地盘。

分配完毕以后的势力是这样的，赵国占据山西绝大部分领土和河南小部分领土，魏国占据河南部分领土、山西小部分领土、陕西部分领土，而韩国最弱，得到的土地也最少，仅仅占据了湖北和陕西小部分领土。

做完这些，三家都积极地对外扩张，增强自己的实力。因为他们知道，晋国公室在晋国已经越来越没势力了，随着事态发展下去，三家早晚要各成一国，既然这样，何不在独立之前，以晋国为口实好好地扩张一下势力呢？

而在这三家之中，赵家现在是最强悍的，赵无恤在对外扩张之前，也不忘重赏有功之臣，而这些臣子里面，功劳最大的就是张孟谈了。

而张孟谈现在已经是国相了，位极人臣，赏无可赏，所以赵无恤只能赏给张孟谈大量的封地。可让赵无恤没想到的是，张孟谈非但拒绝了被赏赐的封地，还想要辞官归隐。

赵家新生，赵无恤此时正是用人之际，怎么会允许张孟谈这样的智谋之士离他而去呢？所以便百般挽留。可张孟谈却黯淡地说：“主公！齐桓公、晋文公等君主以前之所以能够称霸天下，就是因为他们能够很好地制约手下，而他的那些手下也忠心耿耿，甘愿为君主所制衡，不会背叛他们。可如今的风向已经变了，老一套不管用了，新的时代要来了！现在人人都从利益出发，谁还会只忠于主公一人呢？鲁国的三桓，齐国的田氏，还有咱们晋国的六卿，这不都是祸患的根源吗？如今我在咱们赵家位极人臣，而主公又要赏赐给我这么多的土地，难道是想让我反叛吗？就算是我不会反叛，那我的子孙们呢？难道您就不为您的晚辈们着想？可您要是什么都不赏我的话，又会寒了众位臣子们的心。所以，我必须要走！”

这明显是要放弃手中的权力而巩固赵无恤的权力啊！赵无恤听了张孟谈的话非常感动，没有再挽留他，而是赏赐给他无数的金银财宝。

正当赵无恤春风得意，积极整兵，准备对外扩张的时候，他没想到的是，有一个人正每天都在他的家门口踩点儿，准备随时给他一刀。也因为这个人，使得赵无恤一直到死，都不敢一个人上茅房。

这个人的名字就叫豫让。

豫让，晋国人，生年不详，最初是范氏家臣，后又给中行氏做家臣，都是默默无闻。直到做了智伯的家臣以后才受到重用，而且主臣之间关系很密切，智伯对他很尊重。

可正在他境遇好转的时候，智伯突然被灭，他费尽了九牛二虎之力才从战场上逃脱，从此隐姓埋名，在山里生活。

当他听说赵无恤将智伯的头颅做成了酒杯以后，怒不可遏，发誓要为智伯报仇，这才伪装起来，整日蹲守在赵无恤的府邸附近，准备在赵无恤落单的时候杀了他。

可这个落单的机会哪有那么好找？赵无恤身为权贵，必然会为自己的人身安全做足准备，每次出行基本上都是车接车送，成群结队的保镖从来都伴随左右，不会离开他半步。

豫让无奈之下，只能放弃在外面击杀赵无恤的想法，转为从赵府内下手。

一日，他看到赵府在招聘粉刷工，便伪装成粉刷工的样子去赵府给赵无恤粉刷墙壁，可要粉刷的地方很多，究竟粉刷哪一个屋子才有机会杀掉赵无恤呢？

犹豫的豫让突然看到赵府北侧角落里的一个茅房，他当时眼睛就亮了。心想："这人有三急，就是神仙也要上茅房吧？他上茅房总不能带着一群人一起去吧？"

于是，敲定目标的豫让拿起了已经被他磨得如同刀子一般锋利的泥板子直奔茅房。

果然，一个时辰以后，豫让等来了赵无恤。

也许是紧张的缘故，豫让在赵无恤到达茅房以前，他手中紧握的泥板子不小心碰到了墙上，发出了一声清脆的响声。

赵无恤警戒心极强，听到响声以后，大吼一声："是谁在里面！给我出来！"

这一声大吼，顿时将四周的护卫全都吸引到了赵无恤的身边，将赵无恤围了起来。

等豫让出来以后，大家才把悬着的心放下，"嘻！我还以为是刺客呢，闹了半天是一个刷墙的啊。"

看着一众护卫放心的模样，赵无恤直接怒骂道："什么刷墙的！你们把他手里的泥板子抢下来就知道他是不是刷墙的了。"

众侍卫听罢，直接上去将豫让擒住，将他的泥板子抢了过来，这一看之下，侍卫们倒吸一口凉气。这哪里是什么泥板子？简直比刀还要锋利！赵无恤对着这个人吼道："说！你到底是什么人？是谁派你来的？"

豫让一看阴谋已经被揭穿，也没有必要装模作样了，便狠狠说道："姓赵的！没什么人派我来！我叫豫让！是智伯大人的手下，你凶残无道，用我家主人的头颅做杯子，我不杀你还留着你？"

听了这话，赵无恤手下大怒，拔出大刀就要剁了豫让。赵无恤却在这时候阻止了手下，不是因为别的，而是现在有这么多人在场，如果好好利用这次机会，是不是能给自己增添一些贤德的名声呢？

于是赵无恤说道："算了吧，这豫让是一条好汉，知道忠于自家的主公，我不忍心杀害一个如此忠义的汉子，就把他放了吧。"

众多侍卫不知道赵无恤是在演戏，都被他感动得够呛。可等大家都散了以后，赵无恤却叫来了一个心腹，阴冷地道："你给我派人时刻监视这个叫豫让的家伙，如果他贼心不死，胆敢再行刺杀之举，你一定要提前通知我！"

就这样，豫让被人全天监视而不自知，还想着要刺杀赵无恤。

这一回豫让也是拼了，他把自己的眉毛和胡子全部拔光，用生漆在身上擦涂，像是得了什么皮肤病一样。

这还不算，他还用利刃在自己的脸上狠狠划了多下，简直就变成了怪物一般。看着自己人不似人鬼不似鬼的模样，豫让很是满意，为了确保万无一失，他装作乞丐沿街乞讨，这中间还碰到了几个以前认识的人，却没有一人将他认出。

豫让别提多高兴了，可他没有就这样贸然地前去刺杀赵无恤，而是跑到自己的家里做最后的试验。

当他敲开家门乞讨的时候，他媳妇看到门口的"怪物"，吓得怪叫一声。可当她听见豫让的声音，一个激灵，不可置信地说道："你！你的声音怎么这么熟？你是豫让？"

豫让一看自己要暴露，连称你认错了，然后飞一般地逃走了。

这下他明白了，自己还有声音这一项没有伪装成功。

于是，豫让又将一小块已经烧红了的煤炭给生吞了下去。当吞下煤炭那一刻，豫让痛得满地打滚，惨叫连连。可当疼痛感过去以后，豫让惊喜地发现，自己竟然还能说话，并且声音已经变得与之前大不相同。

自认为已经无懈可击的豫让打算动手了。通过踩点儿，他知道，赵无恤喜欢看斗鸡，每天都会在上午的某一时间段去斗鸡场。

而想要去斗鸡场，一座石桥是必经之路。而豫让便装成了乞丐的模样在石桥上乞讨，伺机刺杀赵无恤。

可让他没想到的是，他的一举一动早就被人监视了，并且报告到了赵无恤处。

次日上午，赵无恤如往常一般前去观看斗鸡，可在到达石桥前面的时候，赵无恤却突然命令马车停下，然后阴冷地看着伪装成乞丐的豫让。

手下的侍卫长非常奇怪，便问道："主公，为何停车？那个乞丐有什么不妥吗？"

赵无恤冷冷地道："那个乞丐非常不妥，去！带两个人将这个乞丐给绑了，然后好好搜身，看看他是不是可疑之人！"

赵无恤手下的侍卫闻令而动，上去就把豫让捆了起来。

果然，在搜身的时候从豫让的身上搜到了一把短刀。赵无恤明知故问地吼道："你是谁！谁派你来的！"

绝望的豫让到此时也知道赵无恤不会再放过他了，心情反倒豁达起来，惨笑道："哈哈，我不是别人，还是那个前几日行刺你的豫让！"

赵无恤装作很震惊的样子吼道："豫让！你太过分了！之前你给范家做过家臣，也给中行家做过家臣，他们到最后全都被智伯给灭了，我怎么没见过你刺杀智伯？而如今我把智伯灭了你却三番五次地刺杀于我，你到底是怎么想的？"

豫让感慨地说道："呵呵，范家？中行家？那两家的人从来都没拿我豫让当人来看待，只当我是他们的奴隶，他们的走狗，可是智伯却当我心腹一般，并且对我足够尊重。智伯以国士待我，我又怎能不为他报仇？你还是杀了我吧！如果今天你放过我，我还是会找机会杀掉你的！"

赵无恤虽然为人虚伪残忍，但也被豫让的话感动了，本来他想要直接杀掉豫让，杀鸡吓猴，可是就因为这震撼人心的忠诚，使得赵无恤长叹一声道："唉，豫让先生，我虽然敬佩你的为人，可你五次三番地刺杀于我，我已经不能再放你离开了。你说吧，想怎么个死法？"

豫让先是对赵无恤深深一鞠，然后微笑地道："大人您曾经放过我一马，这天下人都会称赞您的美德，我如今再次刺杀您，您就是把我给烹了也不为过。只是，如果让我无法为智伯报仇就死去的话，我实在是死也不瞑目。在这儿，我恳请大人能将您的外衣解下交给小人，让这衣服来代替您。这样，我就是死，也心甘情愿。"

赵无恤没有拒绝，长叹一声后便将自己的外套解了下来，并命人给豫让松绑，将外套交给了豫让。

豫让得了外套以后拿出匕首，狠狠地朝赵无恤的外套扎了几刀，然后对天大吼道："主公！豫让为您报仇了！"

说罢，拿起短刀，噗地一下扎进了自己的心窝。

当天，赵无恤受此事影响也没去看斗鸡，直接起驾回府了，可他贤德爱才的名声却传遍了整个华夏。

第二章

中原第一个霸主

2.1　追忆楚国

公元前452年，看着赵、魏、韩三家相互换地换得越来越嚣张，晋出公实在是忍无可忍，便想通过拉外援的方式来铲除这三家祸害。

晋出公秘密派遣使者去齐国和鲁面见两国国君，请求两国借兵讨伐三卿。

不料消息却提前泄露，韩、赵、魏三卿在齐国和鲁国出兵以前就联手攻打晋出公，晋国的地盘本来就已经被三家瓜分得差不多了，哪儿还有什么兵力能抵挡得住三头"饿狼"的进攻呢？

晋出公无力抵抗，被迫出逃，结果在路上越想越憋屈，最终抑郁成疾，病死在路上。

晋出公死后，有一个傀儡君主姬骄被三卿立为国君，这便是晋哀公了。

打这以后，三卿又把晋国留下的那点儿土地也瓜分了。从此晋国的国君，再无半点权威，三家分晋已经成形了。

公元前447年，沉寂了三十多年的南方大鳄楚国又张开了它的血盆大口，他在短短不到半年的时间里先灭蔡又灭杞，其强悍威震天下。

那么楚国是个什么国家呢？他又为什么要在三十年以后才灭掉蔡国和杞国呢？来吧，让我们向前看几百年，看看这个南方大鳄的崛起之路。

几百年前，楚国宗室本姓芈，他们的祖宗在一开始是替周王养熊的，因为熊养得特别好，所以周王赐姓熊（因为是王室亲赐，所以只有一族之长才能姓熊，其他的宗族众人则还姓芈，除非哪一天他们当上了族长，这种制度也一直被后来的楚国所沿用）。

周文王和周武王时代，熊氏家族在战场上频频立功，所以周武王将楚地封给了熊氏家族，那么楚地是哪里呢？便是当今的湖北和湖南的部分土地。

这地方在古时候当然没有现在这么富有，相反还属于蛮夷之地，还有很多土著的"百越"在此生存，而且十分不友好。（注：古时候身处南方那些没开化的部落都被统称为百越。）

楚国的先辈们便带领着族人在此地开枝散叶，并且不停地和百越战斗抗争，一点儿一点儿地增加自己的土地。

后来，楚国的地盘竟然达到今湖北、湖南全部，重庆、河南、江西、贵州部分地方，一跃成了周朝地盘最大的诸侯国。

按理来说，熊氏能有这种成绩是绝对可以骄傲的，可是他们本来出身就低，外加上还处在当时的南方，所以中原各国的人仍都认为楚国人是一群未开化的南蛮子，从不承认他们是周朝的诸侯国之一。

这也就罢了，最要命的是，当时的周王也是一样的态度，从来不把楚国国君当国君，哪怕楚国人立的功劳再大，最后得到的赏赐都是最低等的。

最后，楚国的国君忍无可忍，既然周王室不拿我们楚国当人看，那好，我们楚国也不承认是你们的手下了。

于是，楚国国君称王，并肆无忌惮地向东南西北扩张自己的势力。

其间，周王室曾经派出多支部队对楚国进行军事打击，可是最后都被楚国人击败，直到周厉王时代，楚王熊渠畏惧他的兵威，才继续对周王室俯首称臣，不过也是表面上的，实际上楚国只是把王这个称号摘掉了，在南方依旧是恶霸一般，周厉王也只能睁一只眼，闭一只眼，不敢将这头大鳄鱼给逼急了。

到了春秋以后，随着周王室的权威越来越弱，楚武王熊通再次强硬称王，可中原的诸侯没有一个理会楚王的，可无可厚非的是，当时的楚国已经是全华夏最强悍的诸侯国了，楚国的国君也有了向中原扩张的想法。

可正当楚国想要大步北进的时候，齐桓公带领中原诸侯围攻了楚国。

而齐桓公死后又来了个晋文公，在城濮又攻打了楚国，还让楚成王间接折损了大将子玉。

接连的失利使得楚国北上的势头锐减，可多年以后，楚国最强悍的明君楚庄王即位。楚庄王在位期间，楚国能臣猛将无数，他率领着楚国军队南征北战，战无不胜，使楚国成了当时名副其实的天下霸主，就连晋国面对当时的楚国都要抖三抖。

可自从楚庄王死去之后，楚国开始腐化，那些所谓的贵族们也慢慢地占据了楚国的主导地位。

多年以后，楚国的腐败之风已经是日益严重，凝聚力比楚庄王时代简直就是天差地别，国君要是想调动些军队甚至还要给贵族们赔笑脸，这不得不说是一大讽刺。

话说落后就要挨打，这是一点儿都没错的，看着楚国一天天地凋敝，吴王阖闾亲自率领孙武和伍子胥攻打楚国，一路势如破竹，吞掉了楚国的半壁江山，到最后甚至将楚国的国都郢城都给拿下了，要不是秦国在这关键的时刻对楚国伸出了援助之手，帮助楚国赶走吴国并肩收复失地，楚国很有可能会被一举灭掉。

这还不算，紧接着楚国又爆发了白公胜之乱。虽然最后楚惠王费了九牛二虎之力将叛乱平息，但这次叛乱也使得本就残破不堪的楚国再次雪上加霜。

年轻的楚惠王意识到自己的权力依然十分薄弱，楚国的这些老贵族们根本就靠不住。

所以，楚惠王打算在继续对外出击以前先巩固住自己的内部，使楚国强大起来再行攻打他国。

楚惠王停止了对外用兵，开始励精图治，休养生息。虽然还是无法将这些权贵打压下来，可屁股却是坐得越来越稳了，军事实力也得到了提升。粮草储备更不用说，可以支撑楚国全国军力连续战争三年以上。

最重要的是，在这期间，楚惠王还得到了两个百年难遇的人才：一个名将和一个木匠！

名将叫司马子发，统兵能力和武艺都十分高强，场场战斗都是冲锋在前，楚国的士兵们都甘愿为了司马子发去死！

而木匠的名字叫公输班（鲁班），就是因为公输班的存在，使得楚国的农业用具和军事器械都要高出其他诸侯国好几个档次。

因为他发明的东西实在太多了，就不一一列举了。单指一项——云梯！

这里需要解释一下，云梯很早就有了，不过之前的云梯，那都只是多了两个铁钩子的梯子，和鲁班发明的云梯根本无法比较。

鲁班设计出来的这个云梯那可是着实了不得，与其说是云梯，不如说是一座云梯车。

这辆云梯车很是庞大，外面全都是由铁皮包裹，防火、防盗、防破坏，里面的空间能容纳十来人，士兵就在铁皮的保护下推车，使得云梯车能在毫无损伤的情况下被推到城墙下面。

云梯车的上面则是一个很宽的大梯子，一次可以容纳五名士兵排成横队攻城。

更可怕的是这个大梯子是折叠的，在攻城的时候，士兵将锁住折叠云梯的绳子一砍，这个梯子立马就会像炮弹一样，成四十五度角砸向城墙，因为向下压力太大，梯子前面的那两个钩子都能死死地砸进城墙里面，让人根本拔不出来。

因为是四十五度角，这个角度刚刚好让士兵们可以顺着坡度往上跑，无须攀爬城墙。

以前的士兵攻城，只能嘴里叼着刀刃，用四肢往上爬，爬得又慢又不安全，而现在的士兵因为有了云梯车则可以成群结队地往上跑，不只这样，因为手空出来了，他们还可以一边拿着大盾防箭矢，一边往城墙上冲。

可以说，有了云梯车以后，攻城战再也不那么艰难了，这也是到了战国以后攻坚战减少的原因，因为那时候云梯车已经普及了。

这些准备都做好以后，楚惠王发飙了，他命令司马子发带领楚国大军先灭蔡又灭杞，本来在国力上这两个国家就不是楚国的对手，再加上楚国拥有鲁班制造出来的先进云梯和杰出的统军将领，结果自是不必多说。

楚国介绍到这里暂时告一段落，我们还是再把目光投回到晋国，因为魏家就要崛起了。

2.2 魏斯其人

公元前446年，魏家族长魏驹卒，他的孙子，从魏国建立一直到灭亡最伟大的君主魏斯继承了魏家族长之位，这便是以后的魏文侯了。那这位年仅二十五岁的族长将如何带领魏国走向巅峰呢？我们拭目以待。

魏国和韩国全都处于当时华夏的最中央（北邻赵、燕，东临齐国，西邻秦国，南邻楚国），都是四面临敌之地，那为什么魏国能成为战国初期的第一霸主，而韩国从建立一直到灭亡都无法成为天下霸主呢？那便是因为魏斯拥有在当时数量最多的人才！

魏斯可以说是笼络人才的能手，他手下的重臣有吴起、李悝、西门豹、乐羊、魏成、翟璜、任座、段干木、田子方、卜子夏等。

这些只不过是魏斯众多手下中比较出名的，其他的能臣还有很多，这些人有桀骜不驯的，有儒家的，有法家的……可甭管是什么人，在魏斯这里全都为他拼命地努力工作，还对他忠心耿耿。那魏斯究竟有什么能耐，让当时的顶级大才都往他那里钻呢？

魏斯上任之后，并没有大刀阔斧地整顿吏治，而是原封不动，照着老一辈的治国思想治理国家，根本就没有触碰什么人的利益，所以魏国平稳过渡，大家也都以为魏斯就是这么一个温和的人。

可魏国的大臣们都错了，魏斯之所以没有一上任就大刀阔斧地改革，那是因为他想要先把自己的位置给坐稳，之后再进行自己的强国计划。

魏斯深知人才的重要性，为了网罗天下英才，他无所不用其极，先是建了一座豪华的大宅院，并且对天下宣布，只要是认为自己有一技之长的，都可以来找他谋求官职，并且对这些投靠自己的人态度都非常友好，一点儿都没有当主子的架势。

为了让天下人都知道他爱才，魏斯拜了当时并不吃香的儒家人——孔子的大弟子卜子夏为师，儒家就主张用"仁义道德"来治理国家，但是在战火纷飞的春秋战国可谓没有用武之地，而真正务实的，还是法家！

魏斯骨子里也是一个法家的坚定追随者，他之所以要用卜子夏，就是想用他的知名度把自己包装成一个仁德爱才的君主，可实际上，从他执政到死，都没有实施过儒家的一条治国政策。

这还不算，他还和著名的儒者田子方、段干木亦师亦友，每次路过他们的住处时都毕恭毕敬。于是，魏斯爱才之名迅速打响，在人们心中印下了一个深深的烙印。

魏斯不只爱才、敬才、会给自己提升知名度，他还有一个更厉害的特点，那就是信任臣下，并且能听取他们的意见，哪怕是言语不敬的批评，只要是对的，魏斯都会听从。

因为他深知，真正有能耐的人才要的不是虚伪的名望和花不完的金钱，而是自己的谋划和政策能够得到主公的认同和实施！

魏斯还是一个音乐爱好者，在音乐方面很是有些造诣。

有一次，魏斯邀请田子方来宫中饮酒，并让宫中的乐师奏乐烘托气氛。可在乐曲进行的时候，乐工有一个小小的失误，魏斯一下子就听出来了，对那名乐工说道："你刚才敲左二钟的时候用力是不是大了点儿呢？"那乐工一听这话，吓得赶紧跪地认错。

魏斯很是显摆地看了看田子文，那意思就是说，"你看看，我的音乐造诣非常高吧。"

本来以为田子方会好好夸赞他一番，可田子方非但没有夸奖他，还憋不住笑了。

这在当时可是欺君大罪。魏斯当时就怒了，可他虽然愤怒，还是耐心地问道："先生为何要耻笑我呢？"

田子方又笑了一会儿才说道："所谓术有专攻，各有所职，每个人都有每个人的任务，国君不应该越职管理，这是一个非常不好的现象。试问，如果以后您的将军出外行军打仗，您也在背后遥控全军，指挥作战的话，那战争还能打吗？还能打赢吗？国家还能正常运转吗？"

话毕，魏斯不但不生气，反而深深一躬，诚心诚意地说："您说得对，我听您的！"

果然，打这以后，魏斯再也没有"多管闲事"过，大家各司其职，魏国运转正常。

那魏斯的手下们究竟对魏斯到底忠诚到了什么地步呢？再举一个例子。

话说在魏斯即位以后的某一天，魏国境内出现了一只与众不同的天鹅，这只天鹅不是白色的，而是黑白相间的，这在当时很是罕见。

魏国在当时还没有崛起，国力并不如那些传统强国（齐、楚、秦），为了讨好身边的强邻齐国，魏斯便派毋择去将这只天鹅送给齐君，但是毋择中途却弄丢了天鹅。

这可是掉脑袋的罪，可毋择没有逃跑，而是选择去了齐君那里，将装天鹅的笼子送给了齐君，并且说自己宁愿被杀也一定要完成任务，天鹅丢了也一定要将魏文侯的好意带到，将笼子献给齐君。

当时的齐君因为这事非常感动，觉得这个人实在是一个人才，便想要留下毋择。不但愿意将自己都城外百里肥沃土地送给毋择，还送给毋择很多金银财宝，让毋择不要回魏文侯那里了。

齐君给的待遇加起来要比毋择在魏斯那里的待遇多出两倍不止。但是毋择却没有丝毫的留恋，表明自己不愿意留下的心迹后坚决地返回了魏文侯处。由此足以见魏斯超群的魅力。

2.3　秦国与义渠的百年渊源

公元前444年，秦厉共公出兵攻伐齐国西北的义渠国，险胜，并将义渠国的国君俘虏回了秦国。

首先我们先简短地介绍一下秦国。

秦国的先祖最早可以追溯到大禹时期的伯益身上，伯益被姒启（大禹的长子）发动政变赶走以后，从此隐居山林，过上了与世无争的生活。

千年以后，伯益的后人恶来身为纣王身边的第一猛将，被周武王赐死，并将恶来的族人们全都贬为奴隶，让他们从事重体力劳动。

周孝王时期，因为养马奴隶嬴非子养的马特别好，周孝王便把秦池（今张家川回族自治县旁）赏赐给了嬴非子，并给他的部落赐名为秦部。

等到公元前770年，姬宜臼正式成为新任周王（周平王），但是他这个周王当得很不开心。

首先，因为自己的父亲（周幽王）就是被自己间接害死的，再加上镐京刚刚被戎人洗劫，周朝威望大跌，所以各路诸侯没一个人理会他，只有秦国人始终服侍左右，最重要的是镐京不能待了，因为此地经过西戎的疯狂祸害已经是一塌糊涂、惨不忍睹，姬宜臼只能迁都成周（洛阳）。

秦襄公率领着秦军一路护送周平王，秦襄公更是尽心竭力地伺候他，使得周平王对其十分满意，便把岐山以西的所有土地全都给了秦襄公，但这只是"空头支票"，秦襄公如果想要的话得自己去抢回来，因为现在这些土地全都被西戎给拿下了。

开完"空头支票"，大概姬宜臼自己也有点儿不好意思了，便又封了秦襄公为秦侯，秦国从此也成了正式诸侯之一。

自此，秦襄公以及其后人们和来去如风的西戎人打起了持续几百年的消耗战。

开始的时候大家都不看好秦国人，认为他们根本就不是西戎的对手，可让人惊讶的是，在秦国历代国君和秦国人民的努力下，秦国人硬生生地在众戎包围的环境下打出了自己的一片天地。

西戎民族基本上以骑兵为主力，机动力和冲击能力都是超强的，而秦襄公则是步步为营，打一个地方就占一个地方，争斗虽然从未间断，但是地盘却是越来越大。

因为长期与西戎作战，秦国不管是大人还是孩子都十分凶猛，这也是秦国士兵和民风为什么一直到战国末期都那么彪悍。

公元前766年，秦襄公在与西戎作战中被斩杀，他的儿子秦文公继承了君位。

秦文公即位以后，感觉自己国家的人除了勇猛彪悍以外从上到下都太欠缺文化素养，便开始学习周朝的礼仪文化，并于秦文公十三年设置史官纪事，秦国的人民也越来越开化，渐渐地摆脱了"野蛮人"的称号。

可中原人一直都认为秦国是虎狼之邦（这时候的虎狼之邦说的是野蛮无知，并不是战国以后因为凶猛善战而闻名的虎狼之邦），不与其往来。

公元前750年，秦文公亲率大军讨伐西戎，西戎大败，秦文公乘机深入，侵占西戎大片领土，秦国的领土一下扩大到了岐，并将那里曾经被西戎奴役的大批原西周人民规划到自己的领地之中，秦国劳动力大增。

要说这秦国人凶猛归凶猛却相当守诚信，根本不是商鞅变法以后的新秦人能比的，因为当初周平王承诺秦襄公的地盘是岐山以西之地，所以秦国便将多打出来的岐山以东的大片土地全部还给了周朝。

更让人瞠目结舌的是，全秦国上下的臣民都对此事举双手赞同，周平王在知道此事之后差点儿都感动得流下眼泪。

秦文公二十年，秦国制定了祸及三族的重大刑法，之后便一直发展内政努力振兴秦国，在秦文公的努力下，秦国开始走向富强。

秦文公在位五十年后病故，传位给了自己的孙子秦宁公。

秦宁公的一生，可谓从来不闲着。

秦宁公二年，宁公迁都平阳，派兵攻伐荡社。

三年，攻占亳（博）地，亳王被逼逃至西戎。

十二年，秦宁公攻伐荡氏，并将其领地全部占领，同年，被大白鹤接走了。

宁公生有三子，他们分别是武公、德公和出子。

宁公死去之后，本该由最年长的武公来继承君位，却被秦国三大重臣，威垒、弗忌和三父等人废掉而改立最小的出子（年仅五岁）为秦国新君。

可是他们没有料到，出子这孩子是个神童，从小便显示出了卓越的政治天分，等到出子在位六年的时候，出子处理政务便井井有条，更有杀掉三父等人的筹划，三人感觉越来越控制不了出子，便谋杀了他，立了武公。

公元前697年，秦武公攻占彭国，势力范围扩大到华山脚下，秦国最开始的版图算是这样定下来了。

又是多年以后，秦穆公嬴任好继承了君位，这位秦穆公可谓春秋时期秦国的第一明君。在文治上，他任用百里奚、蹇叔等名臣治理秦国，使得秦国国力大增。

在武功上，他打得晋国两代君主（晋惠公、晋襄公）不敢踏足西方。晋惠公更是被秦穆公生擒，在秦穆公的强压之下割让了整个河西之地给秦国，使得秦国的土地扩张五百里。

这还不算，秦穆公在任期间对老冤家西戎展开了疯狂的侵略，他兼并了十二个方国，扩地千里，使秦国一下子变成了西垂一恶霸。

秦穆公，给秦国奠定了相当扎实的基础，使得秦国在整个西方和王一样，无人敢与其叫板。

秦穆公以及秦穆公之前的那些秦国君主们，因为常年与西戎人打交道，所以不管是使用骑兵还是制约骑兵，秦人都是做得最好的。

春秋时期的诸侯们在进行战争的时候，都习惯于运用战车，骑兵可以说是极少的，这种情况一直到战国以后才随着列国不停的军事改革而升级到了更具机动性的骑兵。

要问战国时期哪一国的骑兵最厉害，那毫无疑问便是赵国骑兵，可要是问春秋时期哪一个国家的骑兵最厉害，那必是秦国骑兵无疑！

公元前622年，秦穆公嬴任好病死于国都雍。

按照秦国传统，君主死后要有活人陪葬，之前的君主都有一两人陪葬，而据《史记》记载，给秦穆公陪葬的人共有一百七十七人，其中还有三个人是秦国比较有才能的贤臣。

秦国的人民因此非常哀痛。

中原的人听说了此事以后再也不敢去秦国任职，秦国即将在没有中原文化和人才的情况下逐渐落后。这种情况一直到秦孝公以后才得以改变，可是在这之前，秦国再也不复之前的荣光了。

因为没有了西戎的威胁，并且拥有无比广袤的土地，秦穆公的后代们开始败家，他们为了让中原的那些诸侯们能够认可他们，硬生生地取消了自己最引以为傲的骑兵，而是以大退步的方式重新启用了笨重的战车，这不可不说是秦国军事史上的一大悲哀。

秦国，这个西垂的第一霸主，在秦穆公以后慢慢弱了下来，这时候就有第一个反抗他们统治地位的戎国钻出来了，这个戎国便是义渠国。

义渠这个国家只需要记住三条就行。

第一，这个国家是西戎各方国中最强的一个方国。

第二，这个国家的骑兵相当彪悍。

第三，它的地盘很大，东达陕北，北到河套，西至陇西，南达渭水，主要活动在今甘肃、陕西和宁夏。

公元前651年，秦穆公用由余之计称霸西垂，第一个消灭的目标便是义渠国。

二百年匆匆而过，这期间，秦国并没有出过什么雄主昏君，大部分都是平庸之辈，义渠人就在这种环境下重新发展起来。

到了秦厉共公上位以后，义渠国已经相当强大了，而周边的那些少数民族们，也以义渠为首，开始不再听从秦国号令，不向秦国纳贡。

秦厉共公意识到了这些游牧民族即将带来的危机，便开始给秦国边界增兵，并时不时地攻击一些小的部落。

到了公元前444年，秦厉共公亲率全国精锐，共计五千乘战车攻打义渠，由此可见秦厉共公灭义渠的决心。当时的中原有很多诸侯已经开始了军事改革，从战车逐渐向步兵和骑兵转化，而秦国直到现在却还用传统战车来对敌作战。

秦国战车轰隆隆地前往义渠，阵势相当浩大，其兵力是义渠国的三倍有余。而义渠国非但没有害怕秦国大军，反倒是主动出击，由义渠王亲自率领清一色的骑兵大军从正面迎击秦军。

当两军刚刚对峙时，秦厉共公根本就没瞧得上义渠王，他认为义渠王的这种行为简直和找死没有任何区别，遂命战车部队先行正面冲锋，打算一举冲垮义渠骑兵。

可让秦厉共公意外的是，义渠的精锐骑兵突然从一个整合的部队分成了两支部队，并从左右两翼攻击战车部队。

战车虽然在正面冲锋上强悍无比，但是机动性极低，在突发情况下想要急速掉转车头更是难上加难。

于是，秦国的战车突然变得毫无用处，凶悍的义渠骑兵如饿狼一般从侧面冲入秦军战车队伍，西戎骑兵侵略如火烧，五千辆战车基本上在一瞬间便被毁灭。

秦厉共公大怒，遂命左右两军的步兵冲锋，试图扳回劣势。

可就在这时候，义渠国的战阵又变，这些义渠骑兵一见秦军包抄过来，马上变换战术，划二为四，两支部队分散到秦军两侧，用弓箭攻击秦军侧翼，其他两支部队则全是一身甲胄的重骑兵，他们手拿长枪，轰隆隆地冲向正面奔他们而来的秦国士兵。秦军大溃。

还不到一天的时间，曾经引以为傲的五千乘大军就已经被杀得车毁人亡，损失惨重，秦厉共公哪里还敢继续抵抗，遂慌忙命手下鸣金收兵。

前线秦兵们如闻天籁，慌忙向后退。可已经杀红了眼的义渠王怎能让秦兵这么容易地回军整合？他亲自打前锋，率领着义渠骑兵在后面狂追乱砍，并打算毫不停歇地一举冲溃秦国中军。

正在逃跑的秦国士兵被杀得连哭带号，秦国中军的将士们被吓得瑟瑟发抖，就在这时，秦厉共公大吼道："都给我精神点儿！我告诉你们！现在你们就是想逃也逃不了了！你们的腿再快，难道还能快得过马不成？如果拼死一战，我们还有生的希望，可如果想要逃跑的话，我不杀你们！你们也全都得死在义渠人的刀下！我的大秦子民们！我问你们！你们是想做个逃兵而死，还是要为了国家的荣誉而亡？回答我！"

秦厉共公在情急之下鼓舞军心，彻底激发了秦人的血性，他们腿也不抖了，脚也不颤了，而是拼命地吼道："杀！杀！杀！"

秦厉共公满意地点了点头，接着喊道："传令兵！"

"在！"

"给我吩咐下去！步兵们迅速布置方形防御大阵，让弓箭手在阵中心给我不停地射！让这些义渠人知道！我们秦人在战场上绝对不会后退半步！"

"是！"

正所谓令行禁止，那边秦厉共公刚发话，这边的阵形就开始迅速布置，大阵一共分为四层，第一层（从外往里）的士兵什么武器都没有，用双手死死将一个加大型巨盾顶在了自己的前面，巨盾上面全都是尖刺；第二层的士兵腰挎短刀，死死地贴在第一层士兵的身后，也是手拿大盾，但不一样的是，他们将大盾放在了前面士兵的盾顶和头上，一只手托着大盾，另一只手狠狠地推着前面那名士兵，防的就是敌军重骑兵的冲锋；第三层的士兵手拿加长型的长枪，从两个盾中间的空隙伸出去；第四层士兵手拿弓箭，只等敌方骑兵进入射程范围以后便开始射击。（注：此防御方阵并不是中原的那些传统方阵，而是秦国人专门为了对付骑兵而自行研制的方阵。秦国自从得到了周王室的允许，成为西面的诸侯以后，常年和西戎民族奋战，而西戎民族最厉害的便是骑兵，老秦人不只没有让西戎人杀死，还在秦穆公时代霸占了整个西垂，成了西方的霸主，由此可见，老秦人对付骑兵是有自己的一套办法的，而这种防御重骑兵的方阵，每个秦国士兵都懂得，因为他们进入秦国军营以后，要学的第一项便是这种对付骑兵的方阵）

秦厉共公坐在战马上，死死地盯着奔他们而来的义渠骑兵，一百米、九十米、八十米、七十米！

在义渠骑兵进入七十米的射程范围以后，秦厉共公暴喝道："射！"

砰砰砰！箭雨如蝗虫般冲向义渠骑兵。虽然这些箭矢对义渠人造成了一定的杀伤，可是骑兵行进速度太快，这些箭矢根本就阻止不了优良骑兵的冲锋，没过一会儿，义渠重骑兵就杀到了眼前。

轰轰轰，随着惨绝人寰的声响，这些骑兵开始猛冲方阵，前排的方阵开始变形，平整的方队向后扭曲，因为常年没有和西戎精锐骑兵发生冲突，所以秦国士兵疏于方阵的训练，第一时间便有了要溃败的势头。

秦厉共公见势不对，策马向前，在受冲击最严重的前排士兵身后吼道："想想你们的家人！想想大秦的荣耀！都给我顶住！顶住！"

秦厉共公声嘶力竭，前排士兵在他的激励下狂吼着向前猛推，终于顶住了义渠骑兵最凶狠的一波冲击，而义渠骑兵也在第一波冲击中被秦国方阵中的长枪扎得伤亡惨重。

可是，这种方阵极为消耗体力，现在秦国士兵高度紧张，体能下降极快，他们还能不能防住之后的几拨骑兵呢？秦厉共公心里实在是没底，只能等着敌军的第二波冲锋，或者是漫天的箭雨。

可突然间，战场变得静悄悄，义渠骑兵也不冲锋了，两翼包抄的轻骑兵也不射击了。

战场突然的变化让秦厉共公蒙了，可正当他纳闷儿的时候，一名传令兵疯了一般地跑到秦厉共公身旁，一下跪倒在地，六神无主地说道："主…主…主公……，我们把……把……"

话还没说完，秦厉共公一鞭子抽了下去："结巴什么！有话快说！"

好似是被秦厉共公这一鞭子打醒，传令兵接着说，"报告主公！我们把义渠王给活捉了！"

"什……什么？"

秦厉共公听了这话以后直接呆立当场，这可是天大的好消息，如果在战阵之中将敌军主帅生擒，一可以毁灭性地打击敌方士气，反败为胜；二可以以此为威胁，安全撤退。更别说将对方的国君给生擒了！

激动的秦厉共公疯狂地跑到东边。果然，他看到了被五花大绑的义渠国王。秦厉共公还是不敢相信，连忙跑上去左掐掐右摸摸，义渠王大怒，"你摸啥！还不放开你那脏爪子！"

秦厉共公不可置信地道："我不是在做梦吧，真……真的是义渠王？"

义渠王破口大骂，"就是你爹我！要杀要剐赶紧的！别和我磨叽！"

秦厉共公哈哈大笑，"哈哈哈！我供着你还来不及呢，怎么会杀你！来人！"

"在!"

"给我传令下去，全军突击敌军，但记住，赶跑他们就可以了，不要恋战！"

"是!"

义渠王怎么就被擒住了呢？

原来，义渠王在战阵之初占尽了上风，得意过头，他天真地以为秦国士兵也就那么回事儿，所以亲自率领士兵冲击秦军的传统方阵。

岂料中军大阵牢不可破，他竟然没有一次就将大阵冲出缺口。

义渠王没有掉转马头再冲一次，而是拿起手中的马刀开始对马下的秦军狂砍乱杀。

他的举动激怒了秦国的士兵，而且他穿的和其他的士兵都不一样，特别耀眼。所以这附近的士兵全都把枪头刀口对准了他。

噗噗噗，义渠王的战马瞬时之间就被捅倒，义渠王也从战马上摔了下来。

士兵们直接冲出去将他拉回来绑住，之后便献给了秦厉共公，这就是义渠王被擒的始末。

此时的义渠大军主帅不在，指挥失灵，士气受到了严重打击，秦厉共公抓住时机，命秦军反扑，义渠人无法抵挡，只能败退回老巢。

秦厉共公见识过了义渠人的厉害，不敢再行追击，押着义渠王赶快回国了。

本次战役，秦军损失近五千辆战车，损伤士兵不下五万，义渠人损失士兵千人左右。结果却是秦军胜。

在见识到义渠骑兵的厉害以后，秦厉共公深知现在想灭掉义渠国时机尚未成熟，便将义渠王供了起来，每天好喝好吃好招待，可就是不放他回国。

之后秦厉共公还派遣使者去义渠国，说明现在义渠王的优良处境，希望两国能够友好并存。义渠国不用再给贡品，可是不可怂恿其他的部落不上贡。

义渠人没有马上答应秦国，而是派遣了使者团前去秦国，当他们看到义渠王过得竟然比在义渠国的时候还滋润，便答应了秦国的要求，两国之间因此十四年没有战争。

公元前441年，西南的蜀国为了向北扩张地盘，率兵攻取了秦国的南郑，遏制住了汉中要道。同年，蜀王封他的弟弟苴侯驻守汉中，称蒻萌王，从此和秦国战争不断。

那这个蜀国为什么要和秦国开战呢？

有传说蜀国是在公元前2300年，由三皇之一的人皇建立的，可中间不知道什么原因，这个国家便没有了。

黄帝和蚩尤的涿鹿之战以后，蜀地人民向黄帝俯首称臣，黄帝便派出了行政地方官至蜀国，支持蜀国复国，这便是新蜀国了。

黄帝驭龙归去以后，因为山高皇帝远，蜀国不再向华夏集团纳贡，独立出来，大禹建国以后，蜀国明显感到了中原的军事压力，再加上自从自己和华夏断交以后，得不到先进的农业技术，非常落后，便又参加了大禹的涂山大会，从此和中原接轨，并时常派出考察团去中原学习先进的文化技术。

在此之后，经过历朝历代的更替，蜀国也从来没侵略过中原，而是继续和中原相互交流合作。

直到春秋时期，天下大乱，蜀国坐不住了，想要乘机向拥有肥沃土地的中原发展，而挡在他们前面的正是巨人一般的秦国。

在秦穆公时期，蜀国人不敢造次，只能继续龟缩在蜀国等待机会。可是如今秦国正在慢慢变弱，外加上和西北的少数民族战乱不断。所以蜀国抓住机会，趁机拿下了南郑要道。

此举对外可以随时侵略秦国，对内可以凭借着险要的地形防止秦国的入侵。

可以说蜀国拿下南郑就等于掌握了秦蜀战争的主动权。

秦国现在对外四面为敌，被逼着不断发动战争，对内国力下滑，朝堂之上还暗潮汹涌。

秦国，貌似已经离死不远了。

同年，本来就已经弱不禁风的周王室又发生了政变。

这一年，周定王崩了，他的长子姬去疾继承了王位，可是他的弟弟姬叔却发动了政变，杀死了姬去疾，自己当上了周朝的王。

可他的屁股还没等坐稳，又被他最小的弟弟姬嵬给杀死了。

这个姬嵬便是周考王了。

周考王上位后，又将本来就不多的周王室地盘分了一块给自己的弟弟姬揭，让他当上了周桓公。

2.4 木匠对木匠

西边秦国战乱不断，中原周朝也政变不停，南方的楚国也没消停。

公元前439年，消化了蔡国和杞国的地盘以后，楚国已经打开了通往中原的通道，现在唯一和他接壤的中原国家只剩下郑国和宋国了。

晚年的楚惠王雄心万丈，最大的愿望就是在死前将楚国恢复到楚庄王时代的地位，所以他打算一口气吞掉这两个中原传统大国。

可到底应该先打谁呢？这是显而易见的，郑国一直都是楚国的跟屁虫，只有宋国和楚国从春秋至今都是战争不断，宋国人恨死了楚国人，楚国人同样看不上宋国人。

所以，没说的，先打宋国！

下定了决心后的楚惠王说干就干，他先是派出亲善使者到秦国，安定了秦躁公（秦厉共公这时候已经薨了），然后加派了士兵防守西面的巴国和东面的越国。（注：巴国在西面的秦国以南，紧挨着蜀国，和楚国也只有一江之隔，越国曾经活跃在浙江、福建一带，自从勾践灭吴以后地盘大增，现在主要活跃在江苏、安徽、浙江、福建和江西一带，是楚国的一大劲敌）

最后，楚惠王秘密调集全国可用之兵，打算以雷霆之势灭了宋国，紧接着称霸中原。

那楚惠王有没有成功灭了宋国？答案是没有！倒不是宋国有多厉害，而是关键时刻被一个比鲁班还厉害的木匠给救了。

那这个人就是大名鼎鼎的墨子。

墨子，春秋末战国初最伟大的思想家之一，也是墨家的创始人。墨子相当聪明，涉猎的知识范围很广，不只是木匠活很好，文学、军学、法学也很突出。

他早先曾在宋国担任大夫，但是因为自己"兼爱""非攻"的政治思想不被看好，所以墨子弃官归隐，自己创立了墨家。

表面看起来，墨家和儒家差不多，也是教学生，并且聚齐一群知识分子宣扬自己的"兼爱"和"非攻"。

可实际上，墨子还有另一个身份，那便是"钜子"！钜子手下掌管着一个神秘的杀手集团，这个集团专攻暗杀和军事学，存在的目的就是要铲除那些残暴的君主，拯救受战火摧残和昏君暴政的人们。

除了那些权势滔天，拥有大量情报组织的大臣和君主以外，很少有人知道墨子的另一个身份。

而像楚国这样的大国，楚惠王是一定知道的。

聪明的墨子在周游列国、宣扬自己的政治思想的时候，看到楚国频繁地向东北方向调集兵马，鲁班的工匠队伍也在日夜不停地修造先进的云梯，墨子便肯定楚惠王是要灭掉宋国了。

于是，他打算凭借一己之力挽救宋国。

可是他一个凡夫俗子想要见到名动天下的楚惠王那是非常困难的，要知道，现在的墨家还没有战国末期那么有名望，虽然众多的诸侯都知道他墨子，但是他的"兼爱"思想在这些君主的眼里简直一文不值，所以他总是吃闭门羹，估计楚惠王也不会接见他。

那怎么办呢？总不能放着宋国被楚国屠戮吧。

墨子想来想去，心生一计。

他没有直接去找楚惠王，而是直奔好友鲁班的住处。鲁班看到墨子来了，当然是十分欢迎，可仔细一看，墨子浑身脏兮兮的，显得很是狼狈，便问道："我说老兄弟，你这是怎么了？"

墨子很是愤怒地道："刚才有人侮辱我，还想要当着众人的面儿打我，我费了好大的劲儿才跑到你这里，走！你跟我一起去杀了他。"说罢，拽着鲁班就往外跑。

鲁班大急，一把甩了开墨子的手，"你给我等会儿！干什么我就要帮你杀人啊？你说杀就杀了？再说别人不知道你墨子，我还不知道？你想杀个人还用得着我？"

墨子一听鲁班这么说，立马装作生气的样子，愤怒地道："别说没用的，咱们是不是兄弟？"

鲁班很是坚决地点了点头。

"那你帮不帮我杀人？"

鲁班狂摇头。

"那这样，我给你十金！你和我一起去把那人杀死！"

鲁班一听墨子这话，直接怒了，他咆哮道："墨子！你过分了啊！就凭你这一句话！我就要和你割袍断义！我鲁班不是不能杀人，也不是不敢杀人！而是我的做人信条就是不杀人！"

墨子说了半天，等的就是鲁班这句话，于是微笑着道："哦，原来你鲁班的做人信条就是不杀人啊？可是，我看你的木匠部队，又是做冲车又是做云梯的，好像是要打宋国吧？你知不知道你指挥所做的攻城器具会令多少人丧生呢？"

鲁班恍然大悟，原来这都是墨子给自己下的套啊，他很想回击墨子，可自己已经跳下了大坑，根本没有回击的余地，只能站在那里支支吾吾，半天说不出一句话来。

墨子说道，"那还不赶紧把你那制作杀人机器的工程给停下来！"

鲁班一听这话，把头摇得和拨浪鼓一般："不行！绝对不行！我已经答应要给我家大王制作攻城器具了，如果现在反悔，那不是不忠吗？这我绝对不能答应你！"

墨子一看鲁班和自己耍起了无赖，索性也直奔主题，"我跟你也说不明白！这样吧，你把我引荐给楚王，我当面和他说。"

鲁班实在是拉不下脸来拒绝，只能领着墨子去见楚惠王。

楚惠王本不想见墨子，也不想听他那些什么兼爱、非攻，可是他非常器重鲁班，如果拒绝的话，不就是不给鲁班面子，所以只能勉强一见。

双方见礼之后，墨子也不和楚惠王绕弯子，直接开门见山，"尊敬的楚王，楚国地盘方圆五千余里，而宋国只有可怜的五百里，楚国地大物博，各种野兽、特产丰富，富甲天下，而宋国想找一个山鸡野兔都困难，大王您为什么要攻打宋国呢？您可以想一想，您要是攻打宋国的话，就好比穿着华丽衣衫的人去抢夺一个乞丐的破衣服，天天吃大鱼大肉的人去抢夺乞丐的糟糠，这样做既损道义，又没有什么实际意义，我可真是为您不值得。"

楚惠王心里一阵冷笑，"和我玩儿这一套？我能上当才怪！"

表面上却推辞说："嗯，先生说的有些道理，可现在问题是我已经消耗了大量的人力和物力来请鲁班先生为我制作各种攻城器具。如今攻城器具已经制作完毕，如果不用掉的话，那不是浪费了吗？"

墨子指着鲁班哈哈笑道："就他？哈哈哈，他的那些落后的攻城器具我挥挥手便烟消云散了。"

这话一说，没等楚惠王说话，鲁班直接就怒了，"你说什么？我的攻城器具你挥挥手就能搞定？能不吹牛吗？"

墨子嘿嘿一笑，"比画比画？"

"比画就比画！"

于是二人当场干起了"木匠活"，各自制作自己的袖珍型攻、守器具。

楚惠王一看两个最厉害的木匠对上了，也来了兴致，就在一边看着。

不到半天的时间，两个人的器具便全都做好了，于是二人像玩游戏一样，开始了攻守战，楚惠王一开始对鲁班充满了信心，可是玩着玩着，他的脸就阴下来了。因为鲁班所做的攻城器具在墨子的守城器具下毫无抵抗之力。

到最后，鲁班黔驴技穷了，只能无奈地摇了摇头表示认输。墨子猖狂地叫嚣："来来来，我的招数还没用完呢。"

听了这话，楚惠王的信心受到了毁灭性的打击，那些宋人打守城战本来就厉害，如果再得到墨子的守城器具，那这仗还怎么打？看着嚣张跋扈的墨子，鲁班这气就不打一处来，他恶狠狠地说道："哼！其实我有打败你的办法，但是我不说！免得伤感情。"

墨子道："哼！你最好别用那招，用了也白用！"

这二人的对话把楚惠王整得云里雾里："什么这招那招的？你俩说的什么招？"

看到楚惠王有些生气，墨子赶紧一躬身道："大王无须疑惑，其实鲁班的办法就是杀了我。他以为，只要杀了我就没人给宋国制作这些守城器具了。可实际上，我已经将我的徒弟们全都派到宋国去了，让他们协助宋人建造守城器具，所以我说他杀了我也没用。"

楚惠王听了这话很是郁闷，本来想要对宋国进行突袭战，可没等打呢人家就知道了，这还不算，宋国现在还有了大批的守城器具，这仗还怎么打呢？

于是，楚惠王只能放弃本次的攻宋之战，宋国因此免遭一劫。

2.5　领头人魏斯

楚国那边两个木匠的对决最后以墨子大胜告终，楚国停止了对外侵略战争。而这几年天下各诸侯国也像有了默契般，相互停止了厮杀，整个天下竟然十几年都没有大规模的征伐。

我们来看看没有战争的这些年天下都发生了什么事。

公元前434年，晋哀公薨了，赵、魏、韩三家"拥立"了晋哀公的儿子姬柳为新一任晋国国君，这便是晋幽公。

晋哀公时期，虽然晋国被三家进一步瓜分，但是多少还剩下一点领土。可如今晋幽公上位，三家又开始瓜分晋国土地。现在晋国公室在晋国的直辖地，除了国都新绛和军事重镇曲沃之外，已经再没有什么土地了。

晋国这个春秋中晚期最彪悍的国家，真的快完了。

再来看看秦国，公元前431年，秦国发生政变，左庶长杀死了秦怀公，立了秦怀公的孙子为君，这便是秦灵公。（注：商鞅变法之前，秦国有四种庶长：分别是大庶长、右庶长、左庶长和驷车庶长。四种庶长都是职爵一体，既是爵位，又是官职。大庶长相当于丞相；右庶长为王族大臣领政，左庶长为非王族大臣领政，驷车庶长则是专门执掌王族事务。四种庶长之中，除了左庶长可由非王族大臣担任，其余全部是王族专职）

原来，秦厉共公当政的时候，秦国还算强大，四周的国家也不敢太过造次，可是秦国的制度落后，国内的老贵族们位高权重，虽然在秦厉共公的时候不敢招摇，但是他死了以后就不一样了。

因为新君秦躁公不怎么过问政事，所以秦国的权贵们便开始拼命往自己怀里揽权。

秦躁公在位十三年毫无政绩，可是为人凶狠，始终对西戎采取高压政策，西戎人挺怕他的，所以一直到他死边境也没生什么事端。

但是秦躁公膝下无子，他死以后，身在晋国的人质嬴封便被接了回来当了秦国的国君，这便是秦怀公了。

秦怀公即位以后，秦国大权都在庶长鼌的手中掌控，这对秦怀公的政治地位产生了一定的制约。

所以，秦怀公就想方设法地想要削弱鼌的权力。可是鼌却先下手为强，以秦怀公毫无政绩和昏庸无道为由，发兵攻打秦怀公。

秦怀公无力抵抗，最后愤然自杀。

秦怀公死以后，鼌便趁机拥立秦怀公年幼的孙子（不知名）为秦君，以方便自己控制。

就这样，秦国第一个傀儡君主出场了，这便是秦灵公。

再看郑国。

公元前424年，郑声公薨，郑幽公继承了君位，他的弟弟姬骀不服哥哥的统治，便暗中私通晋国的韩武子，希望韩家能帮助他夺取君位。

韩武子正嫌自家的领地太少，便答应了姬骀，但是条件却是让姬骀成功夺位以后献给自己虎牢关西南的三城。

姬骀这时候满脑袋都是夺位，哪里会在乎区区三城，便答应了韩武子的要求。

韩武子得到承诺以后立马出兵攻打郑国，姬骀里应外合地配合韩武子。就这样，韩家大军轻轻松松地杀进了郑都，处死了郑幽公。

姬骀二话不说，当即就将虎牢关西南三城的兵将撤回，自己登上了郑国的君位，这便是郑繻公了。

时间匆匆过去，很快又到了公元前421年。

地点，魏家的封邑，安邑。

魏斯正在朝堂之上来回踱步，满面愁容，而下面的魏家大臣们也是默不作声。

少顷魏斯愤怒地将手上的文书扔到了地上，说："邺县！四周全都是肥沃的土地！良田要多少有多少，历来都是晋国的钱粮重镇，怎么到我手里就反常？收上来的粮食和租税一年比一年少，今年更不得了！一粒米都收不上来了！这都多少年了？啊？县令换了一批又一批，怎么就不见效果呢？现在我问你们谁能给我去当邺县的县令，你们可倒好，一个个的闷头不说话，都哑巴了不成？"

看着气呼呼的魏斯，下面人更是噤若寒蝉。又过一会儿，大夫翟璜站出来道："主公少要动气，臣推荐一人，只要他当上了邺县县令，保管邺县重现往日辉煌。"

魏斯听罢眼睛一亮，赶忙问道："咱们还有这等人才？是谁？现在官居何职啊？"

翟璜呵呵一笑道："这人不是别人，正是您的舍人西门豹。"

"西门豹？"

魏斯的脑子飞快在自己上千的舍人里过了一圈，然后说道："好像还真有这么个人，可是没听说他有什么太出彩的地方啊，先生真敢做保？"（注：战

国时，有能力的人想要升官基本上只有两条路可走，第一，以自荐的方式获得主公的认可；第二，通过国内大臣的推荐）

翟璜很是肯定地点了点头。魏斯一想，"行呀，反正也没人愿意去，就死马当作活马医吧。"

就这样，西门豹被任命为邺县县令。

他到了邺县以后，没有马上去官府报道，而是着便衣在邺县走了一圈儿，什么茶馆酒馆也没少走，意图就是要听听老百姓们的心里话，问他们些民间之事。

这些百姓们说："唉！您不是本地人当然不知道呢，我们邺县以前确实很富有，但是这些年都被河伯给祸害了。"

西门豹疑惑地问道："河伯？那不是河神吗？他怎么会祸害到你们呢？"

这些人回答说："别提了，咱们邺县的三老和廷掾（县令的'秘书'），每年都要向老百姓征收赋税搜刮钱财，收取几百万钱，他们说是要用这些钱来祭拜河伯，可实际上他们只用其中的二三十万为河伯娶媳妇，其他的却都和祝巫（巫女）一同分了。"

西门豹皱了皱眉，"河伯娶媳妇？这事倒是挺新鲜。"

那人愤愤地道："哼！前些年咱们邺县发了一次大水，大水过后三老便和当地官员们勾结在一起，整了个给河伯娶媳妇的事来搜刮钱财，每年都会有那么一次。到了为河伯娶媳妇的日子，这些装作祝巫的人便挨户查看，看到谁家的女孩儿漂亮，便说'这女子适合做河伯的媳妇'，之后直接下聘礼娶去。先是给她洗澡梳头，之后给她做新的丝绸花衣，让她独自居住并沐浴斋戒，并为此在河边上给她盖好供闲居斋戒用的房子，张挂起赤黄色和大红色的绸帐，这个女子就住在那里面，给她备办牛肉酒食。这样经过十几天，大家又一起装饰点缀好床铺枕席，让这个女子坐在上面，然后把它浮到河中。起初在水面上漂浮着，可漂了一段儿便沉没了。那些有漂亮闺女的人家一天天地提心吊胆，因此大多带着自己的女儿远走他乡了。也因为这个缘故，城里越来越空荡无人，以致更加贫困，这种情况已经有好一段日子了。这些权贵和祝巫们都说：'假如不给河伯娶媳妇，就会大水泛滥，把老百姓都淹死。'咱们虽然也有很多人不信，但假如敢反抗的话，官府就会把反抗的全家老少都抓去死牢，那个地方，进去可就出不来了。到最后，还是会硬把姑娘推到河里面去。"

西门豹听了这话直接就怒了，这都什么乱象？怪不得邺县越来越穷，闹了半天全都让这群臭虫给祸害了，我西门豹要是不除了你们这群臭虫，我就枉为一个七尺男儿！

西门豹愤怒地前去官府，打算好好整治一下这些毒瘤，可他刚到门口，就见门前张灯结彩，县里面的大小官员全都到位了。

他们看到西门豹以后，满脸堆笑地出来相迎，拉着西门豹的手就说邺县终于等到了青天大老爷，特意为大老爷准备了丰盛的欢迎宴会。

西门豹心中大骂："呸，我才刚来，你们怎么知道我是青天大老爷？"

西门豹本想当场发作，可突然脑子里灵光一现，有了个鬼主意，便笑着和这些权贵进了官府。

进府以后，嚯！只见官府大堂都布置成宴会大厅，整整摆满了二十几桌丰盛的酒席，每桌酒席上都是山珍海味，正应了那句"朱门酒肉臭，路有冻死骨"。西门豹虽然不想吃这些东西，但是为了让这些官员放松警惕，他还是跟着进了最中间的一桌。

席间，这些权贵们大把大把地往西门豹的手里塞金子，这还不算，官员一拍手，立马从后面走出来七八个眉清目秀的小姑娘，说要把自己献给西门豹。

西门豹一乐，照单全收，并且装作很开心地道："好哇！真没想到邺县的人这么识时务，行！你们给我面子，以后我也给你们面子，咱们还像以前那样，该怎么做就怎么做！"

大家一听这话，全都高兴得不得了，以为西门豹还和以前上任的那些县令一样贪财贪色。

看到大家都放松了警惕，西门豹又道："这个……我听说咱们邺县有一个给河伯娶媳妇的传统，这个传统很不错……我自然是要大力支持的，外加我也想见识见识，看看好戏。好像今年的活动就在这几天了吧？各位，到了给河伯娶媳妇的时候，希望三老和廷掾都到河边去送新娘，我也要去送送这个女子。"

这些人一听这话就更开心了，都哈哈大笑应承了。

几天以后，到了为河伯娶媳妇那天，西门豹在众人的簇拥下到了河边，和这些权贵相会。

三老、廷掾、有钱有势的人，外加来看热闹的老百姓也有三四千人。

等人都到了以后，突然从北面来了一队祝巫，领头的祝巫是个老婆子，已经七十多岁了，后面跟着来的女弟子有十来个人，都身着丝绸单衣，站在老巫婆的后面。

西门豹热情地问候了那个老祝巫："祝巫啊，这些年，你为了给河伯娶老婆的事情实在是辛苦了，我代表百姓感谢你啊。"

老祝巫一看西门豹如此热情，连说应该的应该的。

西门豹紧接着又装出了一副色眯眯的模样说，"祝巫，你去叫今年河伯的媳妇过来，我看看她长得漂亮不漂亮。"

老祝巫心中暗骂了一句色鬼以后，满脸堆笑地就把一个小丫头牵了过来。

可西门豹看了这个女子以后好像不太满意，眉头紧皱地道："这个女子不漂亮，麻烦大祝巫为我到河里去禀报河伯，就说我尊敬他，所以需要重新去找一个漂亮的女子，迟几天送过去。"

这话一说，大家都蒙了，老祝巫也怔怔地站在那里半天不动地方。看到祝巫不动，西门豹的脸色渐渐变得阴沉，他对手下们阴阴地说："既然祝巫大人不动，那你们就去帮她一把。"

可是说完以后，下面的人还是没有一个动弹的，西门豹再次对那些差役们大吼道："都聋了？我让你们将祝巫扔下去！"

手下的那些差役们一个激灵，班头赶紧跑过来要和西门豹悄悄说些什么。西门豹一把抽出腰间的宝剑，剑尖直顶着那个班头的喉咙，一字一句阴狠地说："扔到河里！"

班头再不敢犹豫，赶紧命人将正在发蒙的老祝巫扔到了河里。

这一下子，满场百姓发出了惊叹之声，而在场的官员们更是吓得连连颤抖，他们可算看出来了，这个西门豹之前是给他们投了一个烟幕弹啊。

又过了一会儿，看到河里始终没什么反应，西门豹继续说："这祝巫为什么去这么久呢？难不成河伯生气了？这不行啊，惹火了河伯咱们可就麻烦了！"

说罢，又对着班头道："你！去！领人把祝巫的这些弟子们全扔到河里面去，让他们好好和河伯解释解释。"

这些年轻的祝巫一听这话，吓得嗷嗷大哭，跪在地上连说饶命，可西门豹岂会饶过这些坑蒙拐骗的女神棍？直接让人把她们一个个地扔到了河里。

听到扑通扑通的落水声，三老的心都跟着扑通扑通地乱蹦，好像犯了心脏病。

又过了好一会儿，河里面还是没有什么反应。西门豹怒吼道："哼！女人就是不行，连个事儿都说不明白！来人！"

"在！"

"请三老替我去说明情况。"

"是！"

就这样，在一片哭喊声中，又听见了几声水响。

之后，西门豹帽子上插着簪，弯着腰，恭恭敬敬地面对大河站等了许久。

西门豹那边等着，旁边的那些官员们一个个吓得都快尿裤子了。

就在这时候，西门豹用手杵着下巴，疑惑地自言自语，"祝巫们和三老都不回来，这可怎么办呢？下一个应该派谁去呢？"

说完，回过头来，直接用眼神扫视这些官员们，这些人都吓得直接跪倒在地，那头就好像捣蒜一样地往地上磕，一边磕头一边疯了一般地叫道："大人饶命！大人饶命！以后再也不会有河伯了。"

直到这些人额头上的血流了一地，脸色像死灰一样，西门豹才说："嗯，看样子河伯留客要留很久，估计这些年都不会再想娶媳妇了。你们都散了吧，离开这儿回家去吧，以后也享享清福，不要再在官府里面待着了。"

这些官员们如蒙大赦，落荒而逃，从此在邺县消失。

以后，不管是谁都不敢再提起为河伯娶媳妇的事了。

那些远走他乡躲避河伯的邺县人一听邺县这个害人的制度被西门豹给废除

了，全都高高兴兴地回来了，邺县得以复苏。

将这些毒瘤处理完以后，西门豹开始重新起用有能力并且清廉的官员，并且组织本地的老百姓们开挖十二条渠道，把黄河水引来灌溉农田，准备将邺县变成天下第一的产粮县。

但在那时，老百姓开渠只能靠手，是相当费劲的，大家都不愿意干这种活儿。

所以，当地的百姓们抵触情绪很高，总是消极怠工。

面对这种情况，西门豹没有也不敢用强硬的手段逼他们，而是将百姓们聚在一起，耐心地劝说，"乡亲们，你们现在虽然认为是因为我而让你们受到了苦难，可是百年以后，你们的子孙全都会因为你们这一次的苦难所受益！只要把这十二条渠道修完，你们就是邺县的千古伟人！一定会被载入史册！"

像这样激励人心的话西门豹不是说了一遍，而是十遍、百遍地说，使得百姓始终保持着充沛的干劲。

这还不算，西门豹从修渠开始，就一直深入前线，和百姓们一起劳动，一直到渠道修完，所有的百姓都放下手中的活，他才停止。

等十二条渠道修完以后，邺县的农业得到了迅猛的发展，确实成了当时第一产粮大县，这也是邺县这个地方一直都是历朝历代君主们直辖重镇的原因。

西门豹因此名扬天下，恩德流传后世。

邺县被西门豹治理成了天下第一产粮大县，魏国的粮仓也因此爆满，有了粮食的魏斯便开始想对其他国家发动侵略了。

公元前419年，魏斯正在安邑的官殿中和他手下的武臣们看着一幅秦国地图比比画画，整个大殿里弥漫着战火的味道。

最后，魏斯把拳头狠狠地砸在地图上黄河西岸的位置，坚定地道："这事儿定了！就在这里筑少梁要塞！"

原来，自从秦穆公归西以后，秦国人就被晋国人压得死死的，鲜有胜仗。

可是，魏斯却深知老秦人的恐怖，当初孙武训练出来的吴国精兵那么厉害，不是照样被秦国的援军给打退了嘛！

再者说，老秦人居于西垂之地，和义渠等戎族势力临近，他们从小就练武，战斗力是远超别国的。

而魏家是紧贴着秦国，魏和秦早晚会开战。而现在魏家领土被自己治理得"国富民强"，秦人则是四面为敌，内部不安分因素也很多，此时不打秦国更待何时。

所以，在公元前419这一年，魏斯动手了。

他先是处理好了周边的关系，然后调动了十万人奔赴黄河西岸，在魏家和秦国的国境交界处建了一个庞大的军事要塞，起名为少梁。

其战略意图极为明显，那就是要以少梁为根据地，方便以后随时对秦国进行军事打击，这样便进可攻，退可守。

魏斯的这一动作彻底惹怒了秦国。

秦国朝堂上，庶长鼌狠狠地对秦灵公道："主公！现在魏人如此张狂，我请令，除了守住义渠的部队以外，咱们秦人举国攻击少梁，势必让魏斯这个计划流产！"

秦灵公哪里敢有半点儿异议，便准了鼌的请求。

就这样，秦国以鼌为统帅，出兵二十万进攻少梁。

少梁统帅听说秦人来犯，不敢出击，采用坚壁清野的战术来对付秦国人。

那时候，攻城器械已经很发达了，鲁班的云梯车也已经在众多国家普及，可是秦国人地处西垂，又不喜欢和外界交流，所以那些先进的器械并没有传到秦国去，他们依然用的是老式攻城器具。

关于少梁这场战役，史书上没有详细地述说战斗细节，可是，从下一年魏人重新修复了少梁要塞就能看出来，这场战斗一定进行得相当惨烈，惨烈到魏家要用一年的时间来重新修城。从这方面来看，双方可能是打平了。

魏斯进攻秦国的步伐虽然受阻，但这并不妨碍他想继续进攻秦国的想法，可正当他想要继续对秦国出兵的时候，已经风雨飘摇的晋国又乱上加乱，赵国和韩国差点儿打起来，使得本来团结的魏、赵、韩产生了一丝裂痕，可最后却被魏斯给力挽狂澜了。

那这又是怎么回事呢？

原来在少梁要塞修复不久以后，傀儡君主晋幽公死了。

话说这晋幽公自从即位以来就没开心过，因为自己这晋君当得实在是索然无味，身边总有三头恶狼盯着不说，家里还有一虎。

家中这虎是谁呢？就是他夫人秦嬴（秦国嫁过来的），秦嬴不只对晋幽公非常粗暴，还在当时就对其强制实行了一夫一妻制，不准晋幽公再娶。

那晋幽公肯定是不甘心啊，于是，在下人的撺掇下，晋幽公在新绛城中认识了一个年轻美丽的少女，并时常在半夜偷偷溜出宫殿，和这个少女厮混在一起。

秦嬴早就知道这事儿了，她之所以一直都没有揭穿就是想给晋幽公一个机会，让他改过自新。

可是晋幽公根本就没有这个心思，依然天天晚上偷偷翻墙去和少女私会。

终于，秦嬴忍无可忍，在一个月黑风高的夜晚，晋幽公依然如故地前去幽会，可当他刚刚翻越宫殿大墙还没走几步，突然从旁边的草丛中蹿出几道黑影，这几道黑影二话不说，对着晋幽公就是一顿猛扎。

于是，一代晋国君主，就这样死在自己宫殿的宫墙下面。

而这次的晋幽公事件却给了魏斯一个表现的机会，当他听闻晋幽公的死讯以后，马上派兵入驻新绛，在新绛周围几百里内展开了地毯式搜捕，最终将那几个杀死晋幽公的毛贼绳之以法了。

那这几个毛贼究竟是不是受命于秦嬴无史可考，总之秦嬴最后是活得好好的。

惩办了凶手以后，魏斯立了晋幽公的儿子姬止为晋国的新任君主，这便是晋烈公了。

直到一切都尘埃落定，赵家和韩家的族长依然没有派人前来调查。所以，晋国的老百姓们都为魏斯的行为所感动，认为他才是晋国真正的领头人，魏斯一时间成了晋国百姓心中的头领一般的人物。

几天以后，韩家族长韩启亲自前来拜访魏斯，而魏斯则是好酒好肉好招待。席间，韩启表明了这次来找魏斯的目的。

因为韩家是魏、赵、韩三家中最弱的家族，所以总想着给自己扩充地盘，但是韩国太弱，再加上现在的小诸侯基本都被大诸侯或者中等的诸侯给吞并了，所以韩家无处发力，只能想着法地"窝里斗"，从中赚取地盘儿。

而他今天来见魏斯就是谈这个事的，韩启想和魏斯结盟，两家组成联军突袭赵家，然后彻底瓜分了赵家的地盘。

魏斯听了韩启的话以后，眉头紧皱，直接一句话就给韩启顶回去了，"咱们魏、赵、韩三家都是晋国人，是兄弟邦国，永远不能内斗！"

要说这魏斯是真有远见，在当时，如果魏、赵、韩三家能够团结一致，天下哪家诸侯国都不是对手，可他们一旦陷入内斗，那便会给周边的列强创造机会，最后很有可能都会被吞并。

韩启一看自己的提议被魏斯给否了，也不敢再提，酒宴就这样草草结束。他本以为事情就这么过去了，可不知怎么的，这事儿就偏偏被赵家族长赵浣知道了。

赵浣听说韩启在他背后搞阴谋以后直接急了，也亲自来找魏斯，想要和魏斯一起灭了韩家，最后将韩家的地盘给分了。

而魏斯还是用对付韩启的那句话来对付赵浣，赵浣讨了个没趣，只能愤愤地走了。

魏斯因为这事头痛不已，虽然他也知道赵、魏、韩三家早晚会自立为国，进而相互争斗，但争斗的时间绝对不是现在啊。起码要将其他的诸侯国灭了再说啊！可看赵浣这架势，怕是等不到那时候了。

于是，为了使三家能够团结一心，魏斯便给韩启和赵浣各写了一封信，信的内容都是一样的，"赵老弟（韩老弟），您最近的心情我可以理解，但是咱们三家是绝对不能够相互动手的。大家都知道，咱们晋国属于四围之地！东邻齐，西邻秦，南邻楚，背后还有那些少数民族（狄、北戎）。这些势力那可没一个是好惹的，这要是还像以前一样（未分裂之前），我们也不惧这些势力，可是现在不同了，整体力量已经被三分，再也没有当年的战斗力了，如果这时候我们还不团结一心，而只想着窝里斗的话，以后一定会被这些势力蚕食，到时候咱们就是后悔也来不及了。言尽于此，还望两位深思。"

赵浣和韩启收到魏斯的信件以后都一番深思，觉得魏斯说的话确实在理，这事儿也就这样过去了，可是赵、韩之间产生裂痕确是在所难免的了。

经过此事，魏斯不仅在晋国老百姓心中成了晋国的领头羊，竟然也隐隐地成了"三晋"的领头羊。

2.6 魏国大变法

成功安抚了赵、韩两家以后，魏斯终于能腾出手来攻秦国了，可还没等他再次对秦国攻击呢，秦国内部先发生政变了（此时的庶长晁已经死了）。

公元前415年，秦灵公被自己位高权重的叔叔嬴悼子赶下了君位。嬴悼子自立为君，这便是秦简公了。

秦灵公在位十年，前些年都被庶长晁掌控，没有什么政治资本，外加上他即位的时候太年幼，所以，秦国人都不怎么服他。

而嬴悼子就不一样了，他在秦国的势力很大，说一不二，民望也高。再说庶长晁死后秦灵公也没有什么政治实绩，所以，嬴悼子便以"无能"为借口将秦灵公赶下了君主之位并取而代之。

秦灵公有一个儿子，叫嬴师隰，秦灵公被赶下台的时候他还是个幼儿，秦简公怕留下祸患，便将他及其家人流放至陇西河谷。

嬴师隰的家人生怕秦简公哪天后悔了再来将他直接杀死，便连夜逃到魏国去了，也幸好他的家人聪明，要不然以后就没有强大的"新秦国"了。

秦简公上位以后，深知现在秦国四面临敌，实在是不适合再继续战争，便着力发展秦国内政。

他先是派遣使者结好四方的少数民族，取消比较有威胁的部落的贡品。紧接着，在少梁对岸建造了籍姑和繁庞两个军事要塞，以此遏制魏国。

他着力发展经济和农业，实行按土地亩数征收租税的政策，承认了"私田"的合法性，秦国也因此开始向封建制度转化。

可是留给秦简公的时间明显不多了，因为魏斯那边正磨刀霍霍地准备宰掉秦国呢，之所以现在还没有出兵攻打秦国，第一是因为后方的中山国再次复国，第二是因为魏家正进行一场轰轰烈烈的变法活动，当魏国的变法结束以后，那便是秦国的末日了。

公元前414年，之前被智伯打残的中山国复国。

中山武公便是当初抵抗智伯的中山文公的儿子。

原来，当初智伯打残了中山国以后，中山文公带领着中山人民和晋国展开了长年的游击战。等到智伯被赵、魏、韩三家灭掉以后，赵、魏两家为了解除后顾之忧，便打算消灭中山国。

中山文公深知两家的强大，想要凭着中山这么点儿的士兵对抗两家联军无异于痴人说梦。所以，他派遣使者前去联军大帐，表示中山愿意臣服于晋（实际上是臣服魏、赵两家），并年年上贡。

两家族长也不愿意和"中山狼"来回打游击，便答应了他的请求。

魏斯为了控制中山文公，还将自己的女儿嫁给了他，时刻监视着中山文公的一举一动，这使得中山文公简直同傀儡无异。

中山武公是中山文公和魏家公主的孩子，他幼年生活在中人城，看到父亲文公被赵、魏所控制时所过的傀儡日子，备感羞愧，从小便立下了复国大志。

中山文公死后，将位置传给了中山武公。武公暗地结交、拉拢鲜虞族势力，培植亲信，积蓄力量，终于在公元前414年宣布从此不再听魏国的号令。

魏斯得知此事以后大怒，但是魏斯还是先忍住没有行动，因为他现在还有一件更重大的事情要做，那便是准备在魏国大变法。

要说魏国的变法，就一定要先说李悝。李悝乃是法家开天辟地的人物，是华夏史上第一个真正实施全面变法的人。

李悝担任魏国丞相以后，在魏国开始了大刀阔斧的变法，他不是小打小闹，而是从政治、经济、农业、军事和法律五个方面开始了对魏国的全方位变法。

在政治上，李悝废除了世袭贵族特权，谁都别想不劳而获。一批于国家无用且有害的特权人物被赶下政治舞台，一些出身低微的人也能因战功或才能而跻身政界。

这样改革的结果彻底地灭绝了魏国"世卿世禄"制度，魏国因此省下了巨额资金，还让魏国的人民更加具有凝聚力。

在农业上，李悝主要实行"尽地力"和"平籴法"，废除了古老的井田制。

尽地力就是统一分配农民耕地，督促农民勤于耕作，增加生产。

平籴法是国家在丰收时平价收购粮食储存，发生饥荒时平价卖给农民，取有余以补不足，以防谷物或甚贵而扰民，或甚贱而伤农。

此法的实行，极大地促进了魏国农业生产的发展，使魏国因此而富强。

在法律上，李悝汇集各国刑典，著成《法经》一书，使之成为魏国的法律，并以法律的形式肯定和保护了变法，巩固了封建法权。

《法经》一共有六篇，分别是《盗法》《贼法》《囚法》《捕法》《杂律》《具律》。这些法律对于国家法令、政府职能、官员的升迁奖惩、军功的奖励，都作了最完备的规定，使得魏国在强大的同时也能够有条不紊地正常运转。

公元前412年，李悝的变法已经在魏国成功实施，魏国的国力也迅猛地提升。

就在这个时候，魏斯迎来了他的第二个大才，这人就是吴起。

吴起投靠了魏斯以后，在军事上给魏斯很多建设性的意见，魏斯经常听得入迷，便让他和李悝一起负责魏国的军事改革。

而李悝和吴起也是真不负众望，一起组建了当时在整个中原最强悍的步兵战斗集团。

这个战斗集团清一色的重步兵，他们有一个统一的称号，叫魏武卒。

魏武卒，是华夏有史以来的第一支职业战斗集团。在以前，华夏从来都没有职业的士兵，各个国家都是在战斗之前定好了每户哪个人是士兵，并在开战以前集结起来，等打完仗以后再把他们放回去，让他们继续耕田。所谓战功也仅仅是两个赏钱而已。

这样的士兵们无疑作战热情不高，并且战斗能力低下。

而魏武卒不一样，不但能按月领到高额的工资，还能用军功换取爵位。那么魏武卒的精锐程度究竟到了什么地步呢？

首先，来看看他们的选拔标准。

因为魏武卒的待遇非常好，所以魏国那些青壮年的小伙子全都来报名，吴起和李悝先是将这些青年聚集在一起，然后让士兵们披上三层重甲和铁盔，所谓的三层重甲不是说穿三件衣甲，而是一种独有的、重达七十斤到九十斤不等的铠甲。

这三层铠甲最外面全是铁制，第二层是皮制，第三层是加厚的绸制。（注：加厚绸制衣甲能够在被弓箭射中以后不破开，连着绸子一起进入肉里面，这样会减少弓箭的冲击力，并且保持伤口的清洁，使得因中箭而引起的并发症在魏军杜绝）

这还不算，这些人还要能拉动重弩，每人背五十只弩矢，拿着长戈或铁戟，腰带利剑，携带三天的作战粮草，半天能走一百多里，并在走完一百多里以后能马上投入战斗的，才算是合格，能够入选魏武卒的阵营。

武卒的编制是五人为伍，设伍长一人，二伍为什，设什长一人，五什为屯，设屯长一人，二屯为百，设百将一人，五百人设五百主一人，一千人设二五百主一人。其中，"二五百主"也称"千人将"，也就是以一千人为基本的作战单位。

这种编制，充分体现了魏武卒作战指挥系统的灵活性，能达到如身使臂，如臂使指一样。即便是战败了，也可以迅速地组建军阵——不管各军队士兵是否相识，只要各级将官存在，都可以迅速地集合起来。

在军事训练上，吴起聘请了专人对这些军事基本素质较高的士兵进行严格的军事技能训练，包括单兵技艺训练、阵法训练、编队训练以及联络记号训练等。

在训练中，还特别注重发挥军事骨干的先锋模范带头作用，"一人学成，教成十人；十人学成，教成百人……万人学成，教成三军"，使全军的素质迅速得到提高。

凭借着这些精悍的魏武卒和魏国强大国力的支持，吴起即将为魏国打下秦国整个河西之地，让从建国至今天不怕地不怕的老秦人闻吴起之名便丧胆，也使得吴起在时无人敢犯魏国。

2.7 绝世神剑

吴起，综合能力极强，文能安邦，武能定国。除了李悝以外，天下众多能人在他的眼里就好像是土鸡瓦狗一般不堪，其狂妄的态度令身边的人都怨恨他，远离他，但又无法反驳他，因为吴起的能力实在是太强了。

吴起，卫国人，据说家里是经商的。

吴起从小就非常聪明，不管看什么书都能够举一反三，尤其是兵书，什么《孙子兵法》，什么《司马法》，等等，凡是他看过的，他都能生出自己的理论。

他的父亲死得早，母亲将他抚养长大，本来想把生意上的事情全都交给聪明的吴起打理，可是吴起并不想经商，他对自己的母亲道："娘！您老就别让我经商了，商人哪怕是腰缠万贯也永远被人看不起！"

吴起妈妈疑惑地问："那你想要干什么呢？"

吴起坚定地道："要做！就做大官！做一国之相！"

吴起的母亲知道吴起很聪明，将来肯定不是池中之物，便给了他大笔的资金前去列国求官。

可是吴起张狂无度，眼高于顶。他的这种性格，注定不会得到别人的引荐，所以吴起在外游荡了好些年都没有什么作为。

到最后，他母亲给他的钱全都花光了，只能灰头土脸地回到了家乡。

而左邻右舍的玩伴们现在也都长大了，看着狼狈回乡的吴起，想到小的时候吴起是怎么看不上他们的，就觉得非常解气。

他们当着吴起的面儿说道："这是谁啊？这不是天纵奇才的吴起吗？怎

么？这些年没混出名堂？哈哈哈，这回知道自己的德行了？知道就好，你以后还是好好地经商，在你老妈的庇护下活着得了。"

吴起看着堵着他道的人，阴冷地说道："滚开！"

"滚开？哈哈哈，我就不滚开，你能怎样？想过？行啊！从我裤裆下面钻过去！"

这些人在冷嘲热讽羞辱吴起的时候只顾着得意，并没有看到吴起那如同利剑一般的眼神，同样没有看到那眼神里的滚滚杀气。

只见吴起嗖地一下抽出手中的利剑，噗噗两下，挡在他面前羞辱他的人直接就被捅死了。

周围的人都呆住了。

看着尸体身后正在发愣的人，吴起的眼神更加犀利，他拿着沾满鲜血的宝剑一个箭步冲上去，逢人便刺。

开始时，哭喊声一片，可片刻以后便是一片死寂，只能看见手拿血剑的吴起满身鲜血地站在那个满是尸体的地方发愣。

"杀人了，自己杀人了，还一次杀了这么多，这可怎么办？我以后的前途该怎么办？"

"杀人啦，杀人啦……"

正在吴起发愣的时候，背后惊恐的叫声吓得吴起一个激灵，再看到周边看热闹的人群全都疯了一样地逃走，他就知道自己完了，肯定会被杀头的。可这么死吴起甘心吗？他决不甘心！

于是，吴起也像疯了一般冲向家中，将事情对自己的母亲说了一遍。

他的母亲没说别的，直接把家里剩下的钱全都交给了吴起，让他赶紧逃离卫国。

吴起向自己的母亲跪了下来，磕了三个响头，平生第一次流下了泪水。他坚定地和自己的母亲道："娘！我吴起要是不做到相国便绝不再回卫国，等我做了相国以后马上就来接您享福。"

说完，拎着母亲给他的钱便跑了。

逃离卫国以后，吴起直接去了鲁国，拜了鲁国著名的儒家大师曾子为师。

吴起是一个典型的军事派法家代表，从来都是对儒家嗤之以鼻的，怎么会去投靠儒家大师呢？

那是因为吴起深知这些年自己官场的失败都是因为性格所致，吴起明白，想要完成自己的理想，光有才能是不够的，还要学会儒家为人那一套。并且曾子在鲁国上层很有些脸面，要是能够得到他老人家的引荐，自己兴许能在鲁国求得一官半职。

只要有个一官半职，吴起就有信心凭着自己的能力名震天下。

曾子一开始并不喜欢吴起，他觉得这个小伙子虽然长得不错，但是从他的眼神中却能看出此人是个十足的激进分子。

儒家讲究的是中庸之道，并不适合吴起，可是吴起十分聪明，看书过目不忘，还能举一反三。所以，曾子没多久就喜欢上了吴起，并对他倾囊相授。

这还不算，曾子知道吴起在军事上很有些造诣，有意将吴起打造成一名儒将，便总带着吴起出席一些公开场合，为吴起造势。

由于吴起声名渐起，有很多人还特意花重金来求吴起教授他们一些军事知识。

手里有了钱以后，吴起又娶了一名齐国女子为妻，小日子过得也算滋润。可正当吴起渐渐崛起的时候，他得到了一个噩耗，那就是自己的母亲死了。

吴起听闻，痛哭一宿。他很想回去给自己的母亲办理丧事，可是当初自己在卫国杀了那么多人，他要是去了怕就回不来了。

可"儒学大师"曾子却不答应，身为儒家人竟然在母亲死后不回去吊丧？简直是滑天下之大稽，儒家讲的是什么？那是忠和孝！你连孝都不顾还当什么儒家人？

从此以后，曾子将吴起赶出了自己的学校，两人的师生情分算是断了。

难道吴起又要流浪他国了吗？

不，因为此时的吴起已经打响了知名度，鲁国有很多官员已经认识他了。吴起现在少的只是一个机会。

一日，吴起正在家中研读兵书，突然有两个鲁国的下人来找吴起，说是鲁君要见他。

吴起将兵书合上，微微一笑，他知道，属于自己的时代要来了。

公元前412年，齐宣公发兵攻打鲁国，企图一举占据鲁国东部大片领土。

鲁国很少出统兵大才，在孔子之前也许还有那么几个猛将，可自孔子之后，整个鲁国全都是儒家的做派，人人皆为书生，没有能战的将领。

所以，听闻齐国大军前来攻伐以后，鲁穆公直接怕了。他赶紧召集鲁国的大臣们来商议对策，可这些饱读诗书的书生们对于齐国的虎狼之师却是毫无办法，别说领兵出击了，就连个建设性的意见都拿不出来。

鲁穆公大怒，正当他要发作的时候，突然有个大夫站出来说道："主公何不用吴起为将？据说他的军事才能十分高超。"

鲁穆公听罢眼睛一亮，"是呀！我怎么把这人给忘了？我虽然没见过这个吴起，却听过他的大名，本来想要起用他为将军，可是这个小子不去祭拜自己的亡母，我才没有任用他。现在鲁国到了危急存亡的时刻，再也不能顾忌那么多了！"

想到这些，鲁穆公下定决心，他对着下人喊道："去！快把吴起给我请过来。"

就这样，吴起来到了鲁国的宫殿。

鲁穆公笑呵呵地对吴起说："吴起啊，现在齐国率领大军来侵略咱们鲁国，你虽然是卫国人，可是在鲁国这么长时间了，也能算得上鲁国人了，现在国家有难，正是需要你出头之时，我想派你带领咱们鲁国抵御齐国，不知道你愿不愿意。"

现在有了功成名就的机会，吴起怎么会不愿意呢？所以很干脆地答应了鲁穆公的请求。

可吴起前脚刚走，便有一个大夫在后面给鲁穆公献言，"主公！微臣刚才思前想后，觉得将兵权交给吴起实在是不太合适啊。"

鲁穆公很纳闷儿，问为何。

那人继续说道："主公有可能不知道，那吴起很爱他的夫人，而他的夫人是个齐国女人。想必吴起对齐国也是很有感情的，如果让他去对抗齐国，极有可能临阵放水，甚至有可能直接向齐国人投降，到时候咱们鲁国可就完了。"

这鲁穆公听罢一拍脑袋，"是呀！我怎么没想到这方面呢？不行不行！咱可不能用吴起了。你赶紧去把吴起的兵符给我收回来。"

下人闻讯而动，赶紧去追吴起了。过了一会儿，吴起气呼呼地和那个小内侍回到官殿，也没废话，直接就对鲁穆公问道："为什么？"

现在吴起非常气愤，所以说话很生硬，鲁穆公一看吴起这个态度，冷笑一声："吴起，你也别怪我言而无信，你的夫人可是齐国人，我怎么敢用你去打齐军呢？那我不是找死吗？"

吴起一听这话就明白了。他也没说什么，转身就往家走，回到家里以后，温柔的妻子微笑着和吴起道："相公，怎么样？事情进展还顺利吗？"

吴起看着自己的妻子，眼神冰冷地道："爱妻，这辈子是我欠你的，下辈子，我给你做牛做马。"

说完，也没等妻子反应过来，抽出腰间的短剑噗地一下就扎进了妻子的心脏。

杀死妻子之后，吴起又将她的头给割了下来，拎着血淋淋的头颅就往鲁国官殿跑。

这时候鲁穆公仍然在和众位大臣商讨对齐的事宜，还没散朝。看到突然又闯进官殿的吴起，鲁穆公本想发怒，可当他看到吴起手中的人头时一下子就呆住了。

吴起将人头往地上一扔，"明公，我已将我妻子的人头取来，现在我和齐国没有一点瓜葛，明公可放心了？"

听着吴起冷冰冰的话语，看着吴起冷冰冰的眼神，在场的所有人都是一个激灵。鲁穆公哪里还敢再有一丝的怀疑，立马就将兵符交给了吴起，任命他为鲁军元帅出兵伐齐。

对于这场战役，史书上没有记载任何细节，只说是吴起大胜。

不过大家可以想一想，齐国不管是在春秋还是战国都号称强齐，从姜太公开始就一直称霸东方，到了齐桓公和管仲那时候更是强盛之巅峰，虽然现在的齐国已经被后来到齐国的田氏（陈国陈完的后裔）家族给反客为主了，但齐国在田氏的治理下一点儿都没有变虚弱，齐国士兵的单兵作战能力那是很强。

而鲁国呢？没有出色的将领，更没有出色的士兵，吴起能指挥这样的一支部队完胜齐国，由此就能看出吴起领兵打仗的水平有多么高超了。

胜利以后的吴起本以为自己从此后便可以在鲁国平步青云，可谁承想，鲁国的那些个大臣惧怕吴起的才能，害怕他崛起以后对他们构成威胁，便进献谗言道："主公！吴起绝不可以重用！主公您想想，咱们鲁国自打三桓夺政开始，国力是一天不如一天，到现在都快沦为小国了。身为小国就必须要有小国的觉悟，如果小国打了胜仗，那必被四周的诸侯所警惕，魏、赵、韩、齐，这些势力哪一个是好惹的？主公也不想成天被他们惦记吧？再说了，那吴起是卫国人，在卫国一口气杀了好几十人，咱们要是起用卫国的一级通缉犯为将领就必定会得罪卫国，到时候可就真是四面临敌了。还有，那吴起为了荣华富贵连爱妻都能斩杀，保不准哪天就会把剑对准您啊！"

那鲁穆公听了这奸臣的话以后竟然真的辞退了吴起。

吴起赔了夫人又折兵，当然是不会再在这个伤心之地待着了。

吴起走了，这个天下哪里还能容得下吴起呢？

2.8　河西死神

吴起离开了鲁国，那他接下来应该去哪儿呢？这也是一直困扰吴起的问题，可就当不知前往何方的时候，魏国开始了轰轰烈烈的李悝变法，魏国！只有魏斯才是真正喜欢人才的人！

所以，吴起再也没考虑其他国家，而是直奔魏国，去见了魏国大夫翟璜。

那他为什么不直接去见魏斯，而是绕了个大圈子去见翟璜呢？

因为翟璜是魏国有名的伯乐，西门豹、李悝等大才全都是他向魏斯推荐的。也就是说，他推荐的人才，魏斯一定会重点关注。

吴起为了能见翟璜一面，把自己身上能用的钱全都拿出来了。翟璜收了吴起的钱，并没有马上答应他，而是先和他见了一面，问了他一些军事上的事宜。

对于这些基本的军事知识，吴起自然是对答如流，不只如此，他还举一反三，阐述了自己的军事观点，翟璜听后大喜，简直将吴起奉为天人。

因此翟璜向魏斯疯狂推荐吴起，并且要让吴起担任整个魏家的军事统帅。

翟璜这突如其来的推荐可把魏斯吓了一大跳，翟璜虽然总能给魏家推荐大才，但是从来都没推荐过武将。要知道，这行军打仗和政治可不一样，稍有差池就有可能将国家推入万劫不复的深渊。

出于谨慎，魏斯并没有马上答应翟璜，而是招来了刚刚出使鲁国回来的李悝，问他吴起到底是个什么样的人，毕竟李悝不仅知识面广，魏国的情报网让他弄得也是风生水起，这天下什么事情都逃不过李悝的视线。

李悝听了魏斯的问话以后脸色突然变得严峻，"主公，此人道德品质败坏，为人高傲，眼里只有自己，可如果单论行军打仗的能力，我想，即使是田穰苴复生也奈何不了他。"

田穰苴是什么人？那可是齐国从古到今最厉害的将领，连他都奈何不了吴起，由此可见吴起强悍到了什么地步。

魏斯可不管什么人品的问题，只要有才能就好。他当即任吴起为魏家将军，和李悝共同主持魏国的军事改革。

吴起一生从来都没服过谁，可是对于李悝，他是服气的，因为这是个有真才实学的人。

李悝一开始并不喜欢吴起，可是在和吴起相处的日子里，他发现，只要是吴起真正认可一个人，那就会全心全意地来对他，并且吴起的能力那是没话说，和李悝配合得相当默契。

所以，二人在共事的日子里建立了深厚的友谊，李悝更是把自己变法的精髓全都教给了吴起，吴起从此成为一个文武双全的全方位人才。

公元前409年，魏国的变法胜利告终，魏斯将新练出来的七万魏武卒全都交给了吴起，让他奔赴西面战线攻打秦国。

可秦简公对于魏国那是相当警惕的，从魏国到少梁的路上遍布着自己的斥候和间谍，所以魏国那边的一举一动他很快就能知道。

秦简公一开始听说魏国出动七万士兵前来少梁还挺紧张的，可一听是一个名不见经传的将领带领七万人前来少梁，还以为是替换老兵，为少梁巩固城防，所以也没在意，只是又加派了五万人防守河对岸的籍姑和繁庞。（注：秦国地处西陲，在商鞅变法以前消息网是很闭塞的，所以吴起在中原的那些事迹秦简公也不知道）

按照秦简公的估计，吴起的军队最少也要在两个星期以后才能到达西河岸边。

可就在这时候，吴起的七万大军却突然之间消失了，秦国完全失去了吴起的消息，秦简公也没在意，还以为是吴起这个"新人"给魏国的军队带山沟子里去了呢。

其实这也不能怪秦简公轻敌，毕竟主帅带士兵偏离路线进而迷路的事情也不少见。

可是三天以后，吴起的军队却如同神兵天降一般，突然出现在籍姑城的后方，籍姑城守将猝不及防，还没等他将守城的部队安顿好，吴起的七万魏武卒便已经杀到了籍姑城下。

籍姑城的守军甚至连箭矢都没来得及放就被魏武卒攻进城内。

当籍姑守将看到魏军的真身以后如同梦呓般说道："重步兵？不可能！这不可能！"

原来，吴起部从魏家的首都安邑出发以后，按照行军方向是直奔少梁的，这就给秦国人一种错误的判断，认为他要直奔少梁，或在此巩固城防，或在此为据点，攻打繁庞或者籍姑。

可是吴起却突然在大军行进一半的时候突然改道北上，以急行军的速度朝籍姑城后方的龙门山驶去，从他改道的地方到龙门山最少也有一百六十里地，并且这一段没有人工路，全都是森林、山道或者低洼不平的坑道，哪怕是轻步兵也要走五天以上，可是吴起的重步兵却在短短的三天就杀到了籍姑，也难怪这个守城大夫吃惊了。

攻下籍姑以后，吴起在此地让士卒们休养一夜，次日从陆路继续向繁庞挺进。

少了籍姑的策应，繁庞立马从主动变为被动，直接被北面的吴起军和东面的少梁魏军围住了，如果这两方同时出兵，繁庞必将万劫不复。

繁庞的守城大夫不敢轻举妄动，只能一边坚壁清野防守吴起，一边派遣使者去秦国首都雍城求援，争取在秦简公援军到达以前守住繁庞。

可出人意料的是，前来攻击繁庞的只有北面的吴起，东面的少梁并没有派出士兵支援，这使得繁庞大夫压力顿减。

因为吴起的大军只有七万，而自己的守军加上从籍姑逃回来的逃兵最少也有六万多人，再加上据城坚守的天然优势，繁庞大夫坚信，自己一定会坚持到秦简公到来。

可是，他错了，错得非常离谱，因为他面对的是举世无双的神将吴起以及精锐的重步兵战斗集团——魏武卒。

吴起到了繁庞以后，没有像传统的将领那样将城池围住，因为吴起知道，当攻城兵力不占优势的时候，集中一点打击才是取胜之道。

并且，吴起也没有必要将繁庞围住攻打，因为他不但有当时最勇猛的士兵，还有最先进的远程火力。

说到古时候的远程火力，大家最先想到的可能是弓箭、弩和投石车。不过战国那个时候的投石车相当地落后，并不是千年以后蒙古人从西域（一说印度）那边弄来的配重式投石机，而是最原始的人力投石车，所以各个诸侯国在攻坚战的时候很少用到。

而吴起先进的远程火力既不是弓箭、弩，也不是投石车，而是另外一种远程兵器——床弩。

那什么是床弩呢？我们简单地说一下吧。

床弩，就是将一个类似床架子一般的东西放到地上，再在这个“床架子”上装一个超级大的弩。这个弩的拉力极高，需要好几个人用力拉动弩弦，将其拉满，然后用一根铁棍固定住，再放一个粗大的"箭矢"上去。

这一切准备完毕以后，一名士兵用锤子将这个铁棍敲下去，箭矢就飞速蹿出去了，其有效杀伤距离能达到400米以上，沉重粗大的箭矢，甚至能扎到城墙里去。

秦军方向。

站在城墙上的繁庞大夫意气风发，就等着魏军前来送死，可让他奇怪的是，魏军并没有在第一时间发动攻击，而是手拿一些奇怪的木头装置在组装些什么。

大概两个时辰以后，数百架床弩准备完毕。虽然繁庞大夫并不知道这奇形怪状的东西到底有什么作用，但他还是紧张得流出汗来。

嗖嗖嗖！随着魏军床弩的发射，一根根粗壮的箭矢被射上了天空，当它们落下来的时候，繁庞变成了地狱。射到城里的箭矢将里面密集待命的弓箭手们射成了串，射到城墙上的箭矢则直接将上面的士兵拍成了碎肉，而迎面冲到城墙上的箭矢则将城墙射得轰轰作响，有的城墙甚至直接被射穿，繁庞城里顿时乱作一团。

可这只是吴起的第一波攻击，紧接着，第二波、第三波，当进行完第四波以后，吴起吹响了攻城的号角。

魏武卒们就好像公牛一般直冲繁庞，而此时繁庞的秦军已经被床弩彻底打败了，城墙上的秦军一个个连头都不敢抬，城内待命的弓箭手全都龟缩在民居之中，哪里还有半分抵抗的斗志？哪里还有密集的火力支援？

吴起就是抓住了这个空当命全军攻城。

繁庞，这个所谓的坚城在一天之内便被吴起攻陷。

次日，吴起乘胜南下，兵锋直指函谷关。

这回秦简公再也坐不住了，函谷关是秦国的门户，秦国人就是靠着函谷关才能抵御中原各诸侯国的入侵，如果函谷关丢了，那秦国必亡。

所以，秦简公亲自带领举国十二万秦军迎战吴起。

面对多出自己五万的秦军，吴起没有丝毫慌乱，而是率领魏武卒主动向西迎击秦军，就这样，两军在杜平（今陕西省合阳县东）相遇。

秦简公深知魏军床弩的厉害，所以见了面以后根本不给吴起组装床弩的机会，直接命弓箭手对魏军展开疯狂的射击，然后命令全军冲锋，势必在这一战中全歼这支恐怖的魏国生力军。

秦军气势汹汹，每个人的脸上都挂着凶狠的表情，在他们的上空好似悬挂着一股杀气，可是吴起不为所动，只是冷笑一声，"哼！不过如此。"

只见吴起令旗一挥，七万魏武卒一声大喝，用盾牌护住全身。面对着如雨点般的箭矢，魏武卒纹丝不动，因为大部分的弓箭都射到了魏军的大盾上面，就是有一些箭矢通过空隙射到里面也无法对身披三层重甲的魏武卒产生致命的伤害。

就这样，一直到箭矢全都射完以后，秦军对魏军展开了冲锋。

吴起见状又举起了一面令旗，魏武卒瞬间将盾牌全部扔下，每人都从背后取出一把重弩对秦军展开齐射。

秦国士兵还没等冲到魏军近前就被射得损失惨重，可是秦国士兵不怕死是出了名的，一拨箭矢并没能阻挡他们冲锋的步伐。

当秦军冲到距离魏军五十米不到的时候，吴起再次挥动令旗，魏军鼓响两声，魏武卒迅速组成魏武大阵，只见此阵前排为盾，二排为枪，三排为重刀武卒，在后面的则是精悍的魏武卒预备队。

伴随惨绝人寰的叫声，两军短兵相接。可是秦简公绝望地发现，秦军根本无法突破方阵，那方阵最前排的魏武卒好像拥有神奇的力量，死死地顶着冲上来的秦军，让他们无法向前迈出一步，而后面的魏武卒则趁机用长枪狠扎秦军，整个前线满布着秦国人的血雾。

战斗了大概半个时辰，秦国人实在是攻不进魏武卒的方阵，并且体力已经慢慢不支。

吴起抓住机会，又一支令旗挥下。咚咚咚，鼓声三擂，三排的重刀魏武卒突然从方阵内杀出，用他们嗜血的屠刀疯狂收割着疲惫不堪的秦军。

而后面的预备队也乘机全部冲上，对秦军展开了碾压式杀戮。

战斗进行到现在，基本上已经一边倒了，秦国人如果继续顽抗下去，必定被全歼。

秦简公已经被吴起和魏武卒吓破了胆，再也不敢继续顽抗，遂敲响了撤兵金锣。

吴起怎么能放过这个痛打落水狗的机会，他亲自领兵追击，一直追了近百里才算是放过了秦军。

干掉秦国主力军以后，面前一片坦途，河西再也没有能抵抗吴起的军团了。吴起毫不停歇，继续深入河西，他先是在杜平西南建立了元里，打算以此为根据地继续向西。

秦国人算准了吴起的想法，便把残兵败将都集中在更向西的频阳（今陕西省富平县美原镇古城村一带），准备在此地再次抵御吴起的攻势。

频阳再往里面就杀到秦国的心脏地带（雍城）了，所以秦军是无论如何都不会放魏国人进来的，哪怕是拼掉自己的性命。

可让人郁闷的是秦军在那等了好几天，身在元里的吴起却再次消失了，只留下几万魏武卒和百十来台床弩守城。

正当秦简公疑惑吴起去向的时候，吴起的主力大军却突袭了河西的南方重地大荔，并将其一举攻下。

大荔的地理位置实在是太重要了，它在当时天下第一关——函谷关的身后。大荔一破，函谷关就完全暴露在魏国人的面前。

秦简公迫于吴起的军事压力，只能将驻守函谷关的所有士兵全部撤回，要不然函谷关将会陷入被两面夹击的窘境，守着函谷关的士兵也将会白白牺牲。

秦国从此失去了东大门（函谷关），彻底暴露在魏国人的钢刀之下。

占据了函谷关以后，吴起在大荔北又修建了临晋关，在水路上彻底封锁了秦国人。

这还没完，在封锁了秦国以后，吴起再次向西出击，一路上势如破竹，连战连胜，仅仅用时一年就彻底吞并了整个河西之地。

以勇猛和不怕死著称的秦国人被吴起打成了落水狗一般，龟缩在栎阳（今陕西省富平县南）以西，终吴起一生都极少敢出头。

那接下来吴起是不是继续出兵秦国进而将其灭国呢？

当然不是，并不是魏斯和吴起不想一口气将秦国吞掉，而是有四大原因。

第一，在春秋时期和战国初期，你可以称霸，当一名号令天下的霸主，可如果你想要灭掉一个大国，从而使得自己的领土以倍数增加，那可就犯了忌讳了，列国的这些君主绝对不会看着一个国家吞并另一个国家而不闻不问的。

吴起和魏武卒这一次横扫河西，已经使天下震动，周边的诸侯全都对魏家虎视眈眈，如果他敢再进一步吞并秦国，肯定会面对四面临敌的状况。魏斯和吴起当然知道见好就收的道理，他们也明白，像秦国这样的国家要一口一口地吃掉。

第二，这次的河西战役，也不是说魏国就毫无损失，那可是名震天下的老秦人，魏武卒就是再厉害，也不可能毫无损失便取得如此大胜。

第三，吴起的统军才华虽然过人，但也是臭名昭著，杀妻求将，母终不送，所以，魏文侯也害怕如果让吴起灭掉秦国，万一他在秦国自立为王怎么办，到时候自己可就会面临着被列国围攻的窘境了。

第四，老秦人被夺了河西大片土地，甚至连门户函谷关都迫于吴起的军事压力给丢了，那就是要孤注一掷了，所以秦简公调集全国剩余的力量在临近河西的栎阳一片疯狂建造防守要塞。老秦人举国上下同仇敌忾，而吴起他们已经成了哀兵。正所谓"骄兵必败，哀兵必胜"，吴起深明此理。

基于以上四点原因，攻秦之事算是暂时搁置了。

2.9　霸主诞生

公元前408年，摆平了西面秦国的魏斯并没有消停，而是空出手来攻自己的亲外孙所领导的中山国了。

可有一个问题摆在眼前，那就是任谁为将呢？要知道，中山国虽然不大，但是中山步兵的单兵作战能力极强，所以当时人都叫中山兵为"中山狼"。

而自己的魏武卒和大将吴起现在都在河西巩固城防，没有时间和精力再回到中原战场，就算是有精力魏斯也不可能在中山也用吴起为将，那不是要功高盖主吗？

所以，魏斯再次召开了朝会，想要听取群臣的意见，选取一个将才来攻克中山。

这时候，魏国的大伯乐翟璜又说话了，"主公！我推荐乐羊为本次攻伐中山的统帅。乐羊此人从小便苦修军事，在这方面很有造诣。"

魏斯点了点头，对于翟璜推荐的人他还是非常信任的。

可翟璜话音刚落，便有一个大夫站出来反对道："主公不可！翟璜大人说乐羊有能力，这个我很认同，但是有一个问题，那就是乐羊的儿子乐舒现在正在中山国任职，乐羊能同意去打自己儿子所在的国家吗？换句话来说，即便他能同意，到时候中山国主拿乐舒来威胁乐羊，乐羊还能尽心尽力地攻打中山国吗？"

听到这个大夫的话，魏斯确实犹豫了，虎毒不食子这个道理他还是明白的。

可就在这时，翟璜哈哈一笑道："这位大人你多虑了，你说的这些我都知道，可我为什么还要推荐乐羊去攻打中山国呢？那是因为我对他的人品有绝对的信心。"

魏斯听罢，眼神一亮，"哦？此话怎讲？可有些故事？"

翟璜嘿嘿一笑道："我为什么这样信任乐羊呢？因为他对自己的夫人又爱又怕！这乐羊在年轻的时候，曾经在马路上捡到一个大金坨子，给他高兴得不得了，赶紧就把金坨子奉献给夫人了。本以为自己夫人会很高兴，表扬他两句，可谁料到他夫人不但不高兴，还把他骂了一顿，告诉他不告自取是为偷。乐羊一听这话，吓得赶紧就把金坨子给扔了。"

看到魏斯听得很认真，翟璜一笑，继续道："他的妻子不仅教育乐羊的品德，还望夫成龙，逼他出去学艺。乐羊舍不得貌美的妻子，本是不想出去，可是受不了妻子天天冷脸，便四处游学，拜访名师，学习兵家。可外出学习还不到一个月他就憋不住了，因为想念妻子太甚，便跑回家中寻找妻子。岂料回到家中之后，他的妻子非但没有热情地迎接他，反而冷冷地说：'怎么？一个月就学成归来了？'乐羊尴尬地说：'没有。'乐羊的妻子一听这话，一下子就生气了，拿起剪刀就将自己刚刚织好的布给剪个稀烂。那时候乐羊家中很穷，这一块布就是家里半个月的伙食费啊。乐羊着急地问：'夫人您这是干吗啊？'他媳妇疯了一般地吼道：'乐羊！你知道吗？你没学成便归来，就好像这块布一样，直接就被剪断了。你看到我把咱家半个月的伙食费给剪断了你心疼，可你知道吗？我看到你半途而废，心里就像这块布一样，被你给剪得稀烂，我的伤心你知道吗？'说完就哭了起来。乐羊为了不再让自己的妻子生气，此后整整七年没有回家，直到学艺有成才回来，并且到现在都只有这一个妻子。主公您说，他行军打仗难道还能携家带口吗？有这样一个妻子在家等着他，他敢不用尽全力吗？他难道就不怕主公把他全家都杀了？"

听到这儿，魏斯哈哈大笑，"好！就用这个乐羊了"。

就这样，乐羊带着五万魏军前去攻打中山国。

乐羊并没有吴起的军事天才，可他用兵胜在稳。乐羊深知中山国步兵的强大，并习惯于游击战，便稳扎稳打，一步一个脚印地慢慢向前推进。

面对乐羊这种老牛拉车式的作战方略，中山武公毫无办法，只能选择正面决战或者坚壁清野。

可中山国就那么点儿的地方，兵力不足两万，拿什么去和强大的魏军拼人数呢？所以，无奈之下，中山武公只能选择坚壁清野，和乐羊打起了守城战。

一看中山武公龟缩起来和他打守城战，乐羊笑了，因为他最喜欢的就是攻坚战。

乐羊领兵将中山国国都顾城团团围住，断绝了顾城的粮道，并且不停地加盖军营，防止中山军的突击，还命士兵在中山附近种田开荒，摆出一副长期作战的架势，可就是围而不攻，就是和你耗着。

中山武公虽然恨乐羊恨得牙痒痒，却是一点办法都没有，他在夜里曾经发起好几次突袭，可都被魏军的劲弩给射得损失惨重。形势逼着他只能和乐羊死耗着，还好，顾城人口稀少，粮草众多，也还能顶一阵子。

转眼间三年就这么过去了，城墙上的中山武公快要疯掉了，因为顾城现在的粮草已经耗尽，城内的官军们已经开始抢夺百姓家的粮草了。

顾城士气低落，百姓们甚至都要民变了。而乐羊抓住时机对其发起了猛攻，中山武公费了九牛二虎之力才将乐羊的第一波攻势挡下来。

他知道，凭借着自己军队的这点儿士气，绝对抵挡不住魏军的三波进攻。中山武公没办法了，派人给乐羊送去了一封信，信上是这样说的："乐羊！你儿子一直在我中山做官，是我的得力部下，之前我不舍得拿他来威胁你，可是现在我已经没有出路了，识相的你就给我赶紧退兵，要不然，你儿必死无全尸。"

收到信以后，乐羊冷笑一声，当即发动了第二波进攻。

中山武公率众抵挡住以后，直接将乐舒给烹了，然后把乐舒做成肉羹给乐羊送了过去，希望乐羊看到儿子的肉羹能直接伤心至死。

岂料乐羊为了打击中山武公的斗志，竟然当着众多将军和中山使者的面把肉羹给吃了。

中山武公听闻此事以后瘫坐在墙边，彻底绝望了！

最后，乐羊用第三波攻势将顾城拿下，中山武公自杀身亡。

此时的中山国已经斗志全消，乐羊抓住机会，兵分三路，迅速出击，在一个月之内拿下中山全土，中山国灭。

灭了中山以后，乐羊志得意满地返回了安邑，魏斯听说他为了拿下中山，甚至把自己的儿子给吃掉了，因此特别感动，逢人便说乐羊对自己很忠诚。

可大夫堵师赞却不屑一顾，他冷冷地说道："乐羊都能把自己儿子的肉给吃了，还有谁的肉不能吃？"

这话好像一记闷棍，给魏斯打了一个激灵，"是呀，当初齐桓公是怎么死的，我怎么把这事儿给忘了呢？"

想到这儿，魏斯便开始对乐羊产生了警惕，再加上乐羊回国以后，仗着自己平定中山的功劳，开始变得有些张狂，魏斯对乐羊就更加不满了。

因此，他决定在乐羊因得意忘形铸成大错之前好好警告警告他。

一日，魏斯将乐羊叫到宫中，赏赐给他两个大箱子，并让他将箱子打开。

乐羊打开一看，立马傻眼了，因为这两个箱子里满满的全都是大臣们弹劾他的奏章。本来还沾沾自喜的乐羊，冷汗刷刷地往下流。

直到现在，乐羊才真正知道，原来在后方这个没有硝烟的战场上，全都是魏斯在帮他遮风挡雨，要不然自己和夫人的命早就没了。

于是，极为害怕的乐羊赶紧跪下道："能消灭中山国，非臣之力，完全是主公的功劳啊！"

魏斯呵呵一笑，心想："你知道就行。"并且将灵寿封给了乐羊。可是从此以后，魏斯就再也不敢用乐羊了，因为齐桓公的死一直萦绕在魏斯的脑海里，挥之不去。

就这样，魏国在魏斯的领导下，在手下一班能臣的辅助下，西霸秦国，东逼齐国，成为当时最强大的"国家"，魏斯也成为战国初期第一个霸主。

第三章

神剑折

3.1 齐国那些事儿

就在西南边魏国捷报频传的时候，沉寂多年的齐国却越发动荡，田家又开始加快了夺取齐国政权的脚步。

齐国，春秋的千乘之国，战国的"强齐"，我们先简单地回顾一下齐国的过去。

话说武王伐纣以后，姜子牙被封到了临淄，从那时候开始齐国便诞生了，而姜子牙便是齐国的第一任国君，之后周朝发生了"三监之乱"，周公旦（姬旦）一个人难以抗衡，便写信给姜子牙求援。

姜子牙一开始他并不想帮助周公旦，而是想闷头发展国力，中原越乱越好。

可周公旦早就看出了姜子牙的小心思，他为了让姜子牙能够支援周朝，和当时的周王姬诵商定，派使者到齐国去见姜子牙，并且对其承诺，如果齐国肯派大军合击叛军，胜利之后，东到海滨，西到黄河，南到穆陵，北到无棣，这些地方的次等诸侯，齐国均可以随便讨伐且不必向中央报告。

姜子牙听罢眼睛一亮，这齐国要是帮助周朝取得胜利，那以后就可以无限扩大地盘，俨然成了九州长官。

所以，姜子牙果断派出援军支援周朝平定了"三监之乱"。

这之后，姜子牙内修国政，外扩地盘，齐国在那时候就已经成为东方的霸主，就连当时最为强大的鲁国也不敢和齐国张狂，可以这么说，姜子牙正是强齐的真正奠基人。

几百年以后，齐国国君的位置轮到了齐桓公姜小白，齐桓公——春秋五霸中的第一霸，在他和管仲的共同努力下，齐国经过多年的发展再上一层楼，不管是战力还是国力在当时的春秋时期都是最强的。

可齐桓公在晚年的时候收了一个叫陈完的陈国逃亡公子（田氏先祖），田氏从此在齐国生根发芽。

那田氏一族对于拉拢民心相当在行，公元前539年，齐国一代名相晏婴就和好友羊舌肸说过，"田氏一族虽然没有什么大功，但是他们极会拉拢民心，经常以个人的名义用公款来援助穷苦的老百姓，所以田氏一族在齐国的民望相当高，我曾经奉劝主公要提防田氏，削掉他们的权力，慢慢让他们淡出齐国，可是我家主公根本就不拿我说的话当回事儿，所以我才说齐国要完了！"

公元前489年，齐国一代雄主齐景公死后，田氏族长田乞发动政变，驱逐了国、高二氏（田氏在齐国的政敌），立公子阳生为国君，这就是齐悼公，田乞自立为相，从此田氏家族就一直掌握了齐国的相位。

自此以后，田氏在齐国只手遮天，齐国的老百姓慢慢地只知道齐国有田氏，而不知道齐国还有一个姜氏，田氏慢慢地取代了姜氏的统治地位。

公元前405年，随着田家在齐国的势力日益坐大，原本就没有什么权威的姜家公室在齐国的权势更是一落千丈，最后只剩下大夫公孙係一人为了姜姓公室的权力和田氏对立。

这一年，田家的田布以莫须有的罪名杀了公孙係。

公孙係一死，整个齐国再也没有能和田家抗衡的势力了。公孙係的儿子公孙会闻得自己的父亲已经被田布杀死，知道单靠自己的能力想要报仇简直比登天还难，又害怕自己也被殃及，所以，公孙会干脆投靠了挨着他的赵家，献上了自己的封地——廪丘。

那田布自然不会放过公孙会，你跑了也就算了，还把齐国的城池献给赵国，你是不是不想活了？

于是，田布亲率齐国大军前去攻打廪丘，势必要将这个公孙会烹杀。

可这一切都已经晚了，赵家族长赵籍收了公孙会以后平白得到了廪丘，自然是非常高兴，这时候齐国来夺回廪丘，他自然是不会给的。

所以，赵籍立即命大将孔青率领赵国的精锐骑兵团前去支援公孙会，势必要在廪丘陷落以前将齐国军队赶回老家。（注：在很久以前，秦国的骑兵团曾是天下最厉害的骑兵，但老秦人为了迎合中原文化而将骑兵全都换成了战车，从那时候开始，他们引以为傲的骑兵便已经没有了，那现在天下第一的骑兵团自然是夺得了代地的赵国。代地经过赵国君主的着重治理，已经成为当时全中原第一的产马之地，赵国骑兵也是当时最厉害的骑兵军团了。）

赵国骑兵团的速度很快，田齐大军刚刚将廪丘围住，他们就杀到了。只见这群骑兵如天兵一般，突然出现在田齐军的后方，对着田齐军的后面就是一顿冲锋。

田齐军顿时大乱，而公孙会也抓住了这个机会，从廪丘城内杀出，和赵军前后夹击，将已经乱上加乱的田齐大军杀得溃不成军。

据说，这次战役光留在战场上的田齐士兵的尸体就有三万余。

赢了这次战役以后，赵籍惊奇地发现，原来传说中"强大"的齐国人早就没有当年的实力了，变成了有名无实的"伪齐军"。

赵籍一合计，既然齐国人这么弱，那为什么不借机集合其他两家（魏、韩）共同攻打齐国呢？

于是赵籍派遣使者联系了魏斯和韩虔，请求他们一起攻击齐国，到时候好处平分。

这么好的机会魏斯定然不会放过，而韩虔一看两家都这么积极，他也不好独善其身，便跟着两家一起攻打齐国。

三家联军势如破竹，连战连捷，一直打到了齐国长城以内，掠夺金银财宝无数。

3.2　刺客聂政

三晋勇猛无敌，齐国攻下了，秦国被打残了，就连北方的燕国也开始派遣使者一家一家地前去拜访三晋，以求得苟安，现在就差南方的楚国没有攻了，楚国，跑得了吗？

三晋是想马上攻打楚国的，可是在攻打楚国以前还有一件事必须做完才行。

公元前403年，随着赵、魏、韩三家的势力越来越大，魏斯觉得时机已经成熟，便与韩、赵两家联合上书周王室，请求封他们为正式的诸侯。

迫于压力，周天子承认三家为诸侯，从此，魏、赵、韩三家正式成为诸侯国，魏斯便是魏文侯、赵籍为赵烈侯、韩虔为韩景侯。

因为三个国家原本都属于晋国，大家也习惯叫他们"三晋"。

魏、赵、韩三国成立了，威震天下了，那楚国自然是好不了，可还没等三晋出招，楚国国内先出事儿了。

公元前402年，楚声王被"强盗"所杀，他的儿子熊疑继承了王位，是为楚悼王。

可实际上，楚声王根本就不是被强盗所杀，而是被当时楚国的官员和他熊疑共同谋害。

因为楚声王在位这六年，楚国让他折腾得民不聊生，国力日下。一边是楚国的老贵族和大臣们不忍看到楚国日益凋零，另一边是垂涎国君之位的熊疑（他不是长子，王位轮不到他），二者一拍即合勾搭在一起，雇用"强盗"杀死了楚声王。

公元前400年，攻下齐国的三晋又联合攻打楚国北部地带（河南）。三晋强悍无比，楚悼王不敢力敌，只能将北部边境的守军全都向南撤，三晋兵不血刃便吞并了整个河南。

而河南紧挨着魏国，三晋国君一合计，便将河南之地都给了魏斯，而魏斯仅用了临近赵、韩的几块领土换取了这个富庶之地。

可是刚分完地盘，韩国出事儿了，这一年韩景侯卒了，他的儿子韩取继承了君位，是为韩烈侯。

正所谓一朝天子一朝臣，韩烈侯上位以后很想大刀阔斧地改革一番，将韩国重要的位置全都换成自己人，可是相国侠累位高权重，关系网盘根错节，想要动他不是那么简单的事。

所以，韩烈侯授意心腹严遂找侠累的短处攻击他，争取让这个人下台。

那严遂在韩国的官职也不小，并且和侠累属于政敌，本来就想找碴儿对付侠累，这回有了国君的授意和支持，严遂更是放开了手脚。

从此以后，这严遂就和侠累掐起来了，谁也拦不住，谁都拉不了。侠累在朝堂上说些什么严遂必定会上来反驳，两人在朝堂上的交战简直是数不胜数。

这还不算，严遂的手下整天蹲在侠累家门前，监视侠累和其族人的一举一动，只要他的族人有一丁点儿过错，严遂都会在朝堂上借题发挥。

终于，两人不断恶化的关系还是升级了。有一次朝会，侠累正在韩烈侯面前侃侃而谈，一边说话，眼角还一边瞄着严遂，生怕他再钻出来捣乱。

严遂看着侠累，一声冷哼，直接就蹿了出来，又要将侠累家里那些破事儿都给抖出来。

侠累终于爆发了，还没等严遂说话，就指着严遂的鼻子骂道："严遂！你懂不懂什么叫作礼仪？我韩国相国尚未说完，你猪狗不如的东西也敢上来狂吠？还不给我滚下去！"

严遂被骂得一愣，因为以前两人虽然争执，但是因为各自身份的关系，从未破口大骂，可今天侠累却一反常态，弄得严遂一时间竟然无所适从。

可是严遂也不是好欺负的，等他反应过来以后直接就急了，"侠累！你敢骂我是猪狗？我杀了你！"

说罢，抽出宝剑直奔侠累。

这突然的一幕给侠累吓蒙了，撒腿就跑。严遂本想追上去砍死他，可是众多官员赶紧上来拉偏架，硬是将严遂抱住让他动弹不得。

事情升级到这一步，两人算是不死不休了，侠累回到家里就放话一定要杀了严遂。

严遂也知道这一次过分了，凭着侠累的势力，杀死他的办法实在是太多。所以，干脆一不做，二不休，逃吧。

就这样，严遂在一个夜黑风高的夜晚，从韩国溜了。

他先是跑到了卫国，后来又跑到齐国，从一国权贵一下子变成了白身，而这一切都是因为侠累。

所以，严遂每到一个地方就打听这地方有没有什么武林高手，因为他打算买凶杀了侠累。

终于，严遂在濮阳打听到有一个叫聂政的屠夫，据说他的武艺十分高超，十来个人都无法近身。

为了验证传言的真伪，严遂每次都要去聂政的摊子上买点儿肉，顺便聊聊天。而事实证明，聂政真的有几把刷子。

外表上，聂政满脸络腮胡子，五大三粗，一看就是孔武有力的人，再看他杀狗的刀法更是了得，那叫一个利索。虽然杀狗不能和杀人相提并论，但是眼睛雪亮的严遂却很明显地察觉到，聂政杀狗的刀法绝对不一样。

于是，确定了聂政必定身怀绝技的严遂便开始着手笼络聂政了。

严遂现在虽然成了白身，但是毕竟以前积蓄多，生活还是比较宽裕的。他三天两头地就去聂政的摊子买肉，还总是装作很投缘的样子，请聂政去酒楼里吃饭喝酒，两人的关系就这样慢慢熟悉起来。

一日，聂政的母亲过生日，严遂把家里的厨子全都送过去，给老太太弄了好几桌美食。

正所谓"无事献殷勤，非奸即盗"，聂政本来就是因为杀了人躲避仇家才来的濮阳，所以对这方面的事情特别敏感，他也不绕圈子，直接和严遂道："严兄，有什么事儿你就说吧。"

严遂一看自己的意图被揭穿了，可到现在还没到向聂政摊牌的时候，只能嘿嘿笑道："我就是和你投缘，能有什么事情呢？"

聂政冷着脸，也没说什么，可显然是不相信严遂说的话。

饭桌上，严遂又拿出了一百金，当作寿礼献给了老太太。这下子聂政可受不了了，坚决推辞，"兄弟，你的好意我心领了，这个钱我是绝对不能收的，我虽然是靠卖狗肉为生，但是也能养活自己的老娘。"

而严遂呢，却是坚持要给，两个人就这样推搡起来了，最后严遂一看这也不是办法，便把聂政拉到一边，把想要刺杀侠累的事情说了一遍。

聂政没有因为听到让他刺杀韩国相国便有所波动，只是很冷静地说道：

"严兄，我聂政之所以逃到濮阳不是因为我有多怕死，就我那些仇人，我很容易就能让他们去见阎王。关键的问题是我还有老娘需要养，我的姐姐也还没有嫁人，这一家子全都靠我一个人支撑着，我不能死。所以，这次您的请求我是一定要拒绝了。"

严遂一声叹息，也知道聂政说得很对，便没有再难为他，收回钱便走了。

几年以后，聂政的老妈死了，姐姐也嫁人了，聂政现在再无牵挂，便收拾包袱，直接前去寻找严遂。

当严遂听下人说来找自己的人是聂政，他简直就不敢相信自己的耳朵，赶紧跑出去迎接聂政。

看到聂政腰挎短刀，手拿包袱，严遂一下子就明白了，"这是帮我报仇来了"。

严遂很是疑惑，按理说聂政不应该再来帮助他了，因为自从上一次聂政拒绝自己以后，严遂便放弃了聂政这条线，而去寻找别的刺客，虽然全都失败了，但是也没有再和聂政见面。

如今已经过去这么长时间了，聂政怎么还会想起来投奔自己呢？

也许是看出了严遂的疑惑，聂政微微一笑道："严兄不必再想了，您现在虽然是白身，但是之前曾经是韩国的大官，身份高贵，不是我能高攀的。而您这种高贵的人却放下自己的身份来和我聂政以兄弟相交，这就是瞧得起我聂政，瞧得起我一身武艺。正所谓士为知己者死，我姐姐现在嫁了，老母也死了，我已无牵无挂，可以帮助您报仇了。"

严遂听了聂政的话是又兴奋又感动，他赶紧拉着聂政，想要将他领到屋里详谈复仇事宜，可是聂政却道："严兄不必了，我已经有了一整套行刺方案，成功的概率很高，并且这事儿也不适合多人一起进行，这样的话很有可能会走漏消息，到时候严兄你就危险了，所以就由我一个人去完成这件事吧。"

说罢，也不等严遂再说话，转身就走了。

聂政到了韩国都城宜阳以后，碰巧就赶上了侠累正在进行祭祀活动。（注：那时候每年都会有一次祭天的活动，而往往负责这项任务的都是各个国家的相国）。

正所谓赶得早不如赶得巧，聂政一看，侠累正在郊外热情洋溢地演讲呢，"得嘞，我也不等了，就今天弄死他得了。"

下定决心的聂政推开人群，一步一步地向祭坛走去。

可就在这时，眼尖的卫兵发现一名魁梧的汉子正朝祭坛走过来，便大喊一声："你是干吗的？不知道现在相国正在祭天吗？赶紧滚！"

聂政此时已经进入了祭坛的范围，岂会被几名卫兵吓住？就在卫兵话音刚落的时候，聂政将重心微微前倾，右脚掌狠狠蹬地，砰地一下就蹿了出去，直奔祭坛上的侠累。

这一幕实在是太突然，不仅是卫兵们，就连侠累也没想到谁敢在光天化日之下当着这么多的卫兵刺杀他。

由于相距不到五十米，再加上聂政的速度非常快，所以当卫兵们反应过来的时候，聂政已经冲到了侠累的近前。

侠累顿时吓得不轻，转身就想往人多的地方跑，可是聂政两步就追了上去，噗地一刀便刺进了侠累的胸膛。

韩国相国侠累就这样死于非命，让人唏嘘。

侠累的卫士们一见主子被杀了，气得眼睛都红了，大叫着冲向了聂政，想把他砍成肉酱。

可接下来的一幕，却把这些韩国士兵都吓傻了。

只见聂政手拿短刀在自己的脸上一刀又一刀地划，直到将自己划得面目全非。

可这还不算完，聂政又竖起手指，对着自己的眼珠子就是两下，直接把自己的两个眼珠子全都挖了下来，然后一刀捅进自己的心脏自尽了。

周围的人全都吓傻了，可等他们醒悟过来以后也没敢去动聂政的尸体，而是守在一边，等候着韩烈侯发落。

那这些士兵为什么这样呢？因为他们敬佩聂政的胆量和忠义。聂政之所以以自残的方式来虐待自己，就是因为不想让别人看清自己的容貌，因为看清容貌以后便有可能被顺着线索找到聂政的家人和买凶之人。

韩烈侯很不喜欢侠累，他死了自己也挺高兴，可关键的问题是自己是一个国家的国君，面子工作还是要做一下的。

于是，他命令全国士兵，一定要查出谁是幕后凶手，然后让士兵们不要动聂政的尸体，就让他在马路中间放着，要是谁敢来收了这个尸体，那便一定是与刺客有关之人。

聂政这种忠义的行为传得很快，不到一个月就已经天下皆知了。而这时候的严遂早已消失得无影无踪，可聂政的姐姐得到消息以后很确定，这个忠义之士一定是自己的弟弟，而买凶的人一定就是严遂无疑。

聂政的姐姐辞别了自己的丈夫，只身来到了宜阳。

当他看到躺在地上的尸体以后，直接扑上前去，抱住了这个已经满身蛆虫的尸体哭吼道："这是我的弟弟！这是我的弟弟聂政！"

说罢，拿起短刀直接自尽了。

就这样，一姐一弟相拥着死在了宜阳的马路中央。

那么聂政的姐姐为什么要暴露自己弟弟的名字呢?

因为她弟弟死得忠义，这种行为足可以名垂青史，可是如果自己的弟弟就这样死去，那不是没人知道这个忠义之士的姓名了嘛。所以，聂政的姐姐才这么喊的。

韩烈侯听说了这件事以后，非常感叹，也不再追究到底谁才是幕后黑手了，直接将这对姐弟给厚葬了。

3.3 聊天的技巧

公元前399年，周朝太子姬定为了躲避兄弟们的迫害，只身一人逃亡三晋之地。

同年，虢山崩塌，迷信的人们认为这是周朝灭亡的前兆。

公元前398年，郑国的国相子阳不知道是因为什么得罪了楚王，楚国在这一年起重兵攻打郑国。

楚军一路连胜，一直杀到了郑国的国都——新郑。

郑繻公这些年得罪了不少人，三晋都把他恨透了，自然不会援助他。

原来在前些年三晋攻齐的时候，郑繻公曾经趁着这个机会攻打过韩国，企图占些便宜，可谁料到最后一块地盘都没打下来，自己反倒是将三晋给得罪了。

所以，三晋不来揍郑国就不错了，哪儿还能来援助他呢？

无奈之下，郑繻公只能将自己相国子阳的人头斩下来送到了楚国。

楚国收到子阳的人头以后罢兵回国。

公元前396年，魏国最伟大的君主魏文侯卒了。随候，其子魏击继承了君位，是为魏武侯。

公元前395年，一代伟大的法家变革者，李悝，也紧跟着魏文侯的脚步去了。

李悝的死对魏国来说是一大打击，可吴起却高兴了。为什么这么说呢？那李悝不是吴起为数不多的朋友之一吗？

说李悝死了吴起高兴，并不是说吴起讨厌李悝，而是因为李悝一死，魏国相国的那个位置就空出来了。

前文说过，吴起一生最大的目标就是成为一国之相，而他在魏国的功绩那是没得说，除了李悝那就是他了。关键是吴起不只行军打仗厉害，最重要的是政治能力也非常突出。

可让吴起没想到的是，魏武侯并没有任命他为魏国新一任的相国，而是任命了田文。

吴起当时就怒了，"他田文算什么东西？也配和我吴起来抢夺相国的职位？不行！我吴起受不了这种任命，一定要找田文这厮好好理论一番。"

于是，气势汹汹的吴起骑着马就去田文的府邸。

哐哐哐，田文府邸的宁静被一阵粗鲁的敲门声打破，下人骂骂咧咧地前去开门："是谁呀，不知道这是田相国的……哎哟，这不吴大将军吗？您快请，快请！"

表情凶恶的吴起手中拿着马鞭，指着下人道："我不和你废话！让田文出来见我！"

下人被吴起那阴冷吓人的眼神所震慑，哪里还敢废话，直接便跑去找田文了。

田文听说吴起亲自拜访，不敢怠慢，忙出来相迎。

俗话说得好，伸手不打笑脸人，可是吴起不管那一套，依旧阴冷地道："田相国是吧？我今儿个就想和你比比，看咱俩谁对国家的贡献大，你敢不敢？"

起初田文看到手拿马鞭的吴起还有点儿紧张，不知道自己是什么地方得罪了这尊大神，可当他听到吴起的话之后明白了："哦，原来吴起这厮是不服我当相国找碴儿来了。"

田文微微一笑，只两个字，"可以。"

吴起一声冷哼，"我就请问田相国，统率三军，让士兵拼死效命，称霸河西，打得秦国人不敢出头，这些军事上的事你比得上我吗？"

田文笑道："不如您。"

"那治理百官，亲和万民，充实库府，您比得上我吗？"

田文依然笑道："不如您。"

吴起看到田文如此实事求是，火气也小了不少，收起马鞭问道："既然你文治武功全都不如我，为什么官职还在我之上呢？这是什么道理？"

田文还是微笑道："将军，现在魏国新君刚刚上任，众人都在观察动静，大臣们没有彻底归附，百姓们也对新君保持着怀疑态度，现在的相国最重要的就是在中间调和，所以我想问问将军，这时候是应该把相国的位置交给你还是交给我呢？"

"这……"

听了这句话，吴起顿时语塞。他也知道，论个人能力自己虽然超出田文许多，但是不管是老百姓的口碑还是和同僚的关系，他都与田文差距巨大，这时候还真的需要将相国的位置交给田文。

"唉……"

吴起叹息一声，对田文抱了一拳便策马归去了。

可实际上吴起真的是因为这些才没当上相国的吗？只对了一半，并且不是最重要的，最重要的是吴起在魏武侯刚刚即位的时候得罪过他。

原来，魏武侯刚即位的时候本来是想让吴起担任国相的，他第一个就跑去吴起的军营，想要看看吴起对他的态度。

新任国君前来河西视察工作，吴起当然要亲自陪同，于是君臣二人带着一大批人顺着西河而下。

在船上，魏武侯看着雄伟壮丽的群山，望着奔腾不息的西河之水，无不感慨地对吴起道："山河如此险固，什么外来的敌人都会被他挡住，这可真是魏国最宝贵的东西啊。"

其实，魏武侯这话的意思就是在暗中夸赞吴起，因为这些地方全都是他拿下来的，吴起这时候要是谦虚一句的话，相国绝对非他莫属。可是吴起实在是张狂惯了，他非但没有谦虚，反倒还教训起魏武侯来了，"主公此言差矣！身为一个国君，最重要的不是拥有险要的防地，而是拥有德行。从前的三苗很是强悍，但是因为没有德行，所以差点儿被大禹给灭了。夏桀西有黄河济水，东有泰、华二山，南有伊阙，北有羊肠，可是他不施仁政，残暴无度，最后还不是被商汤给灭了？现在魏国虽然强大，可却不及当初的夏桀和纣王，如果您不实施仁政，现在跟随您的人以后全都会变成您的敌人！"

这话一说完，全场鸦雀无声，魏武侯的面子顿时被吴起踩碎，可是魏武侯还能说什么呢？人家讲的都是场面话，你如何反驳？

所以魏武侯只能对付着道："嗯，你讲得好。"之后再也不在河西逗留，直接回安邑了。

也就是因为这次聊天，吴起完全丧失了自己在魏国称相的机会。

3.4　秦之殇

公元前394年，前几年被三晋打残的齐国又开始蠢蠢欲动了，因为魏文侯一死，三晋没有了主心骨，所以田和打算先来个投石问路。

他出兵攻打鲁国，就是想看看魏国有什么反应。

结果，由于魏武侯刚刚即位，国内有很多事务"忙不开"，便没有去援助鲁国，因为没有了魏国这个大哥牵头，赵烈侯也变得"很忙"，结果只有韩国出兵救援了鲁国。

而魏国和赵国也很乐意看一看这场"好戏"。

要说到战国七雄中哪个国家的弓弩箭矢质量是最好的呢？那必属韩国无疑，可他们的箭弩虽然是最先进的，但是单兵作战能力一直很弱，再加上从来没出过什么优秀的将领，所以韩国一直都是战国七雄中比较弱的一国。

如果是三晋一起来支援鲁国，齐国人估计掉头就跑，可是只有韩国来支援，齐国人根本就没有退缩半步，直接就和韩鲁联军打上了。

关于这场战争的胜负史书上没有说明，毕竟不是那种大战争，但是齐国肯定是打赢了，因为在《资治通鉴》上清楚地说了："齐伐鲁，取最。"意思就是夺取了鲁国的最地，如果齐国没有胜利的话是不可能夺下这里的。

韩烈侯回到韩国以后非常郁闷。通过这次的失败，他深深了解到，国土面积小就等于没有国力、没有军力、没有发言权，而现在围绕在他身边的列国们，只有郑国是最好欺负的了。所以，韩烈侯打算一点一点地吞了郑国。

他首先策反了郑国负黍的地方大夫，将负黍纳入了韩国的版图，然后以此为根据地，打算用武力来征服其他的城邑，最后将郑国全都吞了。

可是韩烈侯还没等继续到下一步呢，楚国军队就气势汹汹地杀来了。

原来，负黍被韩国收编以后，郑繻公预感到自己的危机即将到来，便派遣使者前去楚国求援，恳请楚悼王帮忙将负黍拿回来，则郑国以后便唯楚国马首是瞻，还会岁岁上贡。

楚悼王当年因为刚刚即位，人心不稳，再加上魏文侯强势，三晋团结，所以才没敢和三晋叫板。可现在魏文侯已死，自己在楚国的位置也已经坐稳，再加上三晋之间开始变得龌龊不堪。所以，楚悼王便答应了郑繻公的请求，派兵助郑国夺回负黍。

韩国打不过齐国，自然也不是楚国的对手。韩烈侯听说楚国大军来犯，赶紧派遣使者前去三晋的其他两个国家求援。

可是现在的赵、魏两家只想着利益，其他的全然不顾，他们恨不得韩国和楚国拼个两败俱伤，然后自己从中渔利，扩张地盘。

可以这么说，随着魏文侯的死，三晋再也没有以前的凝聚力了。

韩烈侯一看赵、魏两家都以各种理由推脱，便也不发兵救援，任凭负黍被联军夺回，他可不敢在"落单"的情况下单挑楚国这个南方大鳄。

再回到魏国，看看新上任的魏武侯会有什么大动作。

公元前393年，魏国又有了行动。魏武侯以为韩国报仇为名，发兵攻郑，取得了不小的领土，并在酸枣之地筑城，打算以后凭借此城为军事据点灭掉郑国，这使韩烈侯对他恨得牙直痒痒。

紧接着，魏武侯又命西线的吴起再次对秦国发兵，企图一举歼灭秦国的有生力量。

吴起是极力反对的，他认为现在并不是彻底灭掉秦人的最好时机，可是魏武侯就是不听。

无奈的吴起只能再次启动魏武卒发兵秦国。

现在秦国当政的是秦简公之子，秦惠公。

秦惠公即位的时候，秦国已经相当危险了，除了东路的楚国，基本上四面八方全都是敌人。

但最可怕的还是东面的吴起，这把利剑一直瞄着他，让他寝食难安。秦惠公每天都如坐针毡，生怕这把利剑突然就扎过来。

通过近些年和周边势力多次对决，愚钝的老秦人终于知道自己弃骑用车是多么愚蠢的决定，所以秦惠公一上台便将这些笨重的战车全都淘汰了，取而代之的是原来的老秦骑兵。

老秦人骑上了战马，就表示战斗力会慢慢回升。

可就在这一年，老秦人心中的梦魇吴起又领兵来犯了，秦惠公知道，向吴起示弱只会让他变本加厉，所以他亲自为监军，起举国之军近二十万人主动出击，打算在野外和吴起决一死战。他要让吴起看看老秦骑兵的厉害！

一个向西进军（魏军），一个向东进军（秦军），两军在汪地相遇。

对于三晋的士兵，老秦人没什么可说的，就是杀！

抱着同归于尽的心态，老秦骑兵向魏武卒发动了不要命的冲击，而秦国的步兵团也跟在骑兵团的后面发起了冲锋。

秦军部队士气高昂，每个人都抱着必死的信念往前冲。可这种气势并没有吓到吴起，也没有吓到魏武卒。

吴起冷笑，令旗一挥，魏军便迅速从后方拉出来百十台床弩。

原来吴起的谍报工作相当到位，他早就探知秦国人重新启动了老式骑兵，所以料定本次的进攻秦国人必会主动迎战，便在出兵之前就已经做好了这些杀人凶器，等着秦国骑兵大驾光临。

秦国骑兵冲到射程范围以后，砰砰砰！床弩一齐发动了。这些凶残的大木棍子直接插向了狂奔的秦国骑兵团，秦军上空顿时血雾一片，骑兵一个又一个掉落马下。

按理来说，投石车和床弩是最能打击敌人士气的，整个集团被一百多台床弩疯狂射杀，就算不是吓得屁滚尿流也一定会有所震慑。

但是经过吴起这么多年的欺负，秦国人早已经成了哀兵。他们不求别的，只求在死之前能够杀一个魏武卒，那就是他们最大的愿望。

看着悍不畏死冲向自己的秦国骑兵，吴起眉头微皱，立即命令士兵收回床弩，摆开魏武卒的三层防御大阵。

等秦国骑兵冲到快到近前的时候，魏军发射了无数的弓弩，秦国骑兵又被射死了一大批。

虽然损失惨重，可这些箭矢依然阻止不了秦军的步伐，只剩下一半数量的老秦骑兵疯狂地冲到了方阵跟前。

砰砰砰！随着骑兵突击方阵的阵阵暴响声，两军开始了白刃战。

这次秦军拥有绝对的骑兵优势，虽然在冲阵的时候依然被魏武卒的长枪杀死了不少，但是魏武卒的防御大阵也同时被冲出了一个缺口，老秦骑兵飞快地跳下战马，拿着长枪就向那个缺口拼命冲击。（注：在没有马镫的时代，想要在战马上灵活地使用双手武器基本上是不可能的，所以那时候的突击骑兵都是完成冲锋以后要么撤退重新冲击，要么就下马和敌方进行肉搏）

看着方阵被冲出了一个缺口，后面的老秦步兵也距离方阵越来越近，吴起并没有慌张，而是再次挥动令旗。

咚咚咚，随着节奏怪异的鼓声响起，魏武卒的防御大阵突然变换了形态，出现缺口的大阵突然向后凹去。那些老秦骑兵还以为是魏武卒怕了，顿时士气大阵，大喊着追了上去。

岂料这全都是吴起的计谋，他见这些骑兵冲了进去，再次挥动了令旗。

魏武卒闻声而动，左右两翼突然向中心移动，将缺口瞬间补好。外围的大盾兵和长枪兵继续抵御着后方的秦国步兵，而第三层的大刀魏武卒直接冲向这些被包围了的老秦骑兵，对他们展开了凶残的屠杀。

后面的老秦步兵一见自己的骑兵兄弟们被围在敌阵，知道他们已经九死一生。

这些老秦步兵一边哭喊着，一边不要命地向新组合而成的魏军大阵突击，企图救出被围住的战友们。

魏军大阵虽强，魏武卒之武虽精，但也架不住这么多不畏死的老秦人突击。

这些老秦人疯了，彻底疯了，他们几个人形成一个小团队，身材最魁梧的人在最前面用身体抵挡着魏武卒的长枪，后面的人借着这个机会猛扑向魏武卒，用同归于尽的方式进行肉搏。

开始，秦兵凭着那拼命劲儿还真给魏武卒造成了不小的麻烦。可是魏武卒是在吴起近乎地狱式的训练下选出来的，魏武卒拉出来一个都出类拔萃。在吴起的统一指挥调度下，别说是二十万人，就是再来个十万，他们依然能打败。

渐渐地，局势有了回转，缓过劲儿来的魏武卒一点点地把劣势给扳了回来，而秦军则是渐渐不支。

战争一直从上午打到下午，终于，在酉时（17~19点）的时候双方鸣金收兵。战后清点人数，老秦骑兵全军覆没，步兵的折损人数也超出五万，这种一天之内就死上这么多人的战役实在是太少见了。

而吴起方面也不乐观，十万魏武卒一天之内就损失了两万有余，这让吴起好一阵心疼。

秦军大营之内，秦惠公狠狠地敲击着桌子，心痛地说道："天哪！难道我们秦国人一辈子都没法翻身了吗？"

话毕，大帐之内的将领没有一个人吭声，每个人都紧紧地闭着双眼，他们恨自己的无能，恨吴起的强悍。

这时候，有一名谋士站出来和秦惠公道："主公！通过本次大战，我了解了，咱们根本就不是魏国人的对手，吴起和他的魏武卒太强大了，想要在野战消灭他们实在是天方夜谭。现在唯一可行的办法就是广派使者前去义渠等后方势力，向他们示弱，向他们结好，然后咱们再率领自己的残部收缩防线，坚壁清野，誓死将吴起的军队堵在栎阳以外。"

话毕，秦惠公久久不能言语，他以为自己可以凭借着新训练出来的骑兵打一场翻身仗，岂料结果还是惨败。

秦惠公抬起头，看着满天的繁星，冲天大吼一声。

秦军在当夜悄悄地撤走了。

第二日，吴起看着秦军撤退的方向默不作声。他手下的副将建议吴起乘胜追击，可是吴起却说："算了吧，咱们也撤退。"

副将一愣，非常疑惑地说道："元帅！昨日秦军损失惨重！是我们的三倍有余，他们现在的士气一定极为低落，为什么不趁着现在这股劲头直接把他们拿下呢？"

吴起看着这个副将，阴冷地说："我问你！自打我担任统帅以来，什么时候在一场战役上损失过两万魏武卒？"

听了吴起这话，副将一个愣神，又想了一会儿，默默地道："从来没有过，可是……"

"别可是了，现在秦国人已经成了哀兵中的哀兵，极为难胜。如果他们还想和我野战的话，我有信心将他们全部歼灭，可如果他们坚壁清野，和我拼了命地玩儿守城战，我问你，咱们这些魏武卒够吗？如果魏武卒十不存一了，西面咱们能镇得住？哪怕最后拿下秦国了，能镇得住义渠？而拿下秦国之后，天下诸侯势必视我们为眼中钉、肉中刺，我问你，到时候他们结成联盟攻击我魏国，我们拿什么抵挡？"

这一套说辞将副将说得哑口无言，只得向吴起承认错误。就这样，魏军大胜秦军以后也撤回了临晋。这场魏国发动的这场灭秦大战就这样不了了之了。

3.5　鸳鸯计

周文猎渭滨，遂载吕望归。符合如影响，先天天弗违。

——唐·房玄龄《玄云》

公元前392年，这一年的空气充斥着淡淡的忧伤，因为姜氏齐国灭亡了。

原来，田和在齐国"只手遮天"十四年了，之前虽然已经将齐国的土地揽入自己兜里一半多，但是心里还是不满足，他有更大的野心，那便是将整个齐国都纳入自己手中。

于是，这些年他一点儿一点儿地蚕食着齐国剩余的领土，到如今（前392），除了临淄还归姜氏掌管以外，整个齐国已经全都落入了他的手中。

田和知道时机到了，便在一次朝会之中当着众人的面儿列数姜家的多条

"罪名"，将齐康公赶出临淄，让他在黄海边自生自灭。

姜氏齐国从这一年开始就算是正式灭亡了，田氏家族接手了齐国。

一个外姓人取得了一个国家，那他第一件要做的事就应该是改变国号和替换官员。

可田和却没这么干，齐国还是齐国，并没有变成"田国"，田和也没有大肆屠杀原来的齐国官员，而是一切照旧。

那田和为什么要这样做呢？因为他害怕，害怕周围的诸侯国攻打他。

那好好的，周围的诸侯国为什么要削他呢？

春秋时，周礼在人们心中还是有一定的分量的，如果田和逼走了国君而自立为君的话，四面八方的诸侯们一定会借用这个机会来平息事端，进而称霸。

可是到了战国，周礼虽说早就成了过眼云烟，但也不妨碍他们借此机会来攻打田和。因为战国的各路诸侯现在要的已经不是称霸天下的名声，而是实实在在的土地！

所以，田和干了这种事，周边诸侯国们一定会来攻打他，这其中最吓人的便是当时天下第一强国魏国了。

于是，田和在逼走齐康公的第一时间便派使者前去面见魏武侯，不但给了魏武侯无数的奇珍异宝，还猛拍马屁，发誓以后唯魏国马首是瞻，只求魏武侯承认他的位置是合法的。

既能得到无数的财宝，又能多一个强悍的小弟，魏武侯何乐而不为呢？于是，两人私下达成一致，魏武侯决定力挺田文的合法地位。

得到了魏武侯的支持，田和胆子就大了。

就在这一年，田和召开了一次会议，邀请周边的国家来参会，在魏武侯的暗中授意下，楚、卫这些挨着齐国的国家全都来了，并无一例外地赞成田和成为诸侯。

而田和根本就没邀请燕国，因为打从心眼儿里他就从来没瞧得起过燕国人。

这个极北之国，从建国一直到现在从来没有大放异彩过，燕国的老百姓十分懦弱，国君们不思进取，可就是这样，他们全国上下还总是以百年老国而自居。所以，燕国完全在田和这儿被淘汰了。

大会完毕以后，魏武侯直接上书周安王，"请求"周安王给予田和正式的诸侯身份。

以周王室现在的社会地位，自然不敢不答应。

于是，田和摇身一变，成了田齐太公。

公元前391年，魏国也迎来了非常悲催的一年，但这一年却是秦国人彻底恢复自由的一年，也是整个战国风向开始转变的一年。而这所有的一切都是因为一个人离开了魏国，他的名字叫吴起。

原来，在这一年，魏国相国田文卒了，整个魏国的官场都以为吴起会成为新一任相国，而吴起也以为自己即将实现夙愿。

可谁承想，这个相国的位置还是没有轮到吴起，反倒是由名不见经传的公叔痤上了位。

这个公叔痤除了看人比较准以外没什么大能耐，完全是靠着裙带关系才上的位，他的夫人不是别人，正是魏国公主。

吴起听说这件事以后怒不可遏，放出话来，以后一定要找机会给公叔痤一点颜色看看。

那吴起是个眼睛里容不得半点儿沙子的英豪，他放出话来要教训公叔痤还能有假？公叔痤为此非常害怕。

所以公叔痤一个狠心，打算直接弄走或者除掉吴起。

公叔痤极为擅长攻心和看人，他看准了吴起是个重男轻女的人，所以想从这方面下手。

一日，公叔痤以商量政事为由，面见魏武侯，可说完了政事以后便唉声叹气，说魏国即将损失一个大才。

魏武侯非常疑惑地问道："公叔相国说的大才是谁呢？"

公叔痤又是叹息一声，这才说道："唉，微臣最近听说吴起的家里总是有其他国家的使臣前来拜访，貌似是要挖咱们魏国的墙脚。大王啊，那吴起有天纵之才，为咱们魏国打下了千里疆土，这种人才要是放到其他国家去，那后果……"

魏武侯一听这话直接就是一个激灵，这要是以往，他也不会相信吴起会背叛魏国，可是最近自己昧着良心提拔了公叔痤而疏远了厌恶而又不得不用的吴起，本来心里就有个疙瘩，这时候公叔痤再把这事儿给搬出来，他自然而然地就开始怀疑吴起了。

这要是让他投靠到敌国，然后再反过来率领什么"楚武卒""齐武卒"的来攻打自己，那自己不是废了嘛。

见魏武侯面色犹豫，公叔痤接着说，"主公也不用犯愁，毕竟现在吴起还没有离开魏国，所谓的离开也只不过是谣言而已，我这儿倒有个办法让吴起永远都不会背叛咱们魏国。"

魏武侯听罢眼睛一亮，忙问什么办法。

公叔痤嘿嘿一笑道："很简单，咱们魏国单身的公主那么多，随便许配给吴起一个不就得了吗？这样的话他就会和咱们魏国绑在一起，主公也不必再怀疑他的忠心，可要是他不想和咱们魏国王室沾亲带故的话，那……"

魏武侯觉得这个办法非常靠谱，便应允了，并且打算过两天向吴起提亲。

可殊不知这全都是公叔痤的阴谋。

几天以后，公叔痤派人去请吴起来自己府中喝酒，并且事先已经和夫人商量准备了一出好戏。

吴起早就想教训公叔痤，好嘛，他倒是送上门儿来了，吴起二话不说，拿起马鞭就往公叔痤家走。

本想见到公叔痤就动手的，可是来了以后吴起才发觉，不只公叔痤在门口笑脸相迎地等着他，就连他夫人（魏国公主）都在门口等着。

吴起是出了名的吃软不吃硬，而伸手不打笑脸人这套当初田文就用过，如今公叔痤再用更是屡试不爽，再者说，魏国公主现在也在这里，如果这时候动手就不好收拾了。

所以，吴起硬着头皮跟公叔痤进了府邸。

这时候，公叔痤夫妇二人的表演开始了。

宴席上，公叔痤端起酒杯刚要对吴起说些漂亮话，可还没等他开口，他媳妇啪地一下就把公叔痤的酒杯给打了下去，并愤怒地呵斥道："好你个公叔痤，现在是越来越没有分寸了，我身为魏国公主都没有先向吴起将军敬酒，你一个奴才竟然敢在我之前敬酒，你到底安的是什么心？眼里还有没有点儿尊卑！"

这突如其来的一幕给吴起吓蒙了，本以为公叔痤会奋起反抗，和他媳妇打起来，可谁料到，公叔痤不但不反抗，还乐呵呵地连连认错。重男轻女的吴起看到这情景直接就怒了，竟连找碴儿的事儿都给忘了。在他心中，女人只是男人的附属品，她们除了操持家务和照顾孩子以外没有任何用处，可眼前这个河东狮完全颠覆了吴起在男女关系上的观念。

看着公叔痤卑微的样子，吴起实在是忍不住，他凑到公叔痤身边道："我说公叔大相国啊，你好歹也是大魏国的相国，怎么被一个女人给收拾成这德行呢？我要是你，上去就给她一巴掌，让她明白什么叫作三从四德！"

公叔痤听了吴起的话以后，装作非常害怕的样子，赶紧说道："别别别，吴大元帅，饭可以乱吃，话不能乱说啊，这可是魏国的公主！我要是敢扇她，第二天保准会人头落地，这话你现在说说就行了，以后可千万不要再说了。"

吴起愤怒地道："公叔痤！你还有没有点儿身为男人的尊严！被一个女人这样羞辱你就算了？连还手你都不敢？"

公叔痤叹息一声，"唉，吴大元帅别说了，谁叫我娶了一个公主当夫人呢？"

"废物！"

吴起骂了公叔痤一句后，转身就走了，他实在是不想再和这个窝囊废在一个桌子上喝酒了。

可等吴起的背影彻底消失在公叔痤的府邸以后，公叔痤夫妻二人相视一笑。

几日以后，魏武侯命人传召吴起入宫。魏武侯当天非常客气，和吴起一顿聊天，全是在沟通感情，正经八百的事一件都没有谈。

吴起虽然不明白魏武侯葫芦里到底卖的什么药，只能跟着应付。

又过了大概半炷香的工夫，魏武侯终于亮出底牌了，他和吴起道："我说吴大元帅啊，寡人有一个妹妹，长相出众，但一直到现在都没有嫁人，寡人实在是看在眼中急在心里，总是想给她说一户好人家，可无奈我这个妹妹非天下英豪不嫁，要说这天下的英豪，除了你吴起以外还有谁配得上这个称号呢？所以啊，我打算把我的妹妹许配给你，以后咱们君臣也算是一家人了，不知道吴元帅有没有这个想法呢？"

吴起听了这话，整个人汗毛都竖起来了，联想到公叔痤他媳妇，便不假思索地拒绝了。

魏武侯本来还以为吴起会欣然接受，毕竟这个驸马也不是谁都能当的，但谁承想吴起想都没想便断然拒绝，这让魏武侯大怒，断定了吴起一定会投靠他国，所以说话也不再客气了，直接阴冷地道："呵呵，吴大元帅好大的威风，既然我们魏国的公主配不上你，我相信整个魏国也一定配不上你吧！"

说罢，转身离去，不再和吴起多说一句。

听着魏武侯的话语，吴起知道，魏武侯开始忌恨和怀疑他了。吴起断定，如果再留在魏国的话，自己必定性命不保。

所以，吴起回家之后，直接打包行李溜了。看着逐渐遥远的安邑城，又看了看西边秦国的方向，吴起一声冷笑。

离开了魏国，吴起能去哪里呢？现在的他已经名声在外，除了秦国，全天下哪个诸侯国不希望吴起来自己的国家做官呢？

3.6　知

同年，楚国首都，郢城。

在富丽堂皇的楚王宫内室中，楚悼王看着桌面上的华夏地图愤恨不已。这几天他茶不思饭不想，总是看着地图唉声叹气。

为什么呢？原因很简单，自从魏国崛起以来四面出击，西破秦国、东服齐国，就连自己的楚国也被三晋连番打压，现在河南的地盘已经快被打没了。

楚悼王是个很有为的君王，他想在自己有生之年再次将楚国带到曾经的巅峰，可是面对这如同虎狼的魏国，他实在是没有什么太好的办法。

就在前几天，楚悼王出动了大军前去攻打魏国，想要夺回当初被魏国侵占的河南之地，可无奈又被打得灰头土脸，军队都差点儿给全歼了。

因此，楚悼王整日唉声叹气，"我们楚国到底差在哪儿呢？要说国土，那是全天下最大的，财力那也不比别国差，怎么就谁都打不赢呢？到底是怎么回事呢？改革！我们楚国必须改革！可是，可是怎么改啊？我既没有管仲也没有李悝，光我一个君王改革，也实现不了啊！"

就在楚悼王焦头烂额不知如何是好的时候，突然有下人来报，"报大王，宫殿门前有一个叫吴起的人前来投靠，想在咱们楚国当官。"

楚悼王这时候正烦心呢，直接狂吼道："现在的人怎么都这么狂！直接跑王宫来要官来了，咱们楚国不是有为在野人士提供的求贤所吗？去！把这个不知道规矩的贼人给我乱棍……等会儿，你说他叫什么？"

"吴起。"

"哪个吴起？"

"他说他是从魏国来……"

下人还没说完，楚悼王噌地一下从座位上跳了下来，一边怪叫着一边往王宫门外奔，把下人吓得目瞪口呆。

此时的吴起正在王宫门外焦急地等候，他也是千般考虑之后才来投靠的。

因为他知道，现在整个华夏这些国家最需要改革的就是秦国和楚国，秦国不用说，上到国君下到黎民百姓都恨不得把他生吞了，吴起敢保证，只要他前脚进秦国，后脚就会被秦国人活撕了。

可楚国不一样，这个国家被贵族大臣们祸害得非常严重，整个国家极为腐朽，而楚悼王又是个有为之君。关键是楚国人对他的恨没有秦国人那么深，楚国大部分老百姓对他都很陌生。

吴起相信，自己到了楚国再不济也能当个大夫，可是他错了，错得非常离谱。

就在吴起还在为自己的前途担忧的时候，楚悼王已经风风火火地跑到了吴起面前，还没等吴起反应过来，楚悼王就狠狠地拽着吴起的手。

楚悼王这下可把吴起吓得够呛，再加上这个楚王平时总不穿王服，所以吴起根本就没认出眼前这个人就是楚悼王，于是赶紧把楚悼王的手打到一边，并怒斥道："你是何人！怎敢如此大胆。"

吴起刚说完，那些楚国的卫兵们就一个个怒目圆睁地大吼道："大胆！这是我们家大王！"

楚悼王对那些吼叫的卫士大叫道："住嘴！我让你们说话了吗？敢得罪吴先生，你们长了几个脑袋！还不给我滚！"

这些士兵一听这话，吓得仓皇而逃。吴起赶紧低身一个抱拳，"起不知是楚王驾临，如有唐突还请楚王恕罪。"

楚悼王赶紧将吴起扶起，很是激动地道："不！先生一点都不唐突，反倒是我唐突了，这里不是说话的地方，走，和我到内室深谈！"

说罢，拉着吴起的手就往宫殿里走。

进了内室，主客入座，楚悼王道："久闻先生统兵治军的才能天下无人能敌，寡人早就想好好请教一番，还请先生赐教。"

吴起也不寒暄，直接便将自己行军打仗和治理军队的心得全都对楚悼王说了一遍，楚悼王听得都入了神。

可是这些都不是楚悼王现在最需要的，他现在最想做的便是改变楚国现有的法度，使楚国的国力强盛起来。

所以，楚悼王问出了他现在最关心的问题，"请问吴子，我有一件事情一直都搞不懂，我们楚国空有广袤的土地和雄厚财力，可是为什么就是没法强大起来呢？"

吴起呵呵一笑，他知道，真正的考验来了，能不能在楚国立足就靠这一锤子了。

吴起说道："楚国，占天下土地近三分之一，是所有诸侯国土地最广袤的国家，可是楚国有四个问题制约了它的发展！"

看到楚悼王都把眼睛瞪大了，吴起点了点头又继续说道："第一，楚国的贵族世袭制度。现在楚国的贵族阶级权力十分巨大，这些人仗着先祖的功劳而久居官位不下，没什么本事还占着无数的封地。楚国为什么没有杰出的将军和人才呢？因为但凡不是这些贵族家里出来的子弟全都会被他们集体打压，长此以往，晋国和齐国就是楚国以后的榜样！"

楚悼王听了这话以后冷汗直流，他很想现在就问吴起怎么解决，可他没有吱声，怕打扰了吴起的思路。

吴起继续说道："第二，楚国的办事机构繁多，白养了一大堆的官员，这些官员别的本事没有，只知道搜刮民脂民膏；第三，楚国有很多不从事农耕而游手好闲的人，这些人不但不穷，反倒是不愁吃不愁穿，长此以往，整个楚国的民风将被带坏，楚国的士兵们也再不会拥有庄王时代的勇猛；第四，现在天下大乱，每个国家都在想尽办法来提升战斗力，他们搞军事改革，培养职业士兵。齐国有技击大兵，魏国有闻名天下的魏武卒，韩国有劲弩射手，我听说现在的赵国也正有培养职业骑兵的念头，而楚国呢？恕我直言，现在还在用农为兵，每次出兵作战都要求各个贵族集结封地的士兵，而这些贵族们私心极重，他们将勇猛善战的青壮年全都藏在自己族里，而派上来的基本上都是老弱残兵，您就使用这样的士兵怎么能是三晋的对手？不输才是天大的怪事！"

楚悼王早就忍不住了，那边吴起话音一落，他直接站了起来，对吴起深深一躬，语气极为谦卑地道："正如吴子所言，我楚国已经到了生死存亡的关键时刻，我如何才能保得江山不失，还请先生教我！"

这一下子可把吴起感动得够呛，楚国的历代君王都是暴脾气，没听说过谁对下面人这么客气的，而今的楚悼王对自己如此谦卑，那只能说明一个问题，那就是楚悼王是真心看重自己。

吴起都也不藏着掖着，直接和楚悼王道："应对此弊端的方法我有，同样是四个。第一，削减贵族特权，改革官爵制度，废除老旧的世袭制，只有有功劳的人才能够封爵，但凡奖赏的封地都要在三代以后全数归还中央，以此制衡贵族坐大；第二，将那些没有用处的办事机构全都撤销，这样可以为国家节省大量的开销，还能够将那些只知道克扣百姓的蛀虫们全都赶走；第三，用法律来打击那些游手好闲不务正业的人，并且向民众们宣布，只要田种得好，就会有相应的奖励；第四，建立职业军队，废除老旧的战车，且军队必须归楚王直辖，这样既能靠打胜仗来为楚王增加威望，还能够有效地制衡贵族的势力，使得他们对楚王真正俯首称臣。如果楚国能做到这些的话，别说称霸天下，就算是将天下统一了也不是梦想！"

楚悼王听了吴起的话激动得全身乱抖，他似乎看到了楚国以后的光辉，看到了其他六国的国君跪在自己的面前对他俯首称臣。

"不过……"

吴起的这一句"不过"立马将楚悼王拉回了现实，楚悼王赶紧问道："不过什么？还请吴子赐教！"

吴起很严肃地道："不过楚国的贵族们现在树大根深，如此变动势必动摇他们的根本，如果要实施变法就必须要楚王全力配合，做到铁面变法。这还不算，还要有一个扛得住各方压力的能臣来主导变法，这样君臣配合才能让变法成功，恕臣直言，现在的楚国貌似没有这样的臣子。"

楚悼王听后哈哈大笑，"吴子多心了，我熊疑虽然不敢和先祖庄王相提并论，但是即位这么多年来已经将权力牢牢地抓在自己手中，至于能臣，我楚国以前确实没有，但是现在有了！"

说罢，楚悼王用双眼死死地盯着吴起，非常严肃地道："那就是你吴起！我宣布！从现在开始，封吴起为我楚国令尹，变法就由你来主导！"

令尹相当于中原的相国，是楚国一人之下，万人之上的绝高官职，是吴起在魏国拼了命努力了半辈子也没有达到的高度，而今到了楚国，根本就没有半点儿功绩，楚悼王就将这个位置交给了自己，这简直难以置信，他甚至都不敢相信自己的耳朵。

此时的吴起还能说什么？从没对别人跪过的他砰地一下跪在地上，双手抱拳，一直盯着楚悼王，楚悼王也没言语，同样严肃地看着吴起。

两人都没说话，可是却从彼此的眼神中读懂了一切。士为知己者死！

3.7 剑之巅

次日清晨，空气格外清爽，露水滴答滴答地从绿叶上滑落，让人感觉生机蓬勃，可当楚国那些权贵们谈笑风生地进入大殿以后却突然发现大殿死一般的沉寂，而提前到来的那些权贵们全都盯着一个方向，那个方向正是楚王宝座下首第一个位置，百官之首——令尹之位。

这个位置自从楚悼王即位以来就一直空着，大家都知道，楚悼王是为了将它留给一个大才，而楚国的这些人中没有一个能入得了他的法眼。可今天，却有一个人站在这个位置上，关键是这个人并不是楚国的权贵，而是闻名天下，令人闻风丧胆的吴起。

这些大臣在看到吴起的时候全都有种不祥的预感，朝会就在这样一种不安的氛围下开始了。

楚悼王迈着四方步走出来，一屁股坐在龙椅上，那架势，很有点横刀立马的意思，这更坚定了众人心中的猜想："今日怕是要有大事儿了。"

楚悼王向下扫视一周，轻声问道："今日可有奏报？"

话毕，下面一片寂静，因为吴起的突然出现，就是有事的也不吱声了，他们全都在等着楚悼王切入正题。

楚悼王呵呵一笑，"既然都无事要奏，那我说点事，咱们楚国令尹的位置空出来已经有些时日了，是时候给能人安排上岗了。下面这个人我不用介绍你们也认识吧？没错，咱们楚国新一任的令尹就由吴起担任！尔等可有异议？"

"我王不可！"

楚悼王话音刚落，便有一个大夫走了出来，"大王！咱们楚国的令尹之位历来都是由楚国的本土人士担任，他吴起是个外族人，怎么可能熟悉我楚国的情况？还请大王三思！"

楚悼王冷笑一声，并没有和这个大夫多说什么，而是继续问，"还有反对的吗？"

"有！"

又有一名大夫在这时候站了出来，"大王！令尹之位必须由一个德高望重的贤者担任才会服众，而吴起的品德实在让微臣不敢苟同，杀妻求将！不为母送终！这两样都是天下人最大的忌讳，试问，这样一个没有品德的人有什么资格当咱们楚国的令尹？"

楚悼王没有答话，依然是冷冷地望着下面，"还有吗？"

半晌，寂静无声，因为他们已经再说不出来什么了，除了这些陈年往事，吴起所有的事迹都是威震天下的盖世功绩，而这些楚国的贵族又怎么可能会说呢。

楚悼王狠狠地拍了一下龙椅，大声呵斥道："你们这些人小肚鸡肠，只知道任人唯亲，怎么可能看到吴起的大功绩。我问你们！你们谁能率领一支几万人的军队把凶猛的秦国人打得多年不敢冒头？"

台下一片寂静。

"你们谁能在短时间内训练出一支纵横天下的野战军？"

台下一片寂静。

"你们谁能在几年之内使楚国焕然一新，国力大增？"

台下一片寂静。

楚悼王阴狠地道："如果有人能做到我说的这些，我现在就把令尹的位置交给他，让他带领楚国前进。可如果到时候做不到的话，我就诛你的九族！有人吗？有就给我站出来！"

台下依然一片寂静。

"好，既然没有人敢站出来，我现在就定吴起为我楚国的令尹，命他在楚国主持变法，彻底改变楚国的格局，在这期间，吴起的命令就是我的命令！如果有任何人胆敢以任何形式阻挠吴起变法，我杀你全家！"

这一番话说得声色俱厉，使得台下一众大臣汗毛直竖，更不敢吱声了。

楚悼王继续道："好，现在就由令尹宣布变法事宜！"

话毕，吴起站了出来，用他那如剑一般锐利的眼神扫视着众人道："变法事宜共有四点！第一……"。

散朝以后，众多的楚国贵族各回各家，他们脸色阴沉至极，逢人便说楚国完了楚国完了。那么楚国真的完蛋了吗？答案当然是不，但楚国到底怎么样了咱们以后再说。

还是先把目光转回到中原吧，看看吴起离开魏国以后各国的动作。

公元前390年，吴起在楚国当了令尹的事情已经传遍天下，这其中最高兴的莫过于秦国了。

秦国的朝会上，秦惠公激动地道："好！好！吴起走了，我再也不用怕他魏国了，众位将军！咱们秦国是时候扳回一城了！"

这一年，秦国出大军向东攻打距离自己最近的要塞，武城，并一举拿下，将战线向东拉了一点儿，给函谷关施加军事压力。

而这时候，号称魏国小弟的田齐太公田和也借此机会拿下了魏国的襄陵。

襄陵现位于河南宁陵以西，在当时是连接着齐、宋、魏的重要战略要地，价值不可估量。

这时候的魏武侯真可谓头大如斗，接连和两个国家开战，丢了两个战略要地，他实在没想到，丢了一个吴起会造成如此惨痛的后果。

"这还没和楚国交战呢，这要是再和楚国对上，和吴起交手……"

想到这儿，魏武侯一个哆嗦，他是想都不敢想了，现在就是后悔也没用了，路还是要走的。可有什么办法呢？和齐国、秦国同时交战想都不用想，那就是必输。现在的应对办法只有一个，那就是和这两个国家选择一个结好，以免两线作战。

秦国就别想了，在有三晋以前秦国和晋国就已经水火不容，晋国分裂之后他魏国更是将秦国打得惨不忍睹，这仇简直就是不死不休。

所以，魏武侯只能选择和齐国结好。而田齐太公拿下襄陵也就心满意足了，他可不想和强大的魏国打生打死，那样便会便宜了其他国家。

可以说，田齐太公只想要襄陵，因为夺下襄陵以后齐国便和宋国接壤了，从此便可以慢慢吞掉宋国，并且襄陵连接三国，是一个商业重镇，拿下这里会给齐国带来可观的财政收入。

所以，田齐太公便适时地选择和魏国和解。

公元前389年，前一年秦惠公急调全国可用之兵，共集五十万攻打河西阴晋，企图一举收复河西失地。

阴晋，位于陕西西河南部，只要将这块地方拿下来，秦国人便有机会封锁西河，进而威逼函谷关。

上面是《史记》记载的内容，不过说实话，笔者在这里是很有些疑虑的，五十万这个数字确实是《史记》上记载的，还说这一战是吴起领兵，可是吴起明明是在公元前390年就已经到楚国了，他怎么可能还帮魏国防守阴晋呢？

还有，五十万这个数字也存疑，要知道，那时候秦国的势力范围只是陕西部分土地，还没有拿下巴蜀之地，也没有将势力延伸到甘肃，这么点儿的地盘他拿什么维持五十万人的开销？三国时代的曹操在占领整个北方和荆州的情况下，举国才拥有八十万人，一个秦国就能出动五十万人？

那秦国究竟是出动了多少人马呢？我估计，二十万已经是秦国的极限了，还得说是一群临时征召上来的新兵。

关于阴晋之战这场战役的历史没有充足的史料来还原，只能说，最后秦国人失败了，没能攻下阴晋。

并且秦惠公也从此知道了，魏国虽然没了吴起，但是凶猛的魏武卒依然在，同时也明白了，兵不在多而在于精。

于是，秦惠公在这一年改变了战略目标，暂时放弃了夺回河西的想法，而将战略目标转向了别处。

那边魏国被两面夹击，可是身在南方的楚国现在可真是蒸蒸日上了。自从吴起当了令尹之后，在楚国大刀阔斧地改制革新，楚国那些无用的部门差不多全都被废了，老百姓们都拼了命地耕田种地，准备以此为功捞个奖赏。

那些游手好闲的人也不敢再闲着，全都下地的下地，做买卖的做买卖。

楚国国都都城郊外喊杀声震天，吴起训练的职业新军全都在进行严厉的训练。两年的时间，原本死气沉沉的楚国已经开始欣欣向荣，而这全都是吴起的功劳。

　　这两年，吴起的新军虽然没有完全练成，但是已经可以领出去打仗了，与其窝在国内等着丧失锐气，还不如拉到战场上通过实战进行训练，既能挣得军功，赢得土地，还能用以战养战的方式将这支部队彻底练成一支铁军，可谓一举数得。

　　于是，在这一天的训练完毕以后，吴起直接找到了楚悼王，"大王，如今新军已初见成效，可以为我大楚建功立业了。"

　　楚悼王等了这么久，就等着这一天呢，他兴致勃勃地道："好！魏国！魏击！前些年的仇恨，我终于可以……"

　　没等楚悼王说完，吴起赶紧阻止道："大王可能误会了吧，我说要发动战争没错，但是要打的并不是魏国啊。"

　　楚悼王一愣，他倒不是怀疑吴起还对魏国抱有忠贞，而是不知道除了打魏国他还能打哪里，毕竟魏国从魏文侯开始已经压他楚国好些年了，距离楚国最近，压力也最大。

　　所以楚悼王疑惑地问道："那去打哪里呢？秦国？"

　　"非也。"

　　"宋国？"

　　"非也。"

　　"韩国？"

　　"非也。"

　　"那你不是要绕远道打齐国吧？"

　　吴起嘿嘿一笑，"还是非也。"

　　楚悼王被吴起弄蒙了，他实在想不明白吴起到底要攻打哪个国家。

　　吴起笑道："大王，现在新军刚成，只适合找弱的对手进行打击，实在不适合在这个时候挑选传统强国决战。"

　　楚悼王疑惑地问："弱的对手？那是谁？"

　　"我王难道认为整个南方都被楚国扫平统一了吗？"

　　楚悼王恍然大悟，忙问道："难道先生你的目标是更南边的百越？"

楚悼王对于吴起的话是言听计从的，再说他也真想拿下百越之地，那样的话自己的版图就会更加庞大。

于是，吴起开始了多年的南征。吴起这次南征的详细过程和究竟拿下了多少地方史书上没有详细说明，不过史书说他南平百越，但具体平到什么程度却没有说明。那他究竟打下了多少地盘呢？这里只有一个线索供大家参考。

公元前214年，秦始皇曾命人开通灵渠，沟通湘、漓二水，连接上了长江与珠江两大水系，之后夺取岭南全部土地，设置桂林、南海、象三郡，并往这里迁了五十几万秦国人与本地百越人杂居。

如果按照这个线索来推理的话，吴起应该是拿下了除广西和广东以外所有的百越之地，使得楚国的国土在原有基础上扩大了近三分之一。

楚国先告一段落，我们再把目光转向中原。

3.8　西北狼王终得归

公元前387年，转移了战略目标的秦惠公出兵讨伐前些年被蜀国占据的南郑并一举将其拿下，夺回了南方门户。

公元前386年，天下大乱，三晋从此走向分裂，这也使得魏国将死死压住秦国的河西兵力慢慢向中原转移，秦国终于可以彻底休养一阵子了。

原来在公元前387年，赵国的前一任国主赵烈侯卒了。赵烈侯的儿子赵章按理来说应该继承君位，可是赵烈侯的侄子赵朝突然在这期间谋反，率领士兵突袭邯郸宫殿，打算一不做，二不休地杀掉赵章夺得君位。

可是赵章是上任国君钦定的世子，赵国绝大部分大臣都是支持他为国君的。

他们一听说赵朝反水，便带领着自己的私人武装前来力挺赵章，而赵朝一时半会儿还拿不下宫殿，再一看赵章的援军正在源源不断地往自己这边赶来，于是便带着残兵败将逃到魏国去了。

最后，赵章继承了君位，是为赵敬侯。

按说这事儿也没什么大不了的，在春秋时代也没少发生，可魏武侯错就错在不该管别人的家事，哪怕是有再大的好处。

那赵朝逃到魏国以后对魏武侯一把鼻涕一把泪地诉说着自己的不幸，想要求魏武侯带兵帮助他夺得君位。

可是魏武侯根本就不吃这一套，他直接就问赵朝："我就问你，我帮你夺得君位以后我会有什么好处？"

赵朝赶紧给魏武侯许诺了许多的城池，并承诺从今以后赵国都会对魏国唯命是从。

魏武侯听罢哈哈大笑，当即同意了赵朝的请求。

可是现在摆在他面前的路比较难走，因为硬来肯定是不行的，那赵国虽然没有他魏国国力强大，可胜在人人尚武，赵国的男人从小就在父母的监督下会点儿功夫，再加上代地的骏马，使得赵国拥有一批非常强悍的骑兵。

所以，在没有口实的情况下硬攻打赵国，最后只能落个两败俱伤的结局。

在这种情况下，魏武侯决定采用"斩首行动"助赵朝登位，他秘密召集了八千魏武卒，让这些精锐的士兵从怀地出发，然后急速行军，以最快的速度北上攻打赵国的首都中牟，只要抓到赵章，格杀勿论！然后以迅雷不及掩耳之势扶立赵朝登位。

魏武侯"斩首行动"的想法还是不错的，可是他聪明，赵敬侯也不傻。当他知道自己的堂兄弟逃到魏国以后，便本着防人之心不可无的心态注视着魏国的一举一动，所以那边魏国一动，他马上便从挨着魏国的都城中牟转移到了更北的邯郸，并且向四周的赵国城邑发布号令，让他们将所有的军队全都移动到邯郸防备魏国人。

要说这魏武卒也真是牛，那边赵敬侯刚刚逃到邯郸不到两天他们就杀到中牟了，可因为赵敬侯提前转移，使得魏军扑了个空。

史书上没有记载统率这支魏武卒的将领是谁，但是当他得知赵敬侯逃到邯郸以后便以最快的速度突袭邯郸。他要在赵国的援军到达邯郸之前将邯郸城拿下，并且斩杀赵敬侯。

可是邯郸不比中牟，这里粮草充足，城墙厚实，魏军虽然集中兵力狂攻北门，但是赵敬侯亲自登城组织防守，使得强大的魏武卒没有半点儿建树。

魏军将领一看邯郸城短时间内无法拿下，又怕赵国的援军及时赶到，对魏军两面夹攻，便当机立断地逃回国了。

打这以后，赵敬侯就怒了，和魏国一刀两断，并将国都从中牟彻底迁到了邯郸。

魏武侯怕赵敬侯找碴儿报复，便源源不断地将士兵从四面八方往连接赵国的西北国境线上送。

魏武侯乱插手别国的内政，使魏国不只因为此事丢了一个坚定强大的盟友，还为此放松了对西面秦国的看管，而这一切都是因为魏武侯的一个愚蠢的决定。

可这事儿刚刚过去不久，魏武侯再次犯下了一个天大的错误，那就是将秦国公子嬴师隰放回了秦国。

那么这个嬴师隰是谁呢？

当年春秋末期战国初期的时候，秦国发生了一场动乱，嬴师隰之父秦灵公死后，秦国大位并没有被他继承，而是被嬴师隰的叔祖父秦简公夺取，秦简公并没有赶尽杀绝，而是将他流放了。可是嬴师隰害怕秦简公后悔再将他杀死，便逃到了魏国。

而秦惠公在前387年的时候薨了，他的儿子秦出公继承了君位，而这个秦出公继承君位的时候才两岁！

不用说，现在秦国的政权全都由秦出公的母亲把持着，而秦出公的母亲执政以后任人唯亲，各种亲戚全都往秦国的重要位置上推，这使得秦国的官员和百姓怨声载道。

于是，在一个月黑风高的夜晚，一个漆黑的小屋子里，秦国的庶长茵和众臣秘密集会，密谋将嬴师隰从魏国接回来，杀掉秦出公母子俩，立嬴师隰为新一任国君。

到这儿问题又来了，那嬴师隰已经从秦国出去好多年了，这些秦国权贵们凭什么就要用他来担任国君呢？按理说应该早就忘了这个人才对啊。

嬴师隰虽然身在魏国，但是他一直都没闲着。首先，因为他身处魏国国都，对于李悝的变法非常上心，他那个"小笔记本"上面满满记载的全都是李悝变法的过程和方法。

其次，嬴师隰时刻都在关注着秦国的动静。他的随从们假扮成魏国客商，分好几批次前往秦国充当"乡间"［孙子五间：内奸、死间、生间、乡间（也叫因间）、反间，其中乡间就是充当某一个百姓的亲戚之类的，遍布在别国的市井间探察别国国情］，但凡秦国有什么风吹草动他一定是第一个知道的。

所以，当嬴师隰知道秦国由一个儿皇帝和老娘们儿当政的时候，他便派人携带大量的金银珠宝贿赂秦国权贵，只求给自己谋得一个机会。

这些秦国权贵们收了嬴师隰的贿赂，再加上秦国人对嬴师隰一脉不幸遭遇的同情，便选择了他。

可是嬴师隰的钱哪里来的？是魏武侯给的！

魏武侯因为前一段时间将赵国给彻底得罪了，两国之间的矛盾已经不可调和。所以，为了避免多线作战，他有必要将秦国君位上的人换成自己人，而这个嬴师隰在魏国多年，每次见自己都是卑躬屈膝，最主要的是通过自己对嬴师隰的了解，魏武侯发现这个嬴师隰逢人便说魏国好，几乎将此地当成自己的家了，让一个如此热爱魏国的人来做秦国国君，那不正合了自己的心意吗？

可让魏武侯万万想不到的是，就是因为他这个看似聪明的举动，给未来的魏国，甚至给未来全华夏的诸侯国都带来了一个强大的秦国！

这嬴师隰到底牛在哪里？个人能力只是一个方面，最重要的是他优秀的血统，别的不说，看看他的子孙后代就全明白了。

秦孝公嬴渠梁、秦惠文王嬴驷、秦武王嬴荡、秦昭襄王嬴稷、秦孝文王嬴柱、秦庄襄王嬴异人、秦始皇嬴政。

这些人没有一个昏君，大部分都是枭雄！

秦国即将强大，而这个嬴师隰将是秦国强大和商鞅变法的奠基人，如果没有他，秦国的一切都是空谈而已。

公元前385年，秦国庶长茵带领群臣发动政变，杀掉了年仅两岁的秦出公和秦出公的母亲，立嬴师隰为秦国新君，这便是秦献公。

秦献公即位以后的第一次朝会不是商量着如何夺回河西，而是向各个大臣们渲染李悝在魏国的变法有多好，为他以后要做的事情先打下一个人情基础。

当然了，那些有伤贵族利益的法律条文他并没有说，秦献公刚刚即位，可不敢在这时候得罪权贵。

3.9 远程之王

秦献公那边通过政变坐上了秦国的君位，可要等他带领秦国发光发热还得再等几年，那是后话，咱还是再来看看三晋吧。

眼看魏国和赵国不断往边境加派军队，很有些一言不合就开战的意思，三晋之中地盘最小的韩国便趁机出兵扩张地盘，那他要攻击的目标是谁呢？自然是前些年没能拿下的郑国了。

韩文侯的第一个目标便是紧挨着自己的郑国阳城，阳城为郑国防御西方诸国的边境要塞，不管是从城防上还是土地的肥沃度上都是中原排得上号的重镇。

郑康公听说韩国要来攻打自己，赶紧调集郑国可用之兵于阳城集结，打算堵住韩国的军队，可是郑康公的如意算盘算是打错了。

战国有一句话，叫"天下劲弓劲弩尽出于韩"。

这句话可不是空穴来风，韩国别的能耐没有，科技型人才那是太多了，比如战国时期最厉害的治水专家之一郑国。

这样一个治水天才韩国都派出去当间谍，足以见得韩国科技型人才数量之多？

再加上宜阳周围的铁山可以给韩国提供大量的铁资源，所以韩国的箭矢和弓弩那在当时确实是谁也比不了的。

之前秦魏河西之战，魏武卒们用的床弩就全都是从韩国"进口"的。

此时的阳城，守城大夫带领着自己的部队威风凛凛地站在城头准备抵御韩国进攻，可等了几天也不见韩国人发动攻击，正在他纳闷儿的时候，突然，伴随着轰隆隆的声响，他看到从韩国阵营中突然冒出了多个巨型大弩，那大弩上面绑的巨大箭矢整整有一人多高，其规模极为骇人。郑国的守城大夫也不是没听说过韩国床弩厉害，但也没见过这么大的啊。

就在阳城的将领和士兵们提心吊胆的时候，砰砰砰，随着让人发毛的声响，多个巨型箭矢直直地冲着阳城飞了过来！由于巨型床弩很难保证准度，所以第一次发射多是用来调节角度。

这些箭矢虽说没有打到城墙上的士兵，但是直接射到了阳城里面，但凡被砸到的民居，无一例外地，全都被砸出了个大窟窿，而落在于城中待命的弓箭手身上则是直接砸出了一片血雾。

城中的弓箭手们吓得四散奔逃，全都往后撤，争取逃离韩国床弩的射程范围。

砰砰砰……又是多声巨响，巨型床弩发起了第二轮攻势。这回，这些巨型箭矢全都砸在了城墙上面的护墙位置，那些坚硬的护墙好像豆腐一般被砸得稀碎，而在护墙后面的士兵则被砸得四分五裂！

阳城的守军一个个被吓得双腿直哆嗦，士气受到了毁灭性打击。

紧接着，又是十多轮的暴射，将阳城城内的房屋砸得满目疮痍。

就在大家以为敌人还要射击的时候，韩国人却停止了对阳城的攻击。因为他们的巨型弓弩全都用完了，阳城人以为终于可以松一口气了。

可韩军将巨型床弩收起以后，直接冲出来万名弓箭手，他们全身铁甲，在距离阳城七十米的时候开始疯狂向阳城射击，阳城城头上和城里面的士兵被如蝗虫一般的箭矢射得哭喊声一片，他们都被韩军的箭矢射蒙了。

在春秋战国时期，弓箭的最远射程能达到二百米至三百米之间，可是有效杀伤距离最多也就在五十米左右，如果超过了这个距离，别说铁甲了，就是连皮甲都很难射进去。

可是韩国军队竟然在七十米左右就开始对阳城进行射击，最为骇人的是凡是中箭者轻的残废，重的直接毙命，这种远程科技实在太让人绝望了。

两个时辰！韩国人整整往阳城里面射了两个时辰的箭。等到正午的时候，城墙上直接被射没人了。阳城守军全都跑民居里面躲着去了，阳城高大的城墙在韩军的箭矢下没有半点儿用处。

就这样，在凶猛的火力掩护下，韩军没费多大劲就杀进了阳城城内，而此时阳城内的郑军士气已经崩溃，再也没有半点儿抵抗的念头。

阳城，陷落！

韩文侯攻下阳城以后没有得寸进尺，进而灭了郑国，因为他知道在战国这种格局下，发展太快就一定会被群殴，这也是当初魏文侯没敢一口将秦国吃掉的原因之一。

可韩文侯并没有这样便罢休，转而继续进攻别国。

他紧接着命令远征部队借道魏国，转而直扑宋国。

宋国这个国家从春秋时代就被楚国和晋国摆来摆去，没有一点儿他们所谓的"客人"尊严。

到了战国时代后他们就更不行了，宋国的历代国君遵循古制，不知道变法革新，现在的秦国人都已经重新启用骑兵部队了，而宋国还是以战车为主。这样的部队怎么能是韩国劲弩的对手？

宋悼公听说韩国人前来攻伐，想都没想，直接用他们最擅长的老套路来对付韩国人，那么宋国人最擅长的老套路是什么呢？那就是守城。

想当初楚庄王面对宋国人的守城技术都直摇头，不敢轻易强攻，由此可见宋国人守城的厉害。

可时代在进步，科技也在发展，宋国的守城技术放在现在韩国的强弓劲弩面前还能好用吗？宋国现在国君为宋悼公，他为了抵挡韩国的侵略，先是命令宋国大军在陶邑（后定陶）集合，然后坚壁清野等待着韩国军队的驾临。

陶邑，便是现在隶属于山东省菏泽市的定陶，此地东连齐、鲁，南连宋，西连魏，北连赵，是当时的兵家必争之地，这还不算，陶邑土地肥美，周围四通八达，交通条件极好，还是当时华夏第一繁荣之地，天下商贾无不会集于此，所以，它的价值根本就不亚于宋国的国都。

结果宋军的守城之术却被韩军的强弓劲弩射得大败，甚至都没开始短兵相接宋军便已经大溃，直接弃城奔逃。

而韩军根本就不给宋悼公喘息的时间，大军直接杀向宋国腹地。

宋悼公一看守城不行，只能一搏。他于睢阳调集举国之兵，然后北上单父和韩国军队展开决战。

通过之前的交战，宋悼公知道，要是和韩国军队玩儿防守战那就是死路一条，所以他直接命令大军冲锋，打算在韩军的远程优势启动以前就冲垮韩军。

宋军在宋悼公的指挥下，喊杀声震天，大喊着冲向了韩军大阵，韩军迅速作出反应，他们的重甲步兵顶在了弓箭手的前面，形成了一堵人墙，而后面的弓箭手直接开始了远程乱射。

宋悼公一边敲打着军鼓一边大吼道："给我冲！迅速冲过敌军的射程范围。"

听到鼓声，宋军无惧漫天箭矢，拼了命地往前猛冲，可就当他们快要冲到韩军近前的时候，让宋军绝望的一幕出现了。

只见韩军前排的重甲士兵每个人手上都拿出了一把小型弓弩，最要人命的是，每一把小型弓弩上面竟然放着三个小箭矢。

弓箭射程方面要比弩远得多，但是使用弓的难度实在是太大，想要培养一个成熟的弓箭手没个一年半载根本不可能。所以，一般的弓箭手都没有什么近身功夫，因为他们的时间全都用在学习射箭上面了。

可是弩却是大大地不同了，它小而轻，最重要的是操作极为简单，只要把弦上到木钩上面，对准正前方的人直接一扣扳机就行了，其穿透力强，精准度高，乃步兵杀人第一中远程利器。

可一般的弩都只能上一支箭矢，而韩国人这次使用的竟然一次能发射三支箭矢，这一下可就要了宋国人的命，他们还没等冲到韩军的近前就被韩军连弓带弩地杀了一半的人，宋悼公直接就敲响了撤退金锣。

宋军，败！

就这样，韩军一路东进，连破数城，一直打到宋国最东面的彭城生擒了宋悼公才算完事儿。

擒获宋悼公以后，韩国大军迅速回国，沿途路过的村镇都被韩军抢劫一空。这次的袭宋之战，韩国掳掠了大量的财物和人力，可谓赚得盆满钵满。并想要用宋悼公威胁宋国拿出财物赎人。

宋国的大臣们都知道这是一个无底洞，永远都没个头，所以也不管宋悼公了，直接立宋悼公的儿子子田为君，这便是宋休公。

韩文侯听说宋国立了新的国君，直接杀了宋悼公，宋国一代国君就这么没了。

这一年，韩国两线作战，全都取得了压倒性的胜利，也使得韩国劲弩威震天下，闻者无不胆寒。

3.10   赵国危机

韩国那边双线大胜，东边的齐国也坐不住了。

田齐太公想要拿下鲁国，彻底统一山东，于是便在韩国大胜的同一年出兵伐鲁。

鲁穆公闻讯，一边调遣鲁国精锐迎战齐军，一边派遣使者前往赵国求救。可齐军行进迅猛，势如破竹，在鲁国边境如入无人之境，鲁国连失数城。

鲁穆公被迫率领主力大军在赵国援军未到之时便迎战齐军，结果被齐国军队打得大败。鲁军急速向东收缩防线，而齐军则是狂飙猛进，连破赢地、博邑、成城，兵峰直指鲁国都城曲阜。

就在田齐太公威风霸气，想要一举拿下鲁国的时候，赵国的援军动了，赵敬侯启动三万赵国精锐骑兵，以极快的速度向鲁国方面挺进。

田齐太公闻听西北方面局势不稳，害怕腹背受敌，便分出五万大军继续向曲阜挺进，自己则率领六万主力部队向西北进发，企图全歼赵国援军。

而田齐太公竟然直接到达灵丘，并以此地为根据地以拒赵军。

灵丘是个什么地方呢？是现在的山东省高唐县以南。

他背靠黄河，四周都是平原，极其有利于骑兵冲锋，而赵国最强悍的是什么呢？那就是骑兵。

这场战役史书上没有记载过程，只有六个大字："赵败齐于灵丘！"

经过了灵丘大败以后，齐国人算是见识了赵国骑兵的厉害。田齐太公赶紧命正在包围曲阜的齐国军队撤退回国，以免被赵鲁两军夹击。

不显山不露水的韩国突然光芒大盛，而身在西面的秦献公也开始励精图治了。

公元前384年，秦献公开始在秦国进行改革，这一年，秦献公只改了一个政策。可就是因为这个政策的改变，才使得国外的人才陆续前往秦国，可以这么说，如果没有秦献公的这项改革，以后的商鞅就不可能来秦国做官，而这个强秦的奠基人要是不来秦国，秦国永远都别想一统六合。

那他是改了什么呢？就是将秦国最让人害怕的人殉制度给取消了。

人殉制度，不仅让中原人视秦国为外番蛮邦，还使得中原的大才不敢前来秦国当官，以免本朝的君主死了以后被要求陪葬。

可就这么一个利国利民又不损害贵族阶级的改革照样为秦国的权贵们所不容，那是为什么呢？

这些权贵表面上说老祖宗定下的规矩是不能改的，如果改了还能叫秦国吗？可这是他们真正的想法吗？当然不是！

他们心里其实想的还是自身的利益问题，怕这只是秦献公在投石问路，如果这次让他顺利改革了，那以后接二连三地改革他们该怎么办？涉及触碰自己利益的改革还怎么拒绝？

所以，秦献公的这项改革遭受到了不小的阻力。

可是秦献公想要让秦国富强的决心是史无前例的，他列举出了人殉制度的种种不是，舌战群儒，这才使得改革能够稳步实施，但最关键的还是这项制度没有触碰贵族们的切身利益。

公元前383年，秦献公看准时机，又做出了一个重大举动，那就是将国都迁到了栎阳。

栎阳是什么地方？它地处于现在陕西省咸阳市东一百多里，是当时秦国东边最前线，紧挨着前些年被魏国夺走的河西之地。

这么看，秦献公如此做的目的就简单了，那就是打算以此为根据地收复河西。

而魏国呢？出乎意料地根本就没做任何调动，也没有增加兵力去河西布防，魏武侯难道看不出这么明显的战略意图吗？

绝对不可能！笔者觉得魏武侯之所以允许秦献公这么明目张胆地迁都，原因不外乎有二。

第一，魏武侯现在已经把全部的精力都放在赵国人身上，秦国人基本被他忽略了。

第二，秦献公在迁都之前肯定是派使者和魏武侯打好了招呼，并且保证迁都并不是因为想要收复河西，而魏武侯现在没有精力对付秦国人，也只能收了好处暂时听之任之了，他也相信，秦献公没有胆量攻击他，等他打完赵国再转过头去打秦国也不迟。

魏武侯有一点猜对了，那就是秦献公真的没有胆量在他在位的时候收复河西，可有一点他却猜错了，那就是赵国并不是他能在一朝一夕打败的。

还是公元前383年，这一年卫国新君卫声公即位，还没等他坐稳屁股，赵敬侯为了向西面扩张地盘，便将魔爪伸向了卫国。

他在东南边境修建刚平堡垒，并打算以此为据点攻打卫国。

那卫国本来就已经是三流小国了，根本不是赵国骑兵团的对手，所以卫声公便许以重利，请求魏武侯出兵相救。

魏武侯会不会救呢？救！必然要救！

首先不说赵国现在和魏国是仇敌关系，单说卫国的地理位置他魏武侯也是一定要救的。

卫国位于现在陕西和河北的交界处，连接着赵国东南边境和魏国的东北边境，卫国要是被灭，不只西北线，魏国的东北线也会成为赵国的打击目标。

所以，当魏武侯收到卫声公的请援以后，什么也没说，直接调集魏国精锐，在兔台主动迎战赵军。

在冷兵器时代，步兵是无法和冲击骑兵对抗的，这就是当时的规矩。可魏武卒根本无视这种规矩，魏武卒怕过谁？他们的防骑大阵在当时没有一支骑兵部队能够攻破，哪怕是赵国人引以为傲的边民重骑兵也不行！

兔台大战，魏武卒将赵国冲击骑兵打得溃不成军，赵国无奈之下只能引兵自退。也就是打这以后，赵国对魏国的憎恨又升级了，两国短期之内已经不可调和。

公元前382年，不灭掉赵国誓不罢休的魏武侯勾结和赵国有仇的齐、卫两国，组成三国联军浩浩荡荡地杀向赵国。

赵国单打魏国都费劲，就更别提三国联军了，所以赵敬侯将战线向后收缩，采取坚壁清野的战术来和联军打消耗战。

可联军太过可恶，他们拔掉上一年赵国在卫国头上新建的刚平以后，看到赵军全都龟缩起来，也不攻城，而是在赵国境内一顿掠夺，基本上没有一个村落逃出了三国联军的魔爪。

联军一直掠夺到赵国旧都中牟附近，才带着满满的财宝和粮草离开了。

赵敬侯阴冷地看着三国联军撤退的背影，狠狠地说："魏击，你给我等着。"

自这之后，赵国有一名使者偷偷地前往了楚国。

3.11 折

公元前381年，继上一年尝到甜头后，魏武侯再次勾结卫国组成两国联军攻打赵国。

赵敬侯不敢在野外迎击联军，只能继续收缩防线坚壁清野，拼了命地拖延时间，因为他实在没有信心在野战上能打败魏武卒。

可这次，赵敬侯虽然是向后退了，但是他并没有害怕，也没有丝毫的担心，因为南方有一头大鳄已经伸出爪牙扑向了魏国。

原来，上一年赵国派使者悄悄入楚，和楚悼王商量的就是联合楚国共同攻击魏国。

楚国和魏国素来有仇，它之前湖北和河南的诸多地盘就是魏国吞掉的，楚悼王一提到魏国就恨得牙痒痒，他很想现在就起兵，和赵国合兵一处攻击魏国，夺回多年前的失地，可他没有马上决定，而是习惯性地问吴起，"爱卿，你看这事儿可行吗？"

经过多年的南侵，吴起率领的楚国新军基本上已经把大部分的南方百越平了，楚国国土面积大增，加上吴起英明的政策，使得楚国经济实力也有了显著的提升，此时，吴起建立的新军已经有十万余人，并且有了充足的战斗经验，他觉得夺回失地的时机已经到了，便说道："回禀我王，时机已经成熟，可以发兵攻魏了。"

楚悼王一听这话，哈哈大笑，正想拍板儿。可就在这时吴起又道："可大王不适合现在就和赵军主动攻魏。"

这话给楚悼王说得有点儿蒙，他疑惑地问道："那我应该什么时候进攻呢？"

"魏击现在和赵国正处于水火不容的状态，魏国又始终占据优势，依着魏击的性格，他肯定不会和赵国善罢甘休，还会继续进攻赵国，我王何不等着魏国再次发动攻击的时候乘虚而入，到时必定手到擒来！"

楚悼王一听吴起的话连连称善，便和赵国使者密谋，打算等魏国再次攻赵的时候乘虚而入。

所以，在公元前381年这一年，当魏国将大军都堆在北方的时候，楚国由吴起亲率十万新军北上，打算一举收复湖北和河南的失地。

吴起进军神速，在湖北魏军没有防范的情况下，连拔数城，竟在不到一个月的时间拿下整个湖北失地！

在这之后他毫不停歇，率领楚国新军兵锋直指河南巨阳，很快将其一举拿下，并以此为根据地继续向河南进击，准备一举拿下河南诸地。

而此时正在进攻赵国的魏军还没取得任何战果，由此可见吴起之速。

最开始的时候，魏武侯听说吴起来犯还没怎么在意，还打算攻下赵国几座城池以后再往南收拾楚国。

可南面的告急文书像雪花一样一封接一封地传到魏武侯手中，看着一座座城池陷落，魏武侯再也坐不住了，他撤出了攻赵的军队，留下五万守军守住边境，之后便亲自率领魏武卒和其他的魏国精锐向黄河南面的大梁集结，准备主动出击迎战吴起。

可还没等他集结完毕，就有战报说吴起已经拿下整个湖北，就连河南南部重镇巨阳也被拿下了。

魏武侯这时候已经不愤怒了，而是惊叹于吴起的速度。看来，以前自己真的是大错特错了。

可现在后悔也没用了，魏武侯也不等大军全部集结完毕，直接带领主力部队前去夏阳，打算以逸待劳，在此地阻击魏军，甚至连赵国在边境的反扑他也不管了，只是让边境守军坚壁清野，能拖一段儿是一段儿。

而魏武卒们听说这次他们要面对的竟然是吴起，一个个早就没了锐气，还没等开战，士气上就输了一筹。

这一切魏武侯都看在眼里，他虽然着急，可也束手无策。

可就在魏武侯忐忑等待的时候，突然有传令兵来报，说吴起的军队已经撤退回国了。

这传令兵的话语好似是天籁，魏武侯都不敢相信是真的。

那么吴起为什么要撤军呢？难道他怕了魏武卒不成？

当然不是，吴起怕过谁？要说他撤退的原因，我们还是先把时间往前再提一个月吧。

话说一个月前，吴起拿下了整个湖北失地，甚至都已经涉足了河南，按说他的战略目标已经超额完成，可以直接走人了，但是吴起性格刚直，他一定要击溃魏军主力部队，重伤魏国元气，他要让魏击看看自己的新军有多么强大，他要让魏击知道当初自己的决策是有多么愚蠢。

可就在吴起准备大展拳脚教训魏击的时候，突然从楚都都城来了一名使者。

对此吴起非常奇怪，凭着他对楚悼王的了解，楚悼王绝对不会在他统兵打仗的时候打搅自己的。

抱着好奇的心态，吴起亲自接待了使者，并询问来使因由。

可这使者的一句话就将吴起的心都击碎了，"报令尹大人，楚王已经在几日以前驾崩了，现在太子熊臧（楚肃王）已经继承王位，为免国内局势不稳，楚王下令，还请元帅能够将大军引回楚国，助新王巩固国……大人？大人？"

这名楚国使者在说话的时候非常害怕，什么巩固国政啊，就连他都知道，那是因为新任楚王害怕吴起在外独立，这才想把他调回来。

要知道，吴起对自己的士兵那是相当好，想当初他在魏国的时候就曾经帮助士兵吸过脓血，所有其治下的士兵都甘愿为了吴起去死。如果吴起想要闹独立，那是谁都阻止不了的，而国内的贵族们又都对吴起恨得牙痒痒，他要是回去将兵权一交，那毫无疑问必死无疑！

可这名使者发现吴起根本就没听自己讲话，当他说出楚悼王的死讯以后，吴起只是在那儿怔怔地坐着，原本锐利的眼神突然变得空洞无光。

当这名使者想要再次提醒吴起的时候，吴起抬起了手，有气无力地说道："你回去吧，告诉楚王，我不日便发兵回国。"

说罢，也不管使者惊异的表情，直接给在场的将领们手势，让他们出去。

等这些将领们走出大帐以后，吴起还是没有动，他就这样静静地坐着，他想起了刚入楚的时候楚悼王用热情的双手将他领入宫，他想起了楚悼王想都没想就让他担任楚国令尹，他想起了自己跪拜楚悼王时候的画面，他想起了楚悼王为了支持他变法不止一次地得罪楚国权贵，他想起了自己出征百越的时候楚悼王源源不绝的粮草供应，他想起了和楚悼王名为君臣，但实际上相处得和兄弟也差不了多少的情谊。这一切都历历在目，可自己的这个主君、兄弟，怎么就这么死了呢？

大概又过了半炷香的时间，吴起的眼泪一滴一滴地流了出来，他知道，这样的君主自己再也找不到了。

痛哭过后，吴起起身，毅然决然地率领着军队返回楚国。这个一辈子都为自己着想的奸雄要去为楚悼王祭拜，哪怕是死也在所不辞！

再把视线转向都城。楚国的贵族们在得知楚悼王的死讯以后便开始全方位"反攻"，他们成天围在楚肃王身边说吴起的不是，抨击楚国新法扰乱楚国，动摇国本。

楚肃王刚刚即位，不想在此时得罪这些树大根深的贵族，再加上他已对位高权重的吴起有所顾忌，便听之任之，并将吴起召回。

那些贵族大臣们断定了吴起不敢回国，所以，这些贵族们一面罢免之前吴起任用的官员，一面改变吴起之前制定的制度。只是让他们吃惊的是，吴起竟然领着十万新军回国了！

这些权贵们听闻此消息以后大为惊恐，他们可不相信吴起会这么简单就将兵权交回来，他也不傻！吴起此来定是为了除掉楚国贵族，然后杀掉楚肃王另立新君，从此一人之下，万人之上！

可他们错了，吴起回来以后直接将大军留在了竟陵大营，只领着不到百人来到都城。

"难道吴起真的只为了吊丧而来？"

"好像是这么回事。"

"那太好了，机不可失，时不再来，我们直接在城里面杀了他！"

　　"好！就这么定了。"

　　吴起进了都城以后直奔王宫，他没有第一时间去见楚肃王，只是想要看看当初那个对他百般信任的楚悼王的遗体。

　　可就在这时，宫殿门口出现了千名贵族私兵，他们一个个面容凶狠，手拿利刃，一看就没安好心。

　　可这一切都在吴起的意料之中，不只他，连和吴起一起归来的百余名心腹也没有一丝慌乱，他们都是跟吴起远征百越的主力干将，都是从死人堆里爬出来的战阵恶魔，别说这千人，就是再来个几万人他们也不会皱一下眉头。

　　吴起微微一笑，向前走了几步："谁是你们的主事人？"

　　话毕，从这千名私兵中间走出几个贵族，其中一人冷笑着说道："我就是，吴起，好久不见了。"

　　吴起轻蔑地看着这个贵族道："你是谁？"

　　那个站出来的贵族冷笑，"吴起大人贵人多忘事，自然是不记得我们这些卑微的小人，但是我们可是记得当初……"

　　没等这名贵族说完，吴起暴喝一声："滚！"

　　吴起话毕，他身后的百名武士全都从手中抽出刀刃，指着这些私兵一起暴吼："滚！"

　　这一声怒吼震天响，前来找麻烦的贵族都吓得一个哆嗦，刚才站出来说话的那个贵族一边往后面退一边大吼道："给我杀！给我杀了吴起！"

　　说完，这些楚国士兵们全都抽出宝剑往前冲。

　　面对这千名楚国士兵，吴起只是一声冷笑，"布阵！"

　　吴起手下的百人听得吴起的将令迅速布阵，不到半分钟，一个小型的锥形阵就已经布置完成。

　　"冲！"

　　随着吴起的一声大吼，这些武士无惧十倍于己的贵族私兵，护着吴起直接冲入人群当中。

　　噗噗噗，武士们的锥形大阵就好似一把尖刀，一往无前，所到之处必是血雾弥漫，硬生生地将堵着他们的人墙杀出了一个缺口，所过之处死伤遍地。当然了，这些尸首全都是贵族私兵们的，吴起带过来的武士则是一个没有。

杀过去以后，吴起回过头来，阴冷地看着后面这些已经被吓破胆的贵族私兵，用手中的宝剑指着他们道："再敢追来，杀无赦！"

就这样，一个百人的队伍硬生生将拥有千人的贵族们震慑当场，一直等吴起的背影消失他们也不敢动弹。

有一名贵族最先反应过来，和另外一名贵族道："快去！给我去找其他的贵族前来支援，能来多少你就给我找多少，今天无论如何都不能放吴起走掉！"

那名贵族听完便去，而其他在场的贵族们则带领着自己的私兵守在王宫大殿，生怕吴起会逃走。

而吴起呢，他根本就没有逃，在王宫卫士和众多官员目瞪口呆的情况下一步步向摆放楚悼王遗体的内宫走去。

到了内宫，吴起对手下摆了摆手势，武士们会意，全都守在门口。

吴起一步步地走到楚悼王的遗体前，慢慢地跪了下去，他握着楚悼王冰冷的手，眼泪一滴滴地落下："大王，您去得太早了，您还没见到楚国强大，怎么能就这样走了呢？您知道吗？您这么一走，楚国的变法就前功尽弃了，大王，吴起求求您，快起来吧！大王！"

听着吴起在内室的哭声，门口的武士们闻声落泪。

可就在这时，官殿门口开始骚动，一批又一批的贵族私兵们闯了进来，他们手拿凶刀，一个个龇牙咧嘴地冲着内室冲了过来，门口守卫的武士们狂吼一声，拿起手中的宝剑就和这些私兵们厮杀在一起。

吴起没有去管门外喧嚣的喊杀声，而是握着楚悼王冰冷的手，就这么一直看着他。

大概又过了一会儿，门口的尸体已经堆积如山，绝大部分全都是贵族私兵的尸体。

这些贵族的私兵们平时嚣张霸道惯了，哪里见过如此凶残霸道的勇士，眼看着死伤惨重，一时间竟然不敢再上前，无论这些贵族大人们如何威胁，他们都是哆嗦着双手双脚杵在原地而不动。

这些贵族们也是疯了，狂吼道："都把弓箭给我拿出来！射！连吴起一起都给我射死！"

听了这话，私兵们如闻天籁，纷纷拿起手中的弓箭，对着内室就是一顿乱射！

吴起知道必死，在这最后的关头，他趴在楚悼王的身上对着楚悼王冰冷的尸体默默道："大王，微臣只能做到这一步了，如果您的儿子稍微懂点儿事便能趁着这次的事件将这些贵族全部斩杀，进而巩固咱俩变法的结果……"

噗噗噗！吴起话音刚落，如雨点般的弓箭就射了过来，不只是吴起和那百名武士，就连楚悼王的尸体都被射疯了的弓箭手们射成了刺猬。

吴起，这名威震天下、冠绝当代的军事统帅就这样和楚悼王死在了一起。

吴起这一生，南平百越，北据三晋，西伐强秦，战七十六，胜六十四，和十二，一生无败绩。

吴起打仗从来不挑选对手，君主往哪儿指他就往哪儿打，不管对手的强弱，只要派他出征就不可能会败。

吴起，一个为了梦想不惜抛弃所有的人，他的前半生都是黑暗的，都是叛逆的。可就在他晚年的时候，碰到了人生中真正珍惜他的主君，他学会了忠诚，他黑暗的内心出现了光明。虽然最后也免不了被乱箭射杀，但他这一生，够了！也值了！

第四章

西北狼的崛起

4.1　过渡

楚悼王和吴起这对黄金搭档双双归去之后，楚肃王抓住了机会，他以箭射楚王尸体为由，将参与此事的贵族们全都弃市枭首，巩固了手中的王权。

但可悲的是，他并没有继续运用吴起的治国策略，而是在其他贵族的怂恿下继续采用老旧的治国政策。吴起和楚悼王多年的努力都被楚肃王给败坏得一干二净，楚国也丧失了最后一次强国的机会。

好了，楚国先到这儿吧，还是看看中原的各种动态吧。

公元前380年，齐侯剡一看不能拿下鲁国，便想从北面入手，讨伐燕国，以此来增加自己的领土（田齐太公在公元前384年的时候卒了）。

燕国拥有北方辽阔的地盘，可是历代国君都只求安稳度日不求上进，改革变法就更是无从谈起，所以他们的军事实力和鲁国基本上也差不了多少。自然成为齐侯剡的目标。

齐国大军一路势如破竹，顺利拿下桑丘，而燕国面对齐国技击大兵毫无抵抗能力。（注：技击大兵，史称齐国技击，还有一说为技击骑士，这些士兵熟悉多种兵器的用法，一般包括弓、弩、刀、剑、戟、枪，还很擅长马上作战，所以笔者称其为技击大兵）

燕僖公无奈之下只得求助于三晋，因为齐国在中原诸国心中属于传统强国，其威胁要比秦国大出许多，所以三晋国君全都不希望齐国坐大。

魏武侯和赵敬侯也暂时放下了彼此的恩怨，携起手来共同入燕抵御齐国。

在当时的战国，只要三晋能携起手来那就是天下无敌。齐侯剡一听说三晋全都过来援助燕国，连仗都没打，直接溜了。

同年，随着魏国在中山国的控制力越来越弱，再加上中原的局势越来越不稳定，魏武侯急需在中原用兵，便把心一横，直接将中山的兵力撤回国，将中山的控制权都还给了中山桓公。

中山国在这一年重新复国，而它又横插在赵国复地，想要发展就必须和赵国撕破脸，中山国也就从此成了赵国的心腹大患。

公元前379年，身在黄海海边的姜齐康公病死，死后并无后代，姜齐氏绝嗣。

同年，秦献公将蒲地、蓝田、善地、明氏设置为县，提升了它们的档次，秘密增加他们的驻军，将火力全部集中在西线，准备在一个恰当的时机对河西动手。

同年，眼看着齐国在田氏的治理下越来越强大，越国迫于齐国的军事压力，将国都从琅邪迁回吴地。（注：琅邪，位于山东境内胶南以南，紧挨着黄海，距离齐国有将近三百多里远，在越国最为强大的时候，越王勾践曾经侵占了这块齐国土地，并在此地建都，其意图就是要找机会灭掉齐国，可他的后代一代不如一代，所以，从来没找到好时机对齐国发难，反倒是被齐国逼得退回了吴地）

公元前378年，秦献公在秦国建立国市，以此吸引中原商人进入秦国，开始着力发展工商业市场，并抽取营业税。

同年，魏武侯任命公叔痤为主帅，率领十万大军（非魏武卒）向魏国更西北的东北部平原（陕西与山西北部交界处）进发，打算在北部建造多座堡垒，并以此进行多点作战，在战略上对赵国形成合围。

这些地方在当时属于狄人的控制范围，而强势的魏武侯根本就没把狄人放在心上。

虽说这魏武侯的战略还是很智慧的，可是他没算到的是狄人步兵的强大程度以及公叔痤指挥弱到什么程度。

狄人首领听说魏国出大军前来夺取自己的领地，不敢含糊，也派出了近十万军队前去迎击。

两军于浍地对峙。

看着袒胸露背，只拿着大铁镰刀和大铁盾的狄人步兵，公叔痤大笑，他可不认为魏国的精锐部队会败在这些野蛮人手中。

狄人不知道什么排兵布阵，也不知道什么战术阵法，他们看到魏军以后直接挑战。

那公叔痤岂能挫了锐气？你来挑战，我应战就好！

于是，他命令营内的魏军直接出击，和狄人部队展开肉搏战。

肉搏战，那是狄人最擅长的科目，只见他们挥舞着手中的大镰刀，说着魏国人听不懂的话，龇牙咧嘴地就冲了过去。

公叔痤一开始并没有重视狄军，但是打着打着，他发现不对劲，这些狄人极为凶残，他们虽然没有什么复杂的阵形，但是胜在勇猛无惧，哪怕是被魏军砍掉了手脚，依然会扑上前去狠狠地撕咬魏军。

最吓人的是，这些狄人力气贼大，有的人甚至能一镰刀将一匹马撂倒，他们每杀死一个魏国人便用手中的大镰刀对着尸体的脖颈处来回割，直到割得满脸是血，然后将头颅割下挂在腰间继续战斗，还兴奋地直叫。

魏军什么时候见过这种怪物，于是士气大溃。

于是，魏军疯狂后撤，而狄军在后面紧追不舍，最终还是在营寨弓弩的掩护下才使得大军成功回营。

看着狼狈不堪的魏军，再看看大寨之外满身是血、龇牙咧嘴的狄人，公叔痤虚了，他连夜撤兵回国，反复向魏武侯说明狄人的步兵怎么怎么勇猛，怎么怎么无敌。

魏武侯见自己的军队也没损失多少人，便暂时将这个事儿放下了。

魏武侯为什么不启用魏武卒和魏国精锐与狄人拼命呢？

那是因为单单为了一个战略意图就损失数量不多的魏武卒不值得。

同年，三晋再次勾结在一起攻伐齐国，并将齐国在河北的领地全部拔除，大军一直伐齐至灵丘才算告终。

那么灵丘在什么位置呢？它处在河北与山东交界处黄河流域的极东边缘，是齐国在"河西"的最后一道屏障，三晋的意思很明白了，那就是告诉齐国人："你老老实实地在山东待着，只要你敢过河，就直接揍你。"

公元前377年至前376年，赵敬侯对身边的定时炸弹中山国那是一百个不放心，他在这两年对中山国发动了两次攻击，第一次出动了五万人，打算一举拿下中山，却被中山逼退，第二次出动了十万步骑混编大军，同样被中山人逼退。

关于两次战役的详细细节史书里面并没有记载，但是赵国在当时那是第一骑兵强国，他们发动两次战役都无功而返，这不得不令人惊叹中山国的战斗力。

公元前376年，三晋罢黜了晋靖公，将其贬为庶民，瓜分了晋国剩余的那点儿土地。

姬姓晋国从此彻底消失在历史的长河中。

公元前375年，秦献公改变户籍制度，每五户人家编成一伍，农忙时相互帮助，闲暇时军事训练，让秦国人更有凝聚力和战斗力。

同年，韩国再次发难。韩文侯将韩国的劲弩瞄向了邻居郑国，准备一举灭之，他用了三个月的时间，在国都分批次秘密集结军队，并在集结完毕以后倾举国之力对郑国发动了灭国之战。

面对韩国令人闻风丧胆的劲弓劲弩，郑国着实无法抵抗，最终在这一年被灭。

韩文侯灭了郑国以后，直接将国都迁往郑国原都新郑，彻底将重心从西面转移到了中原正中，远离魏、赵之间的战争旋涡。

咱们再来看看齐国发生了什么。

4.2　扁鹊见田齐桓公

公元前374年，齐国发生了政变，田午杀了齐侯剡自立，是为田齐桓公。（注：当初春秋时候的第一霸为姜齐时代的齐桓公姜小白，为了避免两个人"重名"所以人们都说田午是田齐桓公）

田齐桓公在齐国的作用和秦国的秦献公也是不相伯仲的。

那么田齐桓公干了什么事儿呢？他怎么就成了田氏强齐的奠基人？怎么就配得上当年齐桓公姜小白的这个"桓"字号呢？

他一共做了两件事情。

首先，要说到战国，大家首先会想到的就是战国七雄和百家争鸣，百家争鸣说通俗一点儿就是各门各派（法家、儒家、墨家等）有头有脸的人物凑在稷下学宫里面阐述自己的观点，看看谁的观点更适合治国。

可以这么说，稷下学宫走出了很多的治国文臣，比如说以后在战国如雷贯耳的孟子（孟轲）、淳于髡（昆）、邹子（邹衍）、田骈、慎子（慎到）、申子（申不害）、鲁连子（鲁仲连）、荀子（荀况）等就全都是出于稷下学宫。

那么稷下学宫出于何处呢？齐国。

稷下学宫是谁创办的呢？田齐桓公。

当然了，稷下学宫真正繁荣到鼎盛那是由于齐威王田因齐的推动，可如果没有田齐桓公的创办齐威王也没法有所作为啊。

那么田齐桓公下一个闻名千古的是什么事儿呢？

这个事儿并不是他为齐国做出了什么贡献，而是通过生命教导了人们一定要相信中医。

话说在战国时期，有一个神医叫扁鹊，行走天下为人看病，遇到富人加倍收钱，遇到穷人分文不要。

有一日，扁鹊来到了临淄，因为他声名显赫，所以田齐桓公出于好奇，便将扁鹊招进了宫中。

那田齐桓公平时也没什么病，身体状态良好，所以便笑呵呵地和扁鹊道："我说先生，你看我有没有什么病呢？"

扁鹊在田齐桓公面前站了一会儿："明公您确实是有病，您的肌肤纹理间有些小病，如果现在不医治恐怕会加重。"

田齐桓公心里暗骂："呸！你才有病！这庸医明显是骗子！"

于是黑着脸说："我没有病。"

扁鹊一看田齐桓公根本就不信他的，便转身走了。

等扁鹊离开后，田齐桓公对左右说："这些所谓的名医就习惯给没病的人治病，以此来炫耀自己的医术。"

十天以后，田齐桓公身体无恙，想起扁鹊前几日说自己有病，气便不打一处来，为了证明扁鹊是个江湖骗子，他再次将扁鹊招至宫中对其说道："我说先生，你前几日说我有病，但是我现在依然好好的，这回你怎么说？"

扁鹊没有回答田齐桓公的话，而是表情凝重地看了他一会儿，进而说："明公啊，您现在的病已经渗透到了肌肉里面，如果再不治的话将会更加严重了！"

田齐桓公没有回话，只是冷冷地呵呵两声便转身离去了。

又过了十天，这回不等田齐桓公召见，扁鹊便自己跑到宫中求见田齐桓公。

田齐桓公面容阴冷地站在对面让扁鹊观看，扁鹊凝重地看了一会儿，好似没看到田齐桓公表情似的说："明公！您的病现在已经渗透到了肠胃里了，如果您再不及时治疗的话那就麻烦了！"

田齐桓公这几天虽然确实肚子有点儿不舒服，但他并没有怀疑自己得病了，而以为是腹泻，所以听了扁鹊的话以后直接怒了，本想教训一下这个"江湖骗子"，但又怕自己好不容易积攒的爱贤名声有损，便没有搭理扁鹊，自顾自地走了。

大概又过了十天，田齐桓公在临淄体察民情，正巧在闹市附近看到了扁鹊，想打招呼，可是扁鹊遥遥地看了一眼田齐桓公转身便跑。

田齐桓公看到扁鹊见他就跑，以为他干了什么亏心事，对左右喊道："左右来人！给我把扁鹊抓过来！"

田齐桓公的下人闻声而动，不一会儿就把扁鹊逮了过来，扁鹊一边挣扎一边说道："明公！你抓我干什么啊！"

田齐桓公命令下人将扁鹊放开，然后笑着道："我抓你干什么？说！你是不是干了什么亏心事儿？要不你跑什么？"

扁鹊看了看田齐桓公欲言又止。

看着扁鹊的样子，田齐桓公更是被吊得胃口大开，他装作生气的样子："你小子到底说不说？你为什么要跑！你要是不说，今日你就别想走了！"

扁鹊一看田齐桓公真的急了，赶紧道："明公啊，你要是一定要问，那我也不是不能说，但你可一定不能对我动粗！"

"哈哈，你说吧，我保证不打你！"

扁鹊苦着脸说："唉，当小病在皮肤纹理之间的时候，用汤熨的方法就能治好；当病在肌肉里面的时候，用针灸也可以治好了；当病渗透进肠胃里的时候，用火剂汤也可以治好；但是现在明公您的病已经渗透骨髓，那可就是司命神仙管辖的事儿了，我是绝对没办法医治的，所以我见到您就跑了。"

田齐桓公听了这话以后还是不信，以为扁鹊这次是变着法儿地骗他，便放开扁鹊，哈哈大笑地离去了。

又过了五天，田齐桓公的身体突然疼痛难忍，田齐桓公也知道事情不妙，赶紧派人前去寻找扁鹊，希望通过他妙手回春的医术将自己给治好了。

可是扁鹊早就溜到秦国去了。

田齐桓公就这样死了。

4.3　内乱

公元前373年，田齐桓公发兵攻打燕国，企图以武力来巩固自己刚刚夺来的政权。

可这次战争，齐国大军竟然在林孤被弱小的燕国军队击溃。

齐国西边的鲁国君主鲁共公抓住时机，亲率大军攻伐多年前被齐国攻占的阳关，并一举拿下，成功夺回了鲁国对齐的门户之地。

而这种好事儿自然也少不了魏武侯，他派遣魏国大军从东北战线发起进攻，并一举拿下齐国在"河东"（黄河东面，非秦、魏之间的河东）最后一个门户博陵。

田齐桓公三线受挫，无力反击，只能在无奈之下派人在齐国边境修建长城，用以抵御魏国和鲁国的连番侵略。

公元前372年，卫国的卫声公薨了，年幼的卫成侯继承了君位。

那卫国君主怎么就一下子从公变成了侯呢？那是因为卫成侯即位的时候国土一下子急速缩水，所以在他死之后才降格为卫成侯。

那卫国的领土是怎么样急速缩水的呢？那自然是被打的，打他的人就是赵成侯。

这一年，即位两年的赵成侯趁着卫国新任国君即位，举国哀痛之时，趁着魏国屯兵于边境和齐国互撕之际，倾全国骑兵突袭卫国。

带领军队进攻卫国的行军主将史书上没有记载，但其战果是空前的，这位谜一般的男人带领着赵国铁骑如同狂风一般横扫卫国七十三座村镇和城邑，大有一举灭卫的架势。

这雷霆般的攻势不仅把刚刚即位的卫成侯打蒙了，甚至把魏武侯都给吓蒙了，他接到卫国的紧急求援报告，立马命令临近卫国的所有士兵前去援救。

可当魏军风风火火赶到卫国的时候，卫国绝大部分领土已经沦陷，赵成侯从赵国源源不断地运兵到新占领的城邑，誓死守住战果。

面对着众志成城，对魏国军队怒目圆瞪的赵国守军，魏武侯害怕了。他思前想后，觉得现在和赵军在卫地决战实在是不值得，哪怕是最后能赢，付出的代价也是他不敢想象的。

要知道，这些年来魏国左攻右打，多线开战，西边秦国、南面楚国、东面齐国，哪一个是好相处的？如果自己贸然和赵国决战，损失不大还好，如果损失巨大，这四面八方的饿狼们瞬间就能将魏国撕成碎片。

所以，魏武侯怂了，并没有帮助卫国收复失地，而是直接撤兵了。而赵国的骑兵团则通过这场战役再次威震天下。

公元前371年，在北方取得巨大成就的赵成侯又对秦国有了想法。

秦国好哇！那关中之地土地肥美，女子热情奔放，这要是能够复制上一年的故事，一举拿下秦国，就能对魏国形成完美的包围圈，还能大大地增加赵国的国力，到最后统一天下都不再是梦想了。

所以，赵成侯在这一年对秦国发动了试探性攻击，如果秦国人的军事力量比较难战胜的话，他赵成侯还会再考虑考虑，可如果秦国人很弱的话，那他赵成侯就不介意出动举国之兵一口将秦国吞掉。

其实也不怪赵成侯小看秦国。第一，赵、秦两国本是同宗，几百年前都是一家人，秦国对于赵国没有太大的抵触情绪。

第二，秦献公自从即位以来就闷在家里埋头发展，多少年下来都没对外用过兵，这让中原诸侯渐渐地忘却了强秦的存在，有很多诸侯甚至都以为秦国现在根本就是不堪一击。

第三，赵国骑兵确实很厉害，这就给了赵成侯一种天下第一的错觉。

基于以上三点，赵成侯发兵南下了。

这次赵国军队被秦献公打败了，战斗过程史书上没有记载，但估计赵国骑兵一定是被秦国人大败，因为打这以后，赵成侯终其一生也没敢再单独对秦国动兵。

公元前370年，赵国骑兵团再一次出击，这次的攻击目标是始终和魏国不和的齐国。

赵成侯心想："我打卫国你魏击来救，那我打齐国你不能救了吧？"

赵成侯想得挺美，可是他完全猜错了，就在赵国铁骑奔向齐国的时候，魏武侯又命魏国的魏武卒前来救援齐国了。

赵国人不敢接魏武卒的招，直接率领军队撤回老巢了。

魏击的策略简单明了，那就是你赵国打谁我就救谁，就是限制你赵国的发展。

此时邯郸繁华的宫殿中，赵成侯噼里啪啦地一顿摔东西，指着南面魏国方向大骂。

结果他那边刚刚骂完，身在安邑的魏武侯就死了（纯属巧合）！

由于魏武侯死得太过突然，大臣们没有任何心理准备，最重要的是魏武侯的身体一直都很好，所以他在生前根本就没立世子。这一下子国君突然死亡，而魏国又没有掌舵人，所以魏国大乱。

现在在魏国最有竞争力的人有两个，一个是魏罃，一个是魏缓，二人都是魏武侯的子嗣，并且都有相当多的支持者，只不过魏罃的支持者更多一些，地盘也相对更大一点儿。

两派之间为了让各自的拥护者登上魏国国君的宝座，终日于朝堂之上争得面红耳赤，最终谁都奈何不了谁。那该怎么办呢？武力是解决问题的唯一途径。

魏国内战从此刻爆发，很多保持中立的大臣因为这两个官二代的争权夺利愤然而去，大夫公孙颀就是其一，他辗转宋、赵，最后在韩国受到了韩懿侯的礼遇，其他的大官也走的走逃的逃，魏国一片狼藉。

在这场内乱中，魏罃因为占据的地盘更多一些，所以战力稍强，逐渐占据了优势，可就在形势一片大好之时，狼来了。

原来魏缓眼看自己渐渐不支，便派遣使者向韩国和赵国求援。

魏国的魏武卒在战场上天下无敌，他们的重甲甚至能够抵御韩国劲弓劲弩的攻击，可以说对韩国军队是天生克制。所以，当韩懿侯接到魏缓的求援以后犹豫了："现在魏罃的形势大好，我到底应不应该干预魏国的内政呢？如果赢了的话好处肯定不少，可如果失败……"

就在韩懿侯犹豫不决的时候，公孙颀为他坚定了信心："主公！魏国虽然强大，魏武卒虽然勇猛，但是魏国正在经历内乱，双方损失都很惨重，正所谓机不可失，时不再来，如果咱们的远程火力配合赵国的铁骑，再加上魏缓手中的一些魏武卒，试问天下还有谁能够抵抗？"

韩懿侯听了公孙颀的分析以后觉得十分在理，当即就拍板决定出击魏国，并亲自带领韩国精锐前去救援魏缓。

而赵成侯一见韩懿侯都动了，他自然也要在魏国的身后狠狠地踹上一脚。就这样，韩国的弓弩兵、赵国的铁骑和魏缓的魏武卒组成了一支令天下人闻风丧胆的部队，缓缓向魏国首都安邑进军。

魏罃听说此事以后大急，他实在没想到魏缓会这么无耻，你请韩国人也就罢了，为什么还要让赵国人也进入魏国呢？难道你不知道赵国和魏国是世仇吗？

可现在联军已成，魏罃就是再骂也没有任何用处，他认为，坚壁清野和联军玩守城战是毫无胜算的，没办法，韩国的劲弩实在是太彪悍了，而外出野战虽然胜算也是微乎其微，但好歹也有那么一点点的希望。所以，魏罃决定主动出击迎战联军。

为了能够有效地遏制赵国铁骑，魏罃将自己的大军全部集中在联军的必经之地——浊泽。这地方四周全都是沼泽，可以有效地遏制赵国骑兵团的突击。

就这样，魏罃军和联军在浊泽展开对峙。由于魏罃是先到达的浊泽，以逸待劳，等看到联军也到达之后，他根本就不敢给联军准备的时间，直接就命令手下士兵对联军展开突击。

砰砰砰！随着韩国如飞蝗一般的箭矢扑向了魏罃军，魏罃军顿时就被射死了一片，但死的都是普通士卒，魏武卒并没有什么太大的损伤。

魏罃站在高台之上亲自擂鼓助战，拼了命地大吼："冲！给我冲！"

好不容易，魏罃军终于突破了韩军的"箭雨"，直奔韩国射手而去。但就在这时，魏缓的魏武卒突然堵在韩国人的身前，直接架起了魏武大阵，和魏罃的武卒火拼起来。

而此时，赵国铁骑也出动了，虽说浊泽有各种沼泽拖延骑兵的步伐，但是赵国骑兵胯下的战马都是清一色的代马，这些战马步伐稳健有力，虽说被沼泽降低了速度，但是依然可以跑得起来。

只见赵国骑兵团迅速绕到战阵后方对魏罃军的后面发动了凶猛的突击。

不错，魏武卒是能够合理地运用阵法战术来克制骑兵，可如果被骑兵绕到背后那就坏了，纵观全世界的冷兵器时代，还没有一支军队能在后背对着骑兵的情况下安然无恙的。

魏罃也很懂得一些兵法，他是一定不允许这种情况发生的，所以亲自率领营内驻守的士兵们急速前进，为的就是救援已经露出后背的魏武卒。

整个战场这时候已经乱成了一锅粥。要说魏武卒真不愧是魏武卒，哪怕是一对三也能暂时挺一会儿而阵形不乱。

可就在这时，战阵西侧近二里地的树林突然轰隆隆的马蹄声震天，不过一会儿，从树林中杀出了上万的赵国骑兵，他们没有冲向战场，而是直奔魏䓕军的后方大营。

因为魏䓕是先行好几日到达浊泽的，所以根本没想到赵国人会提前在此地布置伏兵。而赵成侯早在决定干预魏国内政的时候就已经算到魏䓕一定会在浊泽阻击自己的骑兵团，所以本着万无一失的精神，赵成侯先一步派遣了一万多赵国精锐骑兵埋伏在浊泽周边的丛林中。

看到此情此景，魏䓕没有丝毫犹豫，直接就命令全军往安邑撤退，大营都被端了，这仗根本就没法打。

魏䓕将左右前三军全都集中在一起，且战且退，等冲出浊泽以后命令前军殿后，而自己则率领主力大军疯了似的往安邑跑，虽然知道守城必败，但他死活也要拼一把，就算是死也要带走几个敌军。

就这样，舍弃了整个前军，魏䓕终于率领大部队逃回了安邑。

次日，联军浩浩荡荡地出现在安邑附近，他们没有马上进攻，而是有条不紊地将安邑团团围住，而韩国军队则在射程范围内不停地布置巨型床弩，准备次日集中火力攻安邑。

看着一批一批的巨型床弩布置完毕，魏䓕的心都在滴血，他知道，也许明天就是自己的末日了。

夜已深，可魏䓕未眠，他一边品尝着美酒，一边吃着厨师做的美味佳肴，身边的那些小妾们全都围在魏䓕周围痛哭，因为她们知道，自己见不到明天的阳光了。

清晨，伴随着一缕阳光射进魏䓕的卧室，魏䓕缓缓睁开了的双眼，他不紧不慢地换上衣甲，配上父亲当初赏给他的宝剑，就准备踏门而出，冲向地狱。

就在这时，突然有一名传令兵如同疯了一般闯进卧室，对着魏䓕狂吼道：

"主主主、主公！出大事儿了！"

魏罃黑个脸怒道："出什么大事儿！不就是死吗？看你那个窝囊样！你还是我大魏国的猛士吗？"

那个士兵忙道："哎呀！主公！不是联军打上来了，而是他们全都撤退了！"

魏罃一听这话，砰地一下蹦起老高，怪叫着冲向城墙，"这不可能！怎么可能！眼看就要赢了他们怎么可能撤军？"

魏罃在跑，疯狂地跑，伴随着安邑城墙上魏军的万岁声踏上城墙以后，魏罃直接蒙了，因为安邑城下确实是再也没有一个敌军。

魏罃百思不得其解，但他知道机会不等人。

只见他迅速调动所能调动的所有党羽，倾举国之兵对魏缓发动了疯狂的攻击，魏罃这次的攻击好像狂风一般席卷整个魏国，魏罃的军队一直都在进攻，从来都不敢有半刻休息，因为他知道，现在时间就是生命，虽然不知道韩国和赵国为何要撤退，但他一定要在韩国和赵国再次进攻以前彻底消灭魏缓。

而魏缓这次勾结外国攻打本国的事情也使他丢掉了魏国的民心和军心，没有人愿意再为他效命。

结果，魏罃以秋风扫落叶之势平定了魏国的内乱，并且在俘虏魏缓的第一时间就把他给杀死了，唯有如此他才敢放心地登上君位，而这个魏罃便是魏国的第三代君主，魏惠王。

那问题来了，赵国和韩国为什么要在形势一片大好的时候撤军回国呢？

原来将安邑围住以后，赵成侯和韩懿侯为得胜后如何处理魏国发生了分歧，赵成侯建议直接杀掉魏罃，立魏缓为魏国新的国君，然后使用武力威逼魏缓割地，以答谢两国的救援之情。

可是韩懿侯却有不同的想法。

他认为，赵成侯这样做只能得到一点点的既得利益，根本就不具备长远的战略眼光。

韩懿侯提出，应该将魏国分成东魏和西魏，让魏罃和魏缓各带领一个国家。这样的话，魏国国力必然大跌，到时候不管是韩国还是赵国，随便派出一个军队就可以扫了任何一国。

韩懿侯这招简直太狠毒了，如果用了这个办法，魏国必定会在十年之内被灭国。

可是赵成侯却是死活都不答应，"呵呵，你想得挺美啊，虽然咱们两国全都和魏国相邻，可你韩国却是处在魏国的腹地，想要进攻魏国只要一天就能杀进他们的核心地带，而我赵国呢？只临近魏国西线，想要进攻魏国，哪怕是策马狂奔也要一个多星期才能到达，到最后大头全让你韩懿侯占了，你让我吃什么？"

因此，二人争论不休，谁都不肯听从另外一人的建议。

赵成侯最后也急了，直接对韩懿侯吼道："韩若山！我今日就把话说明白，想要继续打就一定要听从我的安排，不然今日咱们谁都别打了。"

韩懿侯大怒，再也没和赵成侯说一句话，转身就率领自己的军队连夜撤回韩国了。

赵成侯本来就是一句气话，他也没想到韩懿侯气性这么大，再看看安邑城高厚的城墙，他实在是没有信心能在不"大出血"的情况下拿下这个城池，所以也在韩懿侯走了之后连夜撤兵了。

那魏缓本来就是靠着这两个国家才能和魏罃叫嚣起来，如今两个靠山全都赌气而去，他哪里还敢继续打？于是也赶紧撤退回走了。

4.4 攻秦

公元前368年至前367年，赵成侯和韩懿侯这又勾结在一起，可他们这次的进攻目标并不是魏国，而是对准了更加残损的周朝。

周现在的实力就相当于是一个三流小国，让他拿什么来和赵国和韩国作战？

于是刚刚即位还不到一年的周显王便割地求和，两国收了好处，自然就撤兵而去了。

可还没等周显王松一口气，这两人又回来了，这回周显王割地求和都不好用了，在韩懿侯的主导下，韩、赵两国共同拥立公子根为"东周"国主，硬是把原本就羸弱不堪的周朝分成了"东周"和"西周"两个国家。

公元前366年，眼看谁也奈何不了谁，魏罃便和韩懿侯与赵成侯三边会晤，决定暂时放下个人恩怨，着眼于未来，各自攻打其他的国家，以此来扩大自身的版图。

魏罃提议道："秦国和咱们三晋任何一个国家都有接壤，他们土地肥美地广人稀，我看咱不如直接去攻打秦国得了，只要咱们三个国家联起手来，秦国的灭亡指日可待！"

话毕，韩懿侯点头认同，秦献公即位以后，他从来没有和秦国人正面交手，所以对秦国人非常轻视。

只是赵成侯一听要进攻秦国的时候，脑袋摇得和拨浪鼓似的，"要去你们就去，我就不参与了，你们放心，我赵种发誓，你们进攻秦国的时候我一不向外扩张，二不在背后捣乱，绝对会领着咱们赵国人在本国为你们摇旗呐喊，在精神上支持你们。"

结果，在缺少赵国的情况下，魏国和韩国出兵三万攻打秦国，在他们看来，有三万人便够了。

我们再把视线转到秦国，秦献公自打即位以来，极少对外战争，而是闷头发展秦国的军事力量和经济力量，可所有人都不知道的是，秦献公不只做了这两样，他还秘密培养了一大批间谍，将他们散布于各国。

不必说，像楚国、魏国、赵国和韩国这些能够得着他的国家更是被重点关照，所以魏国和韩国那边一出兵秦献公就知道了。

听说联军只派了三万多人就想灭秦国，这让秦献公哭笑不得。他根本就不等联军攻过来，便同样率领三万人直接开到西河旁边的洛阴寻求决战。

联军本就看不上秦国人，一看秦献公如此托大，只率领了三万人就敢来挑战他们，一个个气得不行，直接就上阵和秦国人展开了搏杀。

可他们完全小看了秦国新军的战斗力，也高估了自己军队的战斗力。

没错，韩国劲弩确实依然牛，但是魏武卒早就不是之前吴起训练出来的精兵了，除了一身重甲依然如故以外，其他的根本就和以前没法比。

而秦国新军就不同了，虽然依旧无法和以后的秦国锐士相比，但是经过秦献公多年的训练，其精锐程度也丝毫不逊于现在魏国的魏武卒，外加上秦献公指挥得当，秦军将士一个个悍不畏死，结果硬是把魏韩联军给打了回去。

这场战役没有一点儿阴谋诡计，是纯粹的热血搏杀，名震天下的"魏武卒"和韩国劲弩就在这种拼杀中被秦国人击败，这使得天下人眼前一亮，开始重新审视秦国的战斗力。

见识了秦国人的战斗力以后，魏国和韩国再也不敢轻易攻击这个秦国了，而是放眼于其他比较弱的国家。

公元前365年，魏国和赵国一起向外扩张，魏国先是拿下了宋国的仪台，赵国紧接着就攻取了卫国的甄城。

拿下这两座城池以后，魏罃又不淡定了，他再次勾结了赵成侯和韩懿侯，组织了一次三方会谈，打算再次攻击秦国，这一次他打算和其他两国倾全国之力拿下秦国。

可这一次韩懿侯犹豫了，经过了上一次的战败，他对秦国人也开始重视起来。虽然他没有亲身经历那场战役，但听回来的战士们的描述，韩懿侯便不敢妄动。

韩懿侯都在犹豫，而本来就惧怕秦国的赵成侯就更不可能发兵了。

可是魏罃的一句话却再次让他们热血沸腾起来。

魏罃对赵成侯、韩懿侯说："你们先别忙着拒绝，这次我保证咱们会大获全胜，顺利的话甚至能一举灭掉秦国。"

韩懿侯没有应答，反倒是赵成侯似笑非笑地问道："你有什么计谋？不妨说出来听听。"

魏罃阴狠地道："西河早在吴起为元帅的时候就已经被我魏国全部拿下，现在那个地方全是魏人，没有一个秦人，而西河西南是秦国腹地，西河南岸则是函谷关，以往咱们出兵攻打秦国，要么就是从函谷关突入，要么就是从西河北部往南面绕，直接奔栎阳方向进攻。所以，在函谷关附近和栎阳周围全都是秦国的部队驻防。可是秦国腹地之北却没有半个秦国人驻守，因为那里是石门山，在石门山的北部则是阴山山群，想要从阴山山群走到石门山简直比登天还难，从古至今也没有哪个势力从阴山直插过石门山，所以石门山必定没有防御。我本次的战略就是咱们三国联军悄悄集结，然后再悄悄从西河的最北面潜入阴山，阴山虽然难走，可凭着咱们三晋士卒之精，我相信一定可以成功跨过去，到时候咱们成功到达石门山，对秦国腹地发动突袭，秦国人必定会仓皇引兵来救，可那时我们已经占据了多座城池，再凭借韩国的劲弩固守之，试问秦国人拿什么来攻？"

话毕，韩懿侯和赵成侯都没有作声，他们在犹豫，在思考。

最后，二人都认为魏罃的计谋可行，便将此事定下了。

散会以后，三人直接回国开始秘密集结部队，并在这一年起从西河最北面进入了阴山山群。

其实早在三国秘密调集军队的时候，秦献公就已经知道了，不管他们运作得有多秘密，秦献公的间谍都是无孔不入的。

可就在联军到达西河以北的时候却突然失踪了。

十万人的大部队就这样突然失踪了，这让秦献公百思不得其解，他拿着大地图整日看整日想，可这些地图上标注的地方全都有他的斥候大队侦察，是绝不可能漏掉三晋联军行踪的。

就在秦献公继续看向地图北面的时候，却被两个明晃晃的大字给惊住了："阴山？阴山！难不成这些联军想从阴山向下直插我大秦腹地？可这不可能啊，阴山山脉相当广阔，距离我大秦很远，并且在阴山以东就是东胡的地盘，他们的想法怎么会这样不切实际呢？"

猜中了事实真相的秦献公还是无法相信，可是除了阴山真就没有任何地方是他漏掉的了。于是，抱着以防万一的心态，秦献公派遣了大量斥候秘密驻扎在阴山和石门山中间的洛川平原，让他们时刻注意这条路的情况，一旦发现敌军踪影便要马上向他汇报。

很显然，秦献公的警觉救了他一命，就在联军穿越阴山，进入洛川平原的时候，一群斥候偷偷地潜了出去，并向栎阳疯狂奔去。

当秦献公知道这个消息以后，紧急召开军事会议，动员现在可以动员的一切力量，以最快的速度前往石门山埋伏。

秦献公现在抓的就是时间，石门山周围全都是郁郁葱葱的丛林，极适合埋伏，如果能够先到石门山，那他就能够提前埋伏于此，到时候便可以给联军迎头痛击，可如果联军先到达石门山，他们就会非常主动，哪怕知道秦国大军有所防备也可以从容撤退。

秦献公不敢耽搁，本来想集全国之力全歼联军，可他并没有那么多的时间可以浪费。

秦献公只集结了八万人便火急火燎地前去石门山埋伏，誓要在联军大队到达石门山以前先行到达。

而此时的联军根本就没想到自己的行动早就被秦献公看穿了，还在不紧不慢地往石门山行进。

倒不是联军懒，而是他们刚刚穿越阴山，全军上下都处于一种极为疲惫的状态，所以每个人都是有气无力的，行军速度当然快不到哪里去。

而秦献公则以奔命一般的速度率领队伍先一步到达了石门山，在确定此地没有危险以后，秦献公果断命令所有的士兵在此地埋伏，而联军的命运也在秦献公完成埋伏的一刻就注定了。

几日以后，拖着疲惫的身躯，联军大部队进入了石门山。

在进入石门山腹地以后，联军统帅命令所有的队伍原地休息两日，准备在精气神充足的情况下对秦国发动突袭。

可他们等不到那一天了，就在联军全都坐定以后，伴随着一声炮响，喊杀声震天，秦国士兵从四面八方向联军逼来。

联军做梦也没想到秦军会在此地埋伏，顿时一片大乱。秦军将士趁势冲入联军，如同虎入羊群，将魏、赵、韩三国联军砍得人仰马翻。

三国联军的各自统帅眼看败局已定，直接率领各国残部分成三个方向向西河逃走了。

秦献公也将部队分成三股，疯了一般对联军部队进行追击，这场追击战一直从石门山追到西河魏国据点才算完结。

本次战役，秦军共斩杀三国联军六万余人，秦献公和秦国新军也在这一战后威震天下。

公元前364年，恨死了三晋的周显王派遣使者入秦，赐秦献公"伯"之称号，这实在是耐人寻味。

4.5 魏武扬威

这几年，天下大事基本上都是围绕着三晋进行的，这三个国家在这几年又是相互攻伐，又是结盟，又是联合攻秦，虽然最后的结果是战败了，但是他们经历了共同奋战，关系应该有所改善才是。

可事实并非如此。

公元前362年，翻脸比翻书还快的魏罃突然在卫国国都朝歌集结了十万左右的魏武卒，以公叔痤为统帅，向赵国发动了闪电突袭。

这批魏武卒可和之前的"魏武卒"不一样，之前的魏武卒全都是魏国一些其他的将领训练出来的，不管是训练制度还是选人制度都和吴起时代不一样。

可是这批魏武卒就不同了，他们全都是当初吴起训练出来的第一批魏武卒的后代，这些人在很小的时候就被自己的爹当成魏武卒来进行训练，等他们长大的时候根本就不用筛选，个个全都是以一当十的好汉。

他们不管体力、武力或是传统都和当初的魏武卒一模一样，而这支军队历来都是只有国君才能调动的直属军队，当初的魏武侯和现在的魏罃都对其极为珍惜，所以不是万不得已，他们都不会调动这支军队。

而这次魏罃竟然将这支部队派了出去，由此可见，魏罃对于本次战役的必胜信念到底有多么强烈。

因为赵成侯根本就没想到魏罃会突然翻脸，更没想到魏国有胆量攻击自己，所以在赵、卫交界处根本就没有布置多少兵力。

公叔痤以日行百里的速度对赵国发动了突袭，以秋风扫落叶的气势突入赵国腹地，并直接攻取了肥地和列人。

那肥地和列人在什么地方呢？他们就在赵国首都邯郸的旁边，距离邯郸不到二十公里。

而赵成侯直到此时才知道身边的两座城池被拿下了，他闻讯后大惊失色，一面发信去韩国请求支援，一面调集周边赵军于邯郸城集结，抵御魏军。

几日以后，联军完成集结，赵成侯命乐羊的后代，大将乐祚为联军主帅，带领十五万大军直接向肥地进军。

几日后，双方经过激烈的战争，以魏军胜利告终，赵韩联军损失人马超过八万，伤者更是不计其数，而魏武卒也损失不小，带来十万人，回去的只有七万。

赵成侯听闻联军被魏军打败，大惊，在和众臣商议之下，只能憋屈地割点儿地求和。

魏罃的魏武卒损失三万，也使得他心疼不已，再说本次战役已经达成了战略目的，魏国再次威震天下，没必要继续对已经有所防范的赵国人穷追猛打，省得最后自己被其他诸侯渔利。

所以，魏罃同意了赵成侯的建议，和赵国暂时放下刀兵。可打这以后，赵成侯彻底恨"死"了魏家人。

公叔痤带领着威震天下的魏武卒风风光光地返回了安邑，魏罃则亲自到郊外迎接,魏罃非常高兴,当众就宣布赏公叔痤良田多亩。

可谁承想这非常高的荣誉却让公叔痤给拒绝了,魏罃一愣,心想:"不对啊,我听说公叔痤挺贪财的啊,怎么这会儿这么清高?"

于是便问:"相国为咱们魏国长了天大的脸面,有功必须要赏,可您为什么不接受呢?"

公叔痤先是对魏罃行一个礼,然后道:"回禀主公,这次的胜利和我真的没有什么太大的关系,可却深深地震撼了我。魏武卒,他们团结而不溃散,勇往直前而不避凶险,大敌压境不畏惧退却,就是拥有这样的精神才能够战胜强悍的联军!而他们凭什么呢?凭的就是魏武卒的优良传统,而这些优良传统全都是吴起留下的啊!我相信,这场战役哪怕我被生擒,这些魏武卒也一定会继续战斗,进而赢得胜利!所以,大王一定要赏的话就请赏赐吴起或者这些魏武卒吧!"

这公叔痤不是嫉贤妒能吗?可是如今怎么会说出如此有道义的话呢?

因为公叔痤看出了这支部队的战斗力,他感觉兴许以后还会用到这些人,所以,他要在众目睽睽之下,在魏罃面前收买人心,还能得到好名声,这何乐而不为呢?

4.6　商鞅来了

这一年魏罃刚刚捅了一回赵国,西线那边就出事儿了。

原来是秦献公抓住了三晋矛盾激化的机会,在西线四重镇频繁调集兵力,收复河西的意图非常明显。

秦国国内人潮涌动的消息很快传到安邑,魏罃怕西线有失,便命公孙痤率军驻扎西线重镇少梁,以防秦国人入侵。

秦献公果然派庶长国率领秦军直奔少梁方向，公孙痤也想学一学吴起，来他个名震天下，便率领"魏武卒"主动出击迎战秦军。

可这些魏武卒并不是魏王的直属军队，战斗力完全是两个档次，再加上公孙痤没有经历过什么战争，结果被秦国人打得惨败，公孙痤也被生擒。

庶长国趁势东进，直接包围了少梁。

听闻公孙痤战败的消息，魏国朝野震动，魏罃感受到了来自秦国巨大的军事压力，便派使者请求韩国和赵国支援。

那韩昭侯和赵成侯听了魏国使者的话以后大怒，我不趁你西线告急的时候打你就是给你面子了，还想要救兵，怎么可能。

于是，在没有援军的情况下，魏罃只能选择从少梁周边调集军队驰援少梁。

战场之上，秦军久攻少梁而不下，庶长国是看在眼里急在心中，他实在是没想到少梁城如此的城高墙厚。如果拖的时间长了，大军士气必然受挫，要说彻底包围少梁城，断了他们的粮道倒也不是不可以，可是魏国方面的大军正源源不断地开过来，到时候再被夹击了，那可就得不偿失了。

于是，庶长国直接放弃攻打少梁，转而进攻少梁稍北的繁庞。

因为魏国在西线的军事重心全都集中在少梁，所以繁庞城防一直不被重视，庶长国如果连这个地方都拿不下来的话，那他也不用再带兵打仗了。

可正当庶长国想要再接再厉拿下少梁的时候，噩耗突然传来，使得他没有继续对魏国发动攻势。

原来伟大的秦献公薨了。新即位的是秦献公的儿子嬴渠梁，这便是秦国历史上赫赫有名的秦孝公了。

秦孝公即位以后没干别的，在秦国举行国丧，并且守丧，暂时停止了对东面的侵略，将公孙痤放回了魏国。

魏罃因为和赵、韩均有仇隙，再加上现在的秦国人也比以前猛了不少，便没有报复秦国，而是老实地待着了。

再说秦孝公，他深知人才的重要性，知道秦国想要强大，就不能只用本国人，而要在中原之地选拔人才治理秦国。

所以，秦孝公对天下发布了《招贤令》，大概意思是这样的："想当年我国的国君秦穆公，立足于岐山、雍地，励精图治，向东平定了晋国之乱，以黄河划定国界；向西称霸西戎百族，占地千里；被当时的周王赐方伯委以重任，各诸侯国全都来朝贺我们秦国，那时候的秦国，是多么辉煌，多么强悍！可是后来经过了多代秦君治理，秦国人才凋零，使得国内动乱不息，这才无力继续顾及外事。之后，赵、魏、韩这三个国家夺去了先君开创的河西之地，这是无比的耻辱！等到献公即位的时候，平定安抚边境，把都城迁到栎阳，亲往治理，准备向东收复河西之地，重建秦穆公时候的政策法令，可却大业未成身先死。我一想到先辈未完之业便痛心疾首！现在我对天下宣布，有谁能够出奇计使得秦国强盛，我就封给他最尊贵的官爵！赏给他最肥沃的土地！"

秦孝公的这个《招贤令》为秦国招揽到一个大才！就是这个大才进入秦国以后，使得秦国真正变得强大，可以说，他就是秦国能统一天下的奠基人。那么这个人是谁呢？咱们后面再说。在这之前，还要先看看魏国，因为魏罃又有大动作了。

要说现在的魏国早就不复当年魏文侯之勇了，在魏罃和魏击两代君主的搅和下，魏国北攻赵、韩，西打秦，东拒齐，南削楚，四周的这些个强邻没有一个是他没得罪的，而这次的繁庞之战也是一样，要不是畏惧中原诸侯在背后动作，他也不会不从首都调兵援助。

于是，在公元前361年，魏罃将战略重心从西线转移到了中原，具体的做法便是将首都从安邑迁到了大梁，并且和韩昭侯相会于巫沙结盟，减少一线敌人。

就是因为魏罃的这一次转移，使得秦国后来能够在西方从容发展，一口一口地吞掉其他国家。

就在魏国刚刚从安邑迁都到大梁后，秦孝公刚刚宣布《招贤令》以后，一个年轻人默默地从大梁走向栎阳，投奔了秦孝公，而这个年轻人也将使得秦国真正地走向强大。

这个年轻人的名字叫作公孙鞅，也就是以后大名鼎鼎的商鞅。

商鞅，卫国人，法家的杰出代表人物，他在开始读书的时候便对法家情有独钟，成年以后已经研究了当时几乎所有法家的书籍，李悝的《法经》更是被他研究得通透，并且还能从中演化出属于自己的一套变法思路。

公孙鞅最初的想法是要在自己的母国从政，可卫国的制度已经腐败到骨子里了，内有权臣把持朝政，外有赵国和魏国这样的大国虎视眈眈，在如此内忧外患的情况下，卫国是绝对不可能改革成功的。

所以，商鞅和其他一些有为青年一样，都想去制度更加开明的魏国谋求发展。

可是现在的魏国也不是当初魏文侯时代的魏国了，想见国君一面可是比登天还难的事情。

结果，公孙鞅为了在魏国发展起来，便投奔了独具慧眼的公叔痤，希望公叔痤在了解他的实力以后能够把他推荐给魏䓨，进而完成自己强国的理想。

那公叔痤别的能耐没有，可是看人却是极准，他发现公孙鞅绝对是个治国的大才，可是他嫉贤妒能，连当初的吴起都能赶走，就更别提让一个小辈爬到自己的头上了。如此，便没推荐公孙鞅。

可公叔痤却想留着这个大才在自己身边为自己所用，便让他在府中当一名中庶子，并对其言听计从。

可以说，公叔痤晚年很多好的政策都出自公孙鞅，这也是他相位一直都坐得很稳的原因之一。

魏䓨迁都大梁以后，公叔痤年老病重，他感觉自己时日无多了，便有了退位让贤的想法，正巧这时候魏䓨听说公叔痤病重，便以探望公叔痤病情为由询问他："公叔相国，您若有个三长两短，谁可以接替您的位置呢？"

公叔痤说道："主公！我府中有个叫公孙鞅的小伙子不错，他怀有奇计，能定国安邦，可代替我主持丞相之位！"

魏䓨一听这话非常不屑："一个年纪轻轻的黄毛小儿能有什么能耐？"

魏䓨如是想着，所以和公叔痤客气一会儿就要走。

公叔痤看人多年，一看魏䓨的表情就知道他是不相信自己，可是公孙鞅确实是个旷世奇才，所以他赶紧将魏罃叫了回来，屏退众人和魏罃道："主公，您如果不听我的话，不愿意任用公孙鞅的话也一定要杀了他！这人绝不能留，一旦他投靠了敌国，这个国家便会因他强大，势必成为咱们魏国最强有力的对手！"

魏罃闻言，只是含糊应付着答应了。

等魏罃走后，公叔痤赶紧找来了公孙鞅，并和他说："鞅啊，刚才主公前来问我谁能够接替我的相位，我推荐了你，可看主公的样子怕是不会用你，他是不了解你的才能才会这样轻视于你，可是我了解你有多大的能耐，我是魏臣，理应先国君而后臣子，我怕你投靠别的国家会成为魏国的心腹之患，便建议他杀了你。到这儿，我的臣子之义算是尽了，你跟了我这么多年，功劳甚大，所以我将这事儿告诉了你，也算是尽了咱们主仆之间的情谊。你快逃吧，不然就无路可走了。"

公叔痤本以为公孙鞅听了这话以后会马上仓皇而逃，可是公孙鞅却哈哈大笑。他忙问道："我说鞅啊，你是不是有病？你笑什么啊？"

公孙鞅笑着道："我笑相国您多虑了，那魏君不用我，自然是没把我放在眼中，既然没把我放在眼中，怎能拿我当成威胁？既然没拿我当成威胁又怎会杀我？"

公叔痤一听这话，恍然大悟，也服了公孙鞅的睿智了。

果然，魏罃回宫以后对左右笑着道："这老公叔确实是不行了，竟然让我将相位给一个黄毛小子，简直是荒唐！"

这之后，公叔痤没几天便卒了，公孙鞅从此成了白身，正琢磨着去哪个国家发展，却听说了秦孝公的《招贤令》。他感觉到秦孝公是一个真心想得到人才的人，便只身前往秦国。

可公孙鞅没有直接去栎阳，而是提前在秦国考察了一圈儿，看看秦国有什么地方需要改动的。

可这不看不要紧，一看之下公孙鞅反倒犹豫了，因为经他多天的观察，从某些方面来讲秦国的制度还不如卫国先进呢。

秦国的百姓作战勇猛那是天下皆知的，公孙鞅本以为秦国会在军事上有很先进的赏罚制度，可谁料到秦国竟然有战功而不大赏，秦国战斗力之所以强悍竟然都是因为老秦人憨厚老实！

这还不算，秦国国内的部落和氏族之间也总有争端，青壮年每年都会因为相互械斗伤亡不少，而本土贵族根深蒂固，封地化严重，百姓好似未开化，早已被淘汰的井田制秦国依然在运用等好多问题。

看到这些弊端，公孙鞅眉头紧皱，感觉现在的秦国就好像一个病入膏肓的病人，急需用法家急法来开刀诊治一下。

可想要动这种大刀就必须要有主公的鼎力支持才行，要不然一切都是白费。

"这个秦君是个什么人呢？他能够为了强秦而不顾一切吗？他能看得起法家的东西吗？别到时候是个儒家人，那我可就白忙活了！"

想到这里，公孙鞅决定先考验一下秦孝公是一个什么样的主公。

公孙鞅想到就做，他迅速来到栎阳，没有去秦国新建起来的招贤馆，而是直奔秦孝公宠臣景监的府邸。

现在秦国正在招揽各路人才，中原的一些文人也陆续来到秦国，希望能得到秦孝公的重用。这些文人也没有去什么所谓的招贤馆，而是直接去找当时朝中的一些重臣，向他们说出自己的治国方略以得到推荐，这样对自己会更加有利。

所以在这期间，秦国那些大官的府邸每天都有人去探访。可是唯独秦孝公身边的第一红人景监，没有一个人来找他，那这是为什么呢？

因为景监是秦孝公的宠臣，所谓宠臣，就是仗着主公的喜欢，使自己走近路加官晋爵，这种人一般没什么本事，只懂得阿谀奉承。所以中原的文人不屑于去找景监走后门，而是找官爵更大的秦国人推荐自己。

可这个景监还真就不是他们心中所谓的"宠臣"，景监之所以被秦孝公喜欢，和二人性格相投肯定是少不了关系，但最重要的是，这个景监确实有一般人不具备的本领。

首先，论行军打仗景监就是一把好手；其次，为秦孝公跑腿办事的效率更是极高。试问，这样的人不被宠谁能被宠？而公孙鞅就看到了这些，才第一时间去拜访景监。

景监此时正在家中郁闷，听说有中原文人前来投奔，高兴得直蹦高，直接就将公孙鞅请进了府中。

公孙鞅把自己的治国主张只不过说出了一些皮毛，景监就惊为天人，急不可待地向秦孝公推荐了他。

秦孝公对于景监是非常信任的，一听他这么推荐公孙鞅，也被惊得够呛，赶紧就把公孙鞅请到了栎阳宫中。

可当公孙鞅说出自己的治国主张以后，秦孝公直接就蒙了，因为要给景监留一点儿面子，所以强忍着，不过听着听着就睡着了。等他醒了以后，发现公孙鞅还在那里滔滔不绝地讲，秦孝公怒了，直接把公孙鞅赶了出去。

赶走公孙鞅以后，秦孝公直接叫来了景监，景监以为秦孝公要表扬他，要夸奖他，可他没料到的是，秦孝公见到景监直接就是一顿劈头盖脸的痛骂："你小子到底是给我推荐了一个什么人？就这种狂徒他也会治国？景监！我告诉你，今天我没当面揍他是给你留面子了，以后这种混人你别给我推荐！"

景监被骂蒙了，甚至都不知道自己为什么会被如此对待，憋屈的景监只能转身回家了。

那公孙鞅到底和秦孝公说了什么把人家给气成这样呢？

原来公孙鞅最怕秦国主公是一个迷信之辈，便搬出了五帝时期的一些传说来引导秦孝公治国，什么求天祈福啊，什么占卜算卦的，总归就是大力夸赞迷信那一套，这一顿胡扯，秦孝公当然生气。

公孙鞅试探得倒是挺满意，但是景监郁闷了，自从回府以后就时常在想："不对啊，我感觉这个叫公孙鞅的挺厉害的啊，怎么就被主公认为是个狂人呢？"景监百思不得其解。

五日以后，公孙鞅整理了思路，再次来找景监，希望他能为自己向秦孝公推荐，景监就奇怪地问："上一次我可是被我家主公骂得够呛，你到底和他说什么了？怎么把我家主公气成那副样子呢？"

公孙鞅嘿嘿一笑："景监兄你就别多心了，上一次我只不过是玩儿了个小铺垫，这一次一定能成功。"

景监将信将疑，再次给秦孝公推荐了公孙鞅，并说上次公孙鞅是玩儿了把铺垫，秦孝公不好驳了景监的面子，只能板着脸又见了公孙鞅一回。

这次谈得比之前好了点儿，起码秦孝公没有再睡着了，时间也比上次延长了一些。可等到公孙鞅走了以后，秦孝公又把景监拉来一顿数落，虽然没有上一次那么动怒，但也是训了一顿。

景监这次也是怒了，直接就跑到公孙鞅的驿馆中，指着公孙鞅的鼻子就骂："你到底和我家主公说什么了，怎么我这次又被主公训了？"

面对怒气冲冲的景监，公孙鞅并没有害怕，而是嘿嘿笑着拉景监坐下，和颜悦色地说道："哎，景监兄何必动怒呢，我第一次和秦君讲了五帝的事情，这一次讲了三王的事儿，所以，秦君才会动怒的。"

景监一听这话，都快气疯了，指着公孙鞅继续骂道："你是不是有病？你和我说的法家之事为啥不对主公说？"

公孙鞅赶紧又把景监拉坐下，微笑地道："景监兄弟你别生气，你看你这暴脾气，你听我说完行不行？"

景监闷哼一声，算是要听公孙鞅把话说完。

公孙鞅道："景监兄，你是知道的，所谓的法家治国，就好像一剂猛药，必须要病人心甘情愿地服用才会奏效，如果当朝的国君不是法家的忠实拥护者，那我的治国策略就毫无用武之地。现在治理天下的办法有很多，可迷信治国和儒家治国是最不合时宜的，我第一次和秦君探讨五帝，就是为了看看他是不是迷信的主公，第二次谈了三王治国，就是想看看秦君是不是遵循儒家治国，结果这两样秦君都不支持，这让我信心大增，你放心，只要下一次我再见到秦君，定能让他对你我刮目相看！"

景监听罢默默点头，算是认可了公孙鞅的说法，于是又找到了秦孝公，想让他再次接见公孙鞅。

那下一次的见面又会怎样呢？

　　于是，景监又乐呵呵地去找了秦孝公，秦孝公一听又是景监来见，就没有什么好态度，这景监好像没看到自家主公的脸色，乐呵道："主公，我给您推荐大才来了，那个公孙……"

　　还没等说完，秦孝公一下子就把手中的竹简扔了过去，"景监！你到底收了那个公孙鞅多大的好处！这种废物你竟然一而再，再而三地向我推荐，我看你是不想干了！"

　　景监一听这话也是拼了，他直接跪在地上，眼神坚定地道："主公！你信我！这个公孙鞅绝对是能让咱们秦国崛起的大才！你再见他一次，如果这次还不能让您满意的话，我，我直接自刎。"

　　说罢，直接抽出了宝剑架到自己的脖子上。

　　秦孝公一看景监这个态度，也是无语，他很喜欢这个景监，怎么舍得让他死呢？一开始秦孝公真怀疑景监收了公孙鞅的好处，可看到景监这么坚定，秦孝公只能认为景监没收好处，归罪于他的眼光确实太差。

　　无奈之下，秦孝公只能黑着脸再次见了公孙鞅。公孙鞅看着秦孝公的黑脸并没有在意，而是笑着诉说着春秋那些霸主的治国方针，以及他们为什么能获得成功，秦国应该从这其中吸取什么。

　　秦孝公本来黑着的脸一点一点地变得阳光了，到最后竟然还和公孙鞅讨论起来，双方你来我往，颇有些投缘的意思。

　　这次的谈话足足持续了两个时辰。

　　等公孙鞅走后，秦孝公再次招来了景监。景监本来很紧张，可当他看到秦孝公的表情的时候，就松了一口气，知道公孙鞅这次是过关了。

　　果然，秦孝公夸奖了景监慧眼识人，还笑着说："这个公孙鞅深藏不露，这次说得还算不错，我可以与他沟通了。"

　　景监大悦，辞别了秦孝公以后直接去找公孙鞅，打算问他这次说了什么。

　　岂料一进公孙鞅的驿馆就看到公孙鞅在独自仰天大笑，这可给景监吓得够呛，以为公孙鞅被秦孝公夸奖一番以后高兴得疯了，赶紧走上前去抓着公孙鞅的肩膀来回晃悠着道："鞅兄！鞅兄！你快醒醒！"

公孙鞅一愣，生气地扒开景监的手，"你做什么？"

景监摸摸公孙鞅的头，弱弱地说道："你没疯？"

公孙鞅扒拉开景监的手，笑骂道："你才疯了呢，我这是高兴的，咱们这位主公正是我这一生所要寻求的主公。景监兄，还请您再次替我约主公一次，这次我要将我的全盘计划和主公说明！"

一听这话，景监自然是乐不得地去向秦孝公约见，秦孝公也很愿意和公孙鞅再商讨一次治国之事，便又在次日和公孙鞅相见，而这一次见面，彻底改变了秦国以后的命运。

秦孝公问："先生今番可有新的治国之策教我？"

"明公，恕我直言，现在的秦国就好像一个病人，而我呢，有一剂猛药和一剂缓药给秦国治病，不知道明公您这个秦国的监护人想要秦国先吃哪一剂？"

"何为猛药？何为缓药？"

"不管是猛药还是缓药，都是要秦国变法强大，秦国现在执行的很多制度都已经在中原被淘汰，什么井田制，什么世袭制，这在魏国魏文侯的时候就已经不用了，所以，秦国想变强必先变法。而秦国立国多年，众多贵族势力已经树大根深，其变法要比当初的魏国艰难数倍，我的缓药就是一点点地改，能不触动贵族利益就先不触动，而是用温水煮青蛙的方式来让贵族们慢慢接受变法，也许百年之后秦国就会慢慢强大起来。"

秦孝公听了这话眉头皱得紧紧的："办法不错，可我没有耐心等待，强悍的君主没死前就能使得国家强盛，哪能默默等待几十年、几百年来成就霸业呢？"

公孙鞅笑着说："好志气！主公有如此志气，何愁大业不成？可如果想让秦国迅速崛起就必须要用猛药！可如此的话，您仁德的名声便无法和三皇五帝媲美了。"

秦孝公哈哈地笑骂道："和他们比得着吗？只要能强秦，怎么做都行！"

公孙鞅点了点头，"那就要在政策上走军事路线，所有的犯罪不管是轻罪还是重罪都要重刑！一切法度皆为军法。我这里有几条建议给主公参考一下：

第一，下令百姓五家为伍十家为什，使其变成一个整体，实行连坐，这些人之中有犯罪的全部都要受到牵连；第二，发现罪恶而不告官府的直接腰斩，告发犯罪则给予战场斩敌同样的奖赏，藏匿罪犯奸邪直接判处投敌罪行刑，如此，不出两年，秦国治安必定为全华夏之最；第三，秦国爵位要全面改革，爵位要定二十个，一级公士，二上造，三簪袅，四不更，五大夫，六官大夫，七公大夫，八公乘，九五大夫，十左庶长，十一右庶长，十二左更，十三中更，十四右更，十五少上造，十六大上造（大良造），十七驷车庶长，十八大庶长，十九关内侯，二十彻侯；第四，从此不再只有贵族能封爵，只要有功，平民百姓皆可封，战士斩杀敌人凭人头封爵，只要斩获敌人'甲士'（敌军的军官，或者某个国家的特种兵）一个首级，就可以获得一级爵位'公士'、田一顷、宅一处和仆人一个，如果一个士兵在战场上斩获两个敌人'甲士'首级，他做囚犯的父母就可以立即释放。如果他的妻子是奴隶，也可以转为平民。而身为将领的，打一次胜仗，小官升一级，大官升三级，这便是新军制；第五，要让百姓们都种田，不许从事其他行当，并且烧毁所有的儒家经典，不准他们读书，咱们秦国以后只有打仗和种田才有出路，可如果想让全国百姓都打仗和种田就一定要将农业放在百业之首才可以，尤其是要压制商业，使其成为百业之末！将商人压制，他们永远都不能封爵，并且穿衣、用食和平时佩戴的东西都要有节制，媳妇也只能娶一个。这样的话，咱们国家谁还愿意去做商人呢？至于通货主公不必担心，反正当初秦献公在位的时候已经将咱们秦国的市场对外开放了，秦市即使没有秦国本土的商人依然不会出什么娄子；第六，废除老旧的井田制，重新为百姓分配新田，国家不留田地，只收田税即可，百姓们可以自己开荒，谁先开到算谁的，以后不用为国家种田，每家每户有多少田就交多少税，在田税的基础上能再交一定数额的粮食一样可以封爵；第七，民家有懒惰、游手好闲的，直接抓起来为官奴；第八，废除旧的贵族世袭制度，谁都别想着不干活就能继承先辈的东西；第九，禁止国内一切私斗，只要发现，直接处死；第十，家中有两个成年男子不分立门户的直接加倍收他们的赋税，有三个、四个的以此类推，逼着他们在外面成家立户，增加住户，给秦国创收。这是本人第一阶段为主公制定的变法策略，实施成功以后还会有第二阶段的变法收尾。"

秦孝公听了公孙鞅的长篇大论以后激动得直哆嗦，这也太狠了，这要是成功了，秦国绝对会在第一时间变成一台战争机器。

首先，由于酷法的限制，所有的百姓都不敢对国策有任何不满的情绪。

其次，国家以后再也不会缺粮食。

最后，每个士兵都会为了爵位奋勇杀敌。

秦孝公被公孙鞅这些天马行空的言论惊呆了，马上就要任命公孙鞅为官，在秦国主持变法。

次日，秦孝公召开朝会，宣布任用公孙鞅为左庶长，在秦国实行变法。

一开始还没什么，大家也都没当回事儿，变法就变吧，秦献公那时候也不是没变过，只要不动摇咱大臣贵族们的根本就行。可当秦孝公将变法的内容宣布完毕以后，这些大臣们的神情渐渐由淡定变成震惊，从震惊变成疯狂，又从疯狂变成了扭曲。

他们都疯了，这要是让公孙鞅变下去，他们还能活？就算是他们能活，自己的子孙后代怎么办？想当初变法最狠的就是魏国和楚国了，可就是那样也得三代以后才会收回贵族们的爵位。

这可倒好，这个公孙鞅一上来就要把他们的下一代全都赶到田地里去干活，这还得了？

于是朝堂上群情激愤，对秦孝公说这是酷法，以后秦孝公会被后人称作昏君的！

看到下面这些大臣们龇牙咧嘴的样子，秦孝公有些犹豫了，倒不是害怕自己以后的名声会怎么样，而是他实在是没想到这些大臣们会反对到如此的程度。

公孙鞅就怕这事儿，所以他一直紧紧地盯着秦孝公，一看他露出犹豫的表情，直接站出来对其说道："主公！行动迟疑永远都不会成名，做事犹豫一定不会成功，那些有过人之才的人，他们的办法从来都是石破天惊的，一开始都不被世人所认同，都会遭受非议，可他们最后都会名震天下。有独到见识的主公在一开始一定会被臣民讥讽，可是变法成功以后臣民都会感恩戴德。愚蠢的人对已经完成的事情也会困扰，而智慧的人对没有发生的事情都会有所预见。主公，想一想以后强大的秦国吧！作为一国之主是不可以同迂腐之人共同谋划的，他们永远只会共享成果，而不会为了君主去考虑。主公！拥有最高道德的人不附和世俗，成就伟大功业的人你看谁在行动之初受臣民和名声的制衡了？主公！下定决心吧！"

秦献公被公孙鞅这如同连珠炮一般的说辞给说服了，直接一拍桌子，大吼一声："好！"

一看主公要拍板了，秦国贵族中的佼佼者——老甘龙再也坐不住了，他直接站出来指着公孙鞅吼道："一派胡言！圣人不改变民俗而施教，智者不变法而治国，依照民俗而施教不费半点儿力气就可以成功，根据旧的法律治国，官吏习惯且百姓平安，可依照你的办法，秦国就乱了套了！"

而后又转向秦孝公深深一躬，"主公，变法切不可行啊！"

公孙鞅听了甘龙的话哈哈大笑，"甘龙这话说得简直就是凡夫俗子之谈，常人苟安于旧的习俗，学者局限于旧的见闻，用这种人当官守守旧制是可以的，可是不能和他们探讨进步的事情，他们只会墨守成规而耽误进步强国！不要和我说什么圣人不圣人的！那都没有用，夏禹、商汤、姬昌，这三代人通过不同的礼教风俗来成就大业！齐桓公、晋文公、楚庄王和秦穆公都成就过霸业，可你看他们谁的法度一样了？不是照样称霸天下吗？智慧的人制定法律使得国家更完善，更进步！而愚蠢的人则受制于旧法，使得国家止步不前，这难道不是现在秦国存在的问题吗！"

"你……你……"

眼看甘龙被说得哑口无言，年轻的贵族杜挚站出来指着公孙鞅说道："一派胡言，你所谓的变法都不知道结果如何就在这瞎说，你知不知道，没有百倍的利益就不能改变法度，没有十倍的功效就不能改变器具，而效仿古时候的法律则不会有过失，用古时候的礼仪就不会有奸邪！公孙鞅，你敢保证你的变法会给秦国带来百倍的利益吗？"

公孙鞅哈哈大笑，看着杜挚说："我问你，当初那些圣贤们变法以后国家的实力就能比以前强百倍？你是在做梦？我告诉你！治理国家不止一条道路，只要有利国家就不用效法古代！三王不遵照古代而建立大的功业，而夏桀等辈不改礼制而亡国，这都是血淋淋的事实！所以，违反古道不应该被否定，而遵循旧礼也不值得赞美！"

"你……你……"

公孙鞅凭着无与伦比的口才，将这些大臣一个一个地全都击退了，最后谁都不敢再上来和公孙鞅舌战了。

秦孝公一看时机已到，赶紧拍板定案，决定任用公孙鞅为左庶长主持变法。

得到权力以后的公孙鞅没有在第一时间发布法令，因为他怕将这些法令宣布以后没有人会相信，毕竟开天辟地以来，他变法是最彻底的。

所以，公孙鞅首先要让百姓知道他是一个什么样的人，而他领导的变法是一定会言出必行的。

公孙鞅成为左庶长之后的第二天中午，烈日当空，整个国都都被热得有些扭曲，蟋蟀也被热得不愿意再叫。

可此时的栎阳市却是最热闹的时候，因为今日官府在栎阳提前开市，允许百姓们在市场购买个人所需。

就在大家都忙着购买生活用品的时候，栎阳南门突然传来了一阵叮叮当当的锣声。

百姓们寻声而去，看到一名身穿官服的人站立在南门正中间，身边还竖放着一根三丈长的木头。

这个人自然是公孙鞅了，他看到百姓已经渐渐地聚拢到了一起，就对着百姓们高声说道："父老乡亲们！我是秦国新任左庶长公孙鞅，今日没什么别的事儿，就是这有一根木头，只要谁能将这根木头从这里扛到北门，我就赏他十镒黄金。"（注：一镒等于二十两）

百姓们一听这话，一个个全都哈哈大笑。

公孙鞅微笑着道："大家笑什么啊？难道你们不信？"

老秦人都是很实在的憨厚人，外加上政府平时也不怎么欺负人，所以他们对官员也没有什么放不开的，其中一名老汉就哈哈地笑着说："这位官人，恕老汉我不敬了，您这种搞法，实在是太拿我们老秦人不当回事儿了。开玩笑，这要是扛一根这个木头就能得到半辈子才能赚到的钱，那我们还种什么地？还经什么商啊？您这明显就是骗人的嘛！"

"是呀是呀，可不是嘛，这个外国来的新大人肯定是拿我们寻开心的。"

总之，下面一个个说三道四说什么的都有，公孙鞅也不和他们争辩，只是微微一笑地道："不信？好的，我再次宣布，有能搬动这根木头的，赏五十镒黄金！"

这话一说，下面讨论的老秦人全都蒙了，场面一时寂静。终于，一名小伙子心里一下狠，大吼一声："去他的，五十镒黄金啊！实在太吓人了，就算被耍我也认了。"说罢就往木头那边走。

这小伙子直接走到了大木头桩子前面，看了一眼公孙鞅，直接就将这个木头桩子抬了起来，一步一步地向北门走去。

这倒好，整个栎阳的人全都不买东西了，都跟着这个年轻人，想看看他能不能将这根木头抬到北门，更要看看这个叫公孙鞅的究竟会不会实现自己的诺言。

就连其他六国的商人们也把摊位交给了下人，跑去跟着看热闹。

大概过了将近一个时辰，这个小伙子终于将木头扛到了北门，他将木头放到了北门以后断定是被官府忽悠了，他害怕被乡亲父老嘲笑，也不看公孙鞅，拉着媳妇就走。

公孙鞅赶紧将他拉了回来，呵呵笑道："哎，兄弟，黄金不要了？"

那个小伙子明显一愣，挠了挠脑袋好奇道："您还真给啊？"

公孙鞅哈哈大笑，故意放高了声音和他道："给！必须要给，我公孙鞅说话算话！同样地，我秦国的政令一旦颁布，也一定会执行到底！"

话毕，场下一片掌声雷动，大家都对这个叫公孙鞅的新官员竖起了大拇指，只有那个得了五十镒黄金的年轻人，拎着一筐重重的黄金怔怔地看着公孙鞅远去的背景久久不能言语。

次日，公孙鞅在栎阳各处张贴秦国新法，历史上著名的"商鞅变法"正式开始实行。

在最开始的时候，秦国老百姓确实是不怎么习惯新法，但是也能忍受着适应，毕竟这个新法也有好处，便是以后可以自己开荒种田了，谁开的荒地就是谁的，而那些有着懒惰儿女的老人也很是开心。

无他，这些懒东西终于不敢再继续啃老了。

可那些贵族们却是什么好处都没得着，并且他们的利益还大大受损。

所以，这些贵族为了给公孙鞅施加压力，雇了好多秦国村中长老前来栎阳官殿前游行示威，给秦孝公施压，说新法怎么怎么不好，怎么怎么不适合秦国，秦国老百姓怨声载道……

"正巧"在这个时候，太子嬴驷故意犯法，给公孙鞅上使坏，因为公孙鞅制定的法律就是为强秦和巩固君主权威的，所以法律对国君和世子是不能实行的。

可在这个敏感的时候公孙鞅如果不做什么，新建立的法律很有可能就会受到质疑甚至彻底被推翻，所以，公孙鞅没有惩罚别人，而是狠狠地惩罚了公子虔和公孙贾。

那么这两个人是什么人呢？公孙鞅为什么要惩罚他们两个呢？

因为这两人有一个共同的身份，那便是太傅！

这二人在秦国势力十分庞大，公孙鞅断定这次百姓集体游行示威和嬴驷故意犯法与这二人脱不了干系。

公孙鞅于是在众目睽睽之下对公子虔和公孙贾处以黥刑（先以刀划破面部，然后在伤口处涂上墨炭，使受刑者脸上留下永恒的犯人印记），并对嬴驷进行了严厉的批评教育。

这一下子可把那些闹事的人都吓傻了，他们一看带头人都被这么惩罚，自己要是再闹下去还能有好果子吃吗？于是一个个再也不敢挑事儿，直接回自己的村子去了。

通过这一系列的事件，公孙鞅的变法终于能在秦国有条不紊地进行下去了，秦国也即将崛起！

第五章

东方巨龙

5.1 一鸣惊人

公元前357年，齐桓公薨，他的儿子田因齐继承了君位，这便是以后赫赫有名的齐威王了，他也是春秋战国中的第二只"大鸟"（第一只"大鸟"是楚庄王）。

那这只大鸟是怎么回事儿呢？原来田因齐刚刚即位的时候和当初春秋时期的楚庄王一个状态，他不理朝政，每日饮酒作乐左拥右抱，大臣们趁着这个机会中饱私囊，大搞贪污腐败，齐国国内一片动荡。

面对这一情景，稷下学官的元老级人物淳于髡实在是看不下去了，可也知道贸然地去训斥国君那就是找死，所以淳于髡打算用隐语的方式来提醒田因齐，看看他到底是咋想的。

这一日，淳于髡前来见齐威王，齐威王接见淳于髡的时候正左拥右抱，笑呵呵地道："哎哟，这不是淳于大人吗？今日怎么有空上我这来了？"

淳于髡笑道："哈哈，主公误会了，我不是为了这些而来。"

田因齐疑惑地问道："那你来干什么？"

"主公，我刚才在外面溜达，碰到了一个奇人，这奇人和我说了一段隐语，我实在是参悟不透，我想主公才智过人，也许会为我解惑，便来询问。"

齐威王一听稷下学官之首的淳于髡都来请教他，立马眉飞色舞地说道："哈哈，爱卿过奖了，我哪有那么聪明，说吧，是什么隐语，我来为你解惑。"

淳于髡说道："这人说在齐国有一只大鸟，这鸟是鸟中之王，身有五色，极为雄壮，它在最高的地方已经待了好久好久，可是不见其飞也不见其叫，不知道这是为了什么，还请大王为臣下解惑。"

齐威王是多聪明的人哪，他一下子就听出了淳于髡的讥讽之意，心想："哼！拿当初申无畏那套来糊弄我。"可是嘴上却笑着道："呵呵，我告诉你，这鸟不是普通的鸟，他久久不飞是在养精蓄锐，一旦飞起必定冲天，一旦鸣叫必定惊人，你就安心地回去吧。"

淳于髡一听田因齐这么回答自己，那是相当满意地回去了。

淳于髡大鸟的故事其实是想说："主公啊，你到底是怎么想的？你是想做当初的楚庄王呢？还是就是一个昏君呢？"

田因齐："哈哈，你放心吧，我就是想做那一鸣惊人的主公。"

所以，当淳于髡听了跟当初楚庄王一样的回答以后才开开心心地走了。

可田因齐很明显没有楚庄王那么好的耐性，当初楚庄王等了三年才一鸣惊人，如今的田因齐可等不了那么多年。

这不，淳于髡走的第二日，田因齐便突然宣布要召开朝会，并邀请了临淄所有的官员齐聚临淄官正殿，观看他杀一人，赏一人。

那田因齐杀了谁赏了谁呢？为何还要所有的人都看呢？

话说春秋战国时期，各个国家君主考察下面官员治理地方的功绩都是通过层层上报得来的，可田因齐并没有相信手下那些官员上报的数据。他和楚庄王一样，有自己的间谍班底。

田因齐为了得到真实的汇报，特意派出了众多间谍巡访齐国全境，想要看看他手下的官员们有没有说谎，抑或隐瞒上报，而他之所以上任以后不作为就是为了等着这一天呢。

结果还真就发现有欺上瞒下的。

即墨大夫（历史上没有记载此人姓名）为人刚正不阿，他不对上面行贿，也不溜须拍马，见了老百姓眉开眼笑，见了上司就黑着一张老脸，好像谁欠了他钱一样，所以齐国那些考察的官员都十分讨厌他，上报功绩的时候便不说他的好话，基本上全都说他不称职，趁早免了得了。

可田因齐自己的间谍报回来的信息却又完全不同了，他们说即墨被治理得井井有条，百姓丰衣足食，根本就没有荒废的土地，官府之中也没有积压的公事，因为即墨大夫从来都是一直忙到公务结束才会下班，有的时候一天的公务多了，他就会连夜干，公事从来都不会拖到第二天。

还有个地方叫阿地，这个地方的大夫和即墨大夫完全就是两个极端，他溜须拍马、贿赂上司那是样样精通，中央的大臣们全都被他哄得眉开眼笑，一个个上报信息的时候全都说这个阿地大夫将阿地治理得井井有条，全都夸他好，他在大臣们嘴里简直就成了齐国栋梁。

可实际上间谍上报的又是另一回事儿，阿地被这个大夫治理得残次不堪，田地荒芜，社会秩序混乱，治安极差，当地黑社会和官府串通一气欺压百姓，搜刮民脂民膏，百姓对这个阿地大夫那是怨声载道。

鉴于此，田因齐早早就把这两个大夫和他们本地的一些下属官员都叫到了临淄，准备让齐国的官员看看欺骗他的下场，正巧前一天淳于髡来找田因齐说大鸟的事情，田因齐就顺势整了个一鸣惊人出来。

次日，临淄有头有脸的人物全都齐聚临淄官殿，当然了，早就被召到临淄的即墨大夫和阿地大夫也在场中。

两地官员阵营形成了鲜明的对比，即墨大夫那一处冷冷清清，只有他和几个手下官员在那里站着，显得很是突兀。

即墨大夫的表情倒是很淡然，可他手下的官员们却是噤若寒蝉，十分害怕，因为大殿正中央摆着一口大锅，下面都是柴火，里面热气腾腾，看着就瘆人。

"我们平时的风评可不好，这不是要烹了我们吧？"即墨的官员们如是想。

而阿地大夫那边人很多，陪同的还都是些朝中权贵。

不一会儿，田因齐慢慢从幕后走了出来，端坐于"龙椅"之上。

大家一看主公来了，便全都分左右站好，对田因齐施礼。

礼毕，田因齐对身边的下人摆了一个手势，下人扯着脖子吼："宣即墨大夫、阿地大夫觐见。"

话毕，两人都领着所辖官员走到大殿正中礼拜。

田因齐眯着眼睛问："谁是阿地的大夫？"

那个阿地大夫赶紧道："回主公，在下就是阿地的大夫。"

田因齐故作惊叹地道："哦？你就是那个阿地大夫？你的名声不错啊，我手下的监察都说阿地让你治理得井井有条，一个个都把你夸上了天呢。"

那个阿地大夫嘿嘿笑道："承蒙夸奖，最主要的是主公用人得当。"

田因齐点了点头算作认可，然后看着另外一边跪着的一群人，故作冷声地道："即墨大夫在哪里？"

其中为首一人将头抬起，不卑不亢地道："在下便是！"

田因齐一看这个即墨大夫心里暗自点头，可是外表却冷漠地道："我手下的这些个监察全都说你是个没有能力的官，即墨让你治理得烂透了，对于这事儿你怎么看？"

即墨大夫依然不卑不亢："没有调查就没有发言权，我清者自清！"

这话一说完，他后面跪着的那些手下全都一惊，心想："完了！全完了！我们可被你害死了！早就听说这个田因齐是个昏君，你说点儿软话没准儿还能留一条活命，可你这么一说，唉……死定了！"

岂料前一刻还满面阴云的田因齐突然哈哈大笑地道："好，好一个清者自清，你说得没错，你确实是清白的，我已经派人去即墨查看了，你做得相当不错，即墨让你治理得井井有条，我还要给你和你的手下黄金千镒！"

说罢，直接命几个下人抬出了一车的黄金，那黄金的光芒将整个大殿染成了黄色。

即墨大夫和手下官员全都蒙了，他们实在适应不了如此大的落差，前一秒还以为必死，也不想再解释什么了，可后一秒突然就得到如此大的赏赐，这怎能不让这些官员们感慨呢？

他们一个个都流下了眼泪，对田因齐狂吼着万岁。

看着身边的即墨大夫被赏，阿地大夫有些忐忑不安了，心想："即墨大夫被检查了？那我是不是也被检查了？"

等即墨大夫一众人下去以后，田因齐看着跪在地上的阿地大夫笑着说："阿地大夫，我是不是也要赏赏你啊？"

看着田因齐阴冷的双眼，阿地大夫浑身汗毛倒立，哪敢请赏，哆嗦地道："为齐国尽力是应该的，为主公效劳是我分内的事情，我怎么……"

没等这个阿地大夫说完，田因齐大吼道："胡扯！什么应该？你祸害我齐国的阿地应该？你勾结我齐国上下官员为你报假消息，阿地让你治理得民不聊生，是应该的吗？"

这话说得声色俱厉，阿地大夫心知要完，赶紧和手下官员磕头如捣蒜地说自己错了，请求宽恕。

田因齐指着冒着热气的大铁锅说道："知道这是给谁准备的？"

阿地大夫和他手下的官员们就是再笨也知道怎么回事儿了，吓得对田因齐大喊饶命，知错了，主公饶命……

可田因齐哪管你那许多，他今天就是来立威的。只见田因齐对着周围的士兵说道："都给我扔下去！"

就这样，在一片求饶声中，阿地大夫和他手下的官员被扔下了热锅。

都说烹杀是古代最残忍的刑罚，这一点儿不假，众人看着那些阿地官员们进锅以后扭曲的表情和惨绝人寰的叫声，一个个都吓蒙了。

等锅里彻底没了声音以后，便看到一大片血水和锅面上漂浮的骨头。

大殿此时一片寂静，只能听见啪嗒啪嗒的冷汗一滴一滴落地的声音，曾经收受过阿地大夫好处的官员全都吓傻了，大脑里面一片空白，他们都害怕自己也被烹杀。

田因齐用冷如寒冰的眼神扫视堂下，被扫视者无不心惊胆战。可就在此时，田因齐又将表情放缓，冷冷地道："今天这事到这儿就算完了，我知道你们也是被蒙蔽了，可如果下一次再出现这种状况……"

话毕，田因齐指着那满是血水的锅："这些人就是你们的下场！"

堂下的官员们听到这话，一时之间如闻天籁，赶紧下跪高呼万岁，齐国从此以后政治清明。

而田因齐呢？自然是打这以后再不寻欢作乐，转而专心治国理政。

可要说田因齐就不得不说另外一人，这人便是齐国丞相，田因齐身边的第一红人，也是稷下学宫出身的邹忌。

5.2 田因齐和邹忌

邹忌，此人在稷下学官混得也不错，但是学问不比淳于髡，身份也不可同日而语。可是这人有才，他善于辩才并精通音律。最重要的是长得也非常帅气。史书记载他一米八五的个子，身条也是颇好，有美丽的胡子，皮肤更好像天上的仙女一般吹弹可破。

他知道田因齐对于音乐很感兴趣，便想借此使自己得到田因齐的赏识。

一日，邹忌抱着琴拜访田因齐，田因齐热情接待。

邹忌弹了一首曲子，田因齐大赞，可邹忌却回答说："主公，我不但会弹琴，而且还知道弹琴的道理，你想听一听吗？"

田因齐一愣，疑惑地问道："弹琴还有什么道理吗？不就是一些技术问题吗？"

邹忌微微一笑，回答说："当然有了，弹琴的节奏和治国安民的道理是一样的，国王好比是琴上的大弦，要像春天一样温暖；宰相好比琴上的小弦，要像潭水一样清廉。弹琴时大弦和小弦要互相协调，和而不乱。这样，曲子才好听。"

田因齐天资很高，听了这话，猛然醒悟，便留下邹忌，和他谈论国家大事。

在交谈的过程中，邹忌很多理论都令田因齐耳目一新。所以，田因齐任命他为丞相，让他整顿朝政，改革政治。

可邹忌当上了丞相，齐国有人不服了，那便是稷下学官的元老级人物淳于髡："我在齐国待了这么多年都没能当上丞相，你弹一首曲子就当上丞相了？这算个什么事儿啊！不行！我要给他一点教训！"

就这样，淳于髡领着一帮稷下学官的老学霸找到邹忌。

邹忌一看这架势就知道来者不善，但还是恭敬地将人请进了屋中。

淳于髡对邹忌轻轻一拱手："呵呵，早就听说先生是个善于玩弄口舌的人，我淳于髡虽然没有先生的那点儿本事，但也愿意在先生面前陈述，还望先生不吝赐教。"

邹忌没有生气，依然谦卑地说："请赐教。"

淳于髡呵呵冷笑，继续说："侍奉国君，礼仪周全，则会全身而退；失去礼节，则会随时败亡。"

邹忌说："谨领教诲，我会记在心里。"

淳于髡又说："猪油抹在棘木车轴上，是为了润滑，但是在方孔中就不能起到作用。"（言下之意是你别以为相国那么好当，相国说白了就是调和阴阳，使齐国官员能够相互帮助，齐国能够正常运转，你要是以为当上相国就是一人之下，万人之上那就大错特错了）

邹忌说："谨领教诲，我会小心谨慎地侍奉国君左右的人。"

淳于髡又说："用弓胶黏合旧的弓身，是为了黏合牢固，但是不能用来堵塞缝隙。"（知道吗？身为相国必须要将人民群众拴在一起，让他们更加有凝聚力，但是不可过分管制，这样容易引发民变）

邹忌说："谨领教诲，我会小心谨慎地联系民众。"

淳于髡又说："狐皮袍子虽然旧了，但是不能用黄狗皮子来缝补。"（用人也是身为相国最重要的一项任务之一，选人必须要慎重，不能看谁顺眼就让谁任高职）

邹忌说："谨领教诲，我会小心谨慎地选择君子辅佐，不会让小人混杂在其间。"

淳于髡又说："大车不矫正，不能负载重物；琴瑟不调音，不能演奏五音。"（一个国家想要正常运行，就必须要有一套先进合理的律法管制，就不能有贪官污吏来祸害国家）

邹忌说："谨领教诲，我会整修法律，督查奸吏。"

良久，淳于髡长叹一声，对邹忌一拱手，起身离去。

等走出去以后，周围的人问："这就走了？还没教训他呢。"

淳于髡很是无奈地道："还教训什么？这邹忌确实不是凡人，我刚才用隐语谈了五件需要注意的问题，他的回答滴水不漏，没有一点破绽，再继续问下去，吃亏的就是我了。此人一定会在不久后受封。"

果然，一年后，齐王将邹忌封在了下邳，人们称邹忌为成侯。

话说自从田因齐上位以后，齐国的国力慢慢提升，这也引起了其他各国的强烈关注。

公元前355年，为了搞清楚这个田因齐到底是个什么样的人，魏罃亲自访问齐国，和田因齐面对面会谈。

对于魏国国君这个中原大鳄的亲自到访，田因齐还是很慎重的，宴请等级也自然是国宴，然后还要领出去打猎。

打猎的过程中魏罃开始发难了，他问田因齐齐国有什么宝贝，田因齐很谦逊地说："没有。"

魏罃哈哈大笑，"不能吧？这么大的齐国连个像样的宝贝都没有？我魏国虽小，有一寸以上的宝珠十枚，光芒可照亮十二三辆马车，齐国这么大难道啥也没有？"

田因齐笑着道："硬要说宝贝也有，可是和你的不太一样。"

魏罃呵呵一笑，"哦？还真有？是什么？说出来听听。"

田因齐乐呵呵地道："我手下有一大臣名叫檀子，由于他镇守南部边关，使得楚人不敢犯界，他的强势使得泗水流域一带的十二个小国全都来齐国朝拜；还有一大臣，名叫盼子，他镇守西部高唐城，使得赵国人不敢到附近打鱼；还有一个大臣名叫黔夫，镇守徐州，燕、赵七千多户都因为他而改变户口前来投奔，使得徐州的劳动力大增；还有一大臣叫种首，负责缉拿盗贼和维持治安，他治下民众安居乐业，路不拾遗。这四位大臣光照千里，岂止十二辆马车所能比较？"

魏罃被田因齐驳得面红耳赤，恨得牙痒痒可又不能作声，魏国现在是真的没有什么人才，除了前两年投奔自己的一个庞涓还算凑合以外，其他的根本就拿不出手。

5.3 厚黑组合

同年（前355年），韩昭侯感受到了西边越来越强的秦国的压力，修建长城抵御秦国，并且任用申不害为相，在韩国变法。

那么这个申不害是谁呢？他和韩昭侯又是什么关系呢？

韩昭侯，姬姓、韩氏，单名一个武字，他父亲是韩懿侯。

他继承了韩国先辈们的光荣传统，一身厚黑，臭不可闻。

话说有一次，韩昭侯因饮酒过量，躺在床上呼呼大睡，睡觉之前什么也没盖就那么睡着了，夜深的时候天冷，他手下给他管帽子的官员害怕他着凉，便从管衣服的官员那里要来一套衣服给韩昭侯盖上了。

几个时辰以后，韩昭侯醒了，看到自己身上披着一套衣服，还挺暖和，便想表扬一下这个人，于是就问身边的侍从："这衣服谁给我盖的？"

侍从回答说："您的被是典冠给您盖的。"

韩昭侯本来还挺高兴的，可是他一听这话，脸立即沉了下来。

韩昭侯将典冠找了过来，黑着脸问道："是你给我盖的衣服？"

典冠说："是的。"

"衣服是从哪儿拿来的？"

"从典衣那里取来的。"

韩昭侯又派人把典衣找来，问道："衣服是你给他的吗？"

"是的。"

这一下子韩昭侯可是怒了，"两个混蛋，你们犯了天大的错误知不知道？"

典冠和典衣本来还以为韩昭侯把他们叫过来是想要表扬一番，可没想到直接就给他俩劈头盖脸地一顿骂，所以面面相觑。

韩昭侯指着他们说："不明白？那好，典冠我问你，你不是寡人身边的侍从，你为何擅自离开岗位来干自己职权范围以外的事呢？而典衣你作为掌管衣物的官员，怎么能随便利用职权将衣服给别人呢？你这种行为是明显的失职。你们一个越权，一个失职，如果大家都像你们这样随心所欲，各行其是，整个韩国不是乱了套吗？因此，必须重罚你们，让你们接受教训，也好让大家都引以为戒。"

至此，韩昭侯把典冠典衣二人一起降了职。

韩昭侯这样做的目的那是非常明确了，这就是一个杀鸡吓猴的表演。

第一，如果谁都能像典冠这样随意接近韩昭侯，那对于韩昭侯的个人安全绝对是个隐患。

第二，借机告诉整个韩国的官场，让他们都要各司其职，谁也别掺和别人的事儿，这样政府才能够正常运转。

申不害，原来是郑国人，也是法家的坚定拥护者，法家分为势、术、法三大分支，正像公孙鞅是法的代表人物一样，申不害则是术的代表人物。

郑国被灭之后，申不害找到了韩昭侯，和他探讨治国理论，他主张用权术的方式来驾驭群臣，使得臣子们看不出主公的喜好。

两个人都专攻厚黑之术，可以说是一拍即合。

申不害为相以后，采取了诸多改革措施。

第一，整顿贵族，加强君主集权统治。在韩昭侯的支持下，首先向挟封地自重的侠氏、公厘和段氏三大强族开刀，这三个氏族在韩国国内可谓位高权重，他们的封地是所有官员之中最多的，他们的私兵多得也快赶上韩国国君了，不过还好，韩国建国时间并没有那些传统强国时间长（楚、齐、秦、燕），权臣在国内的势力还没到难以撼动的程度。

所以申不害上位以后果断收回其特权，摧毁其军事堡垒，清理其府库财富充盈国库，这不但稳固了韩国的政治局面，而且使韩国实力大增，其他的韩国权贵一看最强悍的三大氏族都被教训了，自己也不敢再嘚瑟，全都对韩昭侯唯命是从。

第二，大行"术"治，整顿官吏队伍，对官吏加强考核和监督，"见功而与赏，因能而授官"，有效提高了国家的行政效率，使韩国显现出一派生机勃勃的局面。

第三，向韩昭侯建议整顿军兵，并主动请命，自任韩国上将军，将贵族私家亲兵收编为国家军队，与原有国兵混编，进行严酷的军事训练，使韩国的战斗力大为提高。

第四，他还重视和鼓励发展手工业，特别是兵器制造。使得韩国本来就很优秀的冶铸业更上一层楼，不但"天下强弓劲弩，皆自韩出"，竟然连"天下之利器也出于韩"了。

史书上说申不害在韩国改革以后韩国变得强大，终申不害一生都没有国家敢侵略韩国。这个评价可能有点儿言过其实了。

5.4　所谓同学

介绍完齐国和韩国的君、相之后，也该说说正事儿了。

公元前353年，中原发生了一场震惊天下的大战，这一战，魏国很受伤。因为这一战，魏国从此和中原霸主说再见了。

这就是闻名天下的桂陵之战。

公元前354年，赵成侯为了扩大地盘，再次对卫国进行军事打击，誓要将卫国所有的土地全都纳入赵国的疆土。

卫国承受不住赵国巨大的军事压力，赶紧向魏国求援。

而魏罃从他父亲那辈就制衡赵国，总结起来就是一句话，"赵国打谁魏国救谁"。

所以，以此为国策的魏国当然不会弃卫国于不顾。

魏罃委派前些年刚刚投奔自己的庞涓为魏国大军主帅，率领自己的十万王牌精锐魏武卒前去救援卫国。

赵军一听说魏武卒大军来了，全都溜了。

按照惯例，赵国军队都已经跑了，你魏军撤退也就完事儿了。可魏罃仗着自己魏武卒之勇猛，韩国正在举国变法，没有时间救援赵国之际，命令庞涓继续向赵国挺进，目标直指邯郸，最好一股脑儿灭了赵国。如此，他魏国好重新整合三晋。

那庞涓是个将才，自打投靠了魏罃以后还没有在战场上败过，所以狂得很，对于这次的任务只有无限的兴奋，哪会有半分惧意？便率领着魏武卒纵横赵国，兵锋直指邯郸。

赵成侯眼看这样下去就会有被灭国的危险，便起了求救的心思，可是到底向谁求救呢？

秦国？不可能，虽然都是同宗出身，但是秦赵两国有仇，巴不得赵国灭了。

韩国？更不行，韩国现在正忙着变法不说，最重要的是近些年来，韩国和魏国之间邦交建立得非常顺利，韩国不趁机攻赵就不错了，哪里还会救赵呢？

燕国？不行，燕国太弱，求他们还不如找鲁国。

齐国？齐国国力强大，虽然也和魏国有些外交，但是从来都是相互防范的，再加上最近听说齐国来了个军事顾问，叫孙膑的，是个人才，好！就求齐国了！

于是，赵成侯急忙派遣使者前去齐国请求救援。

齐国首都临淄。

接到赵成侯的求救信件以后，田因齐将所有的文臣武将都叫到了大殿之中，商议到底救不救赵国。

大臣们根据自己的看法发表了不同的意见，有说救的，有说不救的，大概一炷香的时间过去以后，邹忌抓准了时机站出来总结道："主公！我看不必去救援赵国！那赵国和我们齐国从来没有什么邦交，还总是限制咱们的发展，太公那时候攻鲁伐燕，全都是赵从中阻挠才没有成功，如今赵国有难，他赵种才觍着脸来求咱们救援，凭什么？如此救了仇敌还得罪了最近和咱们关系不错的魏国，这不是胡闹吗？"

听了邹忌的话，田因齐眉头紧皱，并没有表态，而是等着其他大臣的回答。

大夫段干朋不失时机地站出来道："主公！鄙人觉得相国说得不对！要我说，不但要救援赵国，还要出大军救援！不然对我们将会十分不利！"

田因齐听罢眼前一亮，忙问道："爱卿为什么这样说呢？"

"我想请问主公，现在整个华夏哪一个国家是最有实力的？"

田因齐犹豫了片刻，道："嗯，要说国力，魏国应该比咱们齐国稍稍差那么一点，可要说军力，那肯定是魏国的魏武卒最是厉害。"

"这就对了，可主公不要忘记，咱齐国的国力之所以能最强，您的励精图治只不过是次要的，最重要的是原来的晋国被赵魏韩三家给分了！如果这次魏军吞了赵国，魏国的领土将会以倍数增加，到时候韩国也肯定会被收编。那时候，全天下最强的步兵、骑兵和弩兵结合起来，外加上庞大的国力，试问天下谁能抵挡魏国？所以，赵国是必须要救的。"

田因齐用手杵着下巴，皱着眉头道："你说这些我都知道，可是我不想因为救援一个赵国而使得我齐军将士损失过大，你也知道，魏武卒天下无敌，哪怕咱们到最后胜了，付出的代价也是让我无法接受的。"

"主公如此犹豫也不无道理，可我的办法却是不用齐军受太大的损失。"

"哦？还有此法？爱卿说来我听。"

"襄陵，魏国连接齐、宋的军事重镇，易守难攻，是魏国防止我国侵略的第一要塞，价值无量。主公不如派军队攻击魏国后面的襄陵地区，只要能拿下这地方，魏国以后就等于袒胸露背地在我们齐国面前，使得我们齐国随时都可以威逼大梁。如果魏国忌惮齐国的攻击，一定会解除对赵国国都邯郸的围困而回军来救，这是最理想的结果。如果魏国不惧怕齐国的攻击，坚持攻打邯郸并将邯郸攻克，咱就可以拿下襄陵，从而在东面牵制魏军。"

田因齐一听这话连连称善，当即决定发兵。

可现在有一个问题又摆在了眼前，那就是到底派谁当主帅呢？如果是按照惯例，行军主帅定是田忌无疑，可现在孙膑投靠了齐国却又是另一番光景。

首先，对于魏国的详细情况田忌并没有孙膑了解，再加上孙膑是孙子的后代，谋略能力极强，所以，田因齐便打算把这次行军主帅的位置交给孙膑。

可没想到，孙膑一听这话，竟然马上拒绝，"主公，请恕下官无礼，臣虽然精通用兵的道理，但是受刑之人是不能统率全军的，还请主公任命田忌为帅，我可在一旁任参谋之职。"

孙膑这话说得有水平。

第一，"臣虽然精通用兵的道理"，意思就是说他孙膑兵法虽然很是厉害，可是没上过战场指挥作战，缺少实战经验。

第二，"受刑之人不能统率全军"，因为受过刑的人，除非他深受士兵爱戴，不然没有人会瞧得起他，势必会因此而产生排斥的心里，这和个人能力并没有什么关系。

而田因齐自然明白孙膑的想法，他点了点头，便让田忌为主帅，孙膑为参谋出征伐襄陵。

而在齐国发兵的同时，秦孝公也没闲着，他趁着魏国大兵频频调往中原之际，一路军队从栎阳出发，另外一路军队从繁庞出击，分两路攻击魏国在河西最重要的军事重镇——少梁。

少梁虽然城高墙厚兼粮草充足，可是现在一没有外援，二没有庞大的驻军，再加上秦人兵众而又勇往直前，没守多少天就被秦孝公拿下来了。

至此，秦国彻底掌握了河西的主动权，看来吴起当初费九牛二虎之力拿下来的河西之地早晚要重新回到秦人的手中了。

下面来详细介绍一下庞涓、孙膑和田忌这三人。

田忌，从姓氏就知道是土生土长的田齐贵族，因为沾了姓氏的光，所以他从出生开始就是一帆风顺，没有经历过什么挫折。

据说这田忌孔武有力，总能在前线建功立业，他指挥士兵作战的能力在齐国是屈指可数的，要不然也不会让他当主帅了。

可以这么说，田忌在当时应该算得上齐国的第一骁将了。

庞涓是哪里人不详，生年也不详。

孙膑是齐国人，生卒年同样不详。

传闻庞涓和孙膑二人都是鬼谷子的徒弟，庞涓是师兄，孙膑是师弟，他们在同一所"学校"共同度过了多年同窗生涯。

当初在上学的时候，庞涓表面上和孙膑很是要好，可实际上却忌妒孙膑，因为孙膑的能力实在是太强了，什么都压庞涓一头，使得庞涓在学校永远都是老二。

那么怀着如此的忌妒，庞涓为什么还要和孙膑友好交往呢？那是因为孙膑的才能太高，大家一致认为他以后绝对能在社会上有所成就，庞涓就是怕自己以后会在官场上吃亏，所以才给自己留一条后路，希望在穷困潦倒的时候能够仗着同学关系投靠孙膑。

可世事难料，等孙膑和庞涓学艺大成以后，孙膑没什么动静，庞涓倒是火了一把。

庞涓的眼睛很毒，当初他下山以后就直奔魏国，因为那时候魏罃正在四面出击，今儿个打这个，明儿个削那个，一点儿都不顾邦交。

所以，那时候的魏罃正是需要战将之时，恰好庞涓很有些军事造诣，便前去投靠，并且面试成功，被安排进魏国军界。

庞涓投靠魏国以后，从一名不高不低的军官做起，行军打仗无往而不利，一点一点被高层注意，很快被提拔起来。

而孙膑那边的发展却不怎么顺利，一直到庞涓在魏国都风生水起了，他还都是白身一具，从来没有得到列国的国君重视。

可别人没重视孙膑，庞涓却重视了，他深知自己的这个师弟有多么强悍。

在庞涓的眼里，孙膑就好像卧龙一般，现在还在地上趴着只不过是没遇见有慧眼的君主罢了，可一旦被发现必定一飞冲天。那时候自己估计不是师弟的对手。

可如果将他拉到魏国，势必成为政敌，因为了解孙膑，所以庞涓不知不觉地患上了"恐孙"症，他在各方面都没有信心能够战胜孙膑。

所以，孙膑这个同学兼竞争对手必须死！

庞涓此时在魏国位高权重，很有些话语权，推荐个人很轻松。于是，他给孙膑写了一封信，信上大概的意思是为孙膑之不幸表示愤慨，为天下之君有眼无珠表示无奈，他希望孙膑能到他魏国来，到时候自己在魏罃那儿一推荐，一切就都水到渠成了。

孙膑也没想那么许多，自己的老同学在魏国呼风唤雨，自己前去投奔捞个一官半职的，以后再和老同学共掌朝政也是不错的。

可天真的孙膑没想到，他这一去便是到了地狱。

孙膑到了大梁以后，连魏罃的面都没见到便被庞涓以莫须有的罪名抓到了牢房之中。

庞涓将孙膑抓住以后直接扔进了大牢并且对其处以膑刑（挖去膝盖骨）。

那为什么庞涓没杀了孙膑，而是将他弄成残废留着呢？

他就是想让孙膑活着看他如何纵横天下。

庞涓将孙膑弄残废以后，便将他扔在了大梁街头，让他自生自灭。孙膑的膝盖空空如也，他没吃的，也没住的地方，"走路"完全靠双手支撑才行，对于一个学富五车的军事天才来说，简直就是生不如死。

可孙膑扛下来了，他每天都通过行乞来养活自己，他在等待，等待一个报仇的机会。

终有一日，一名齐国的使者访问魏国，和魏国进行正常邦交。孙膑抓住机会，在夜深人静之时爬到了这个使者所住的驿馆。

门口的士兵看到一名已经残疾的乞丐爬了过来，觉得十分恶心，直接就想将他驱赶走。

孙膑忙将自己这些日子行乞讨得的一点儿钱递给了士兵并说，"士兵大哥，这是我现在身上所有的积蓄，劳烦您和驿馆中的齐国大人说孙武后人来访，他见或者不见，这个钱都给您了，您看您一天天在这里站岗多辛苦，拿去喝一点儿酒也成啊。"

士兵一听孙武二字，眼睛立马眯了起来，便没有再说话，收了钱以后就进入了驿馆。

"大人，外面有一个受了膑刑的乞丐想要见你，他说他是孙武的后人。"

5.5 孙膑的崛起

齐国那名使者一听是孙武的后人，赶紧让士兵将孙膑请了过来。可当他看到孙膑的时候，立马丧失了兴趣，黑着脸道："我给你半炷香的时间陈述自己的能力，如果让我发现你是一个没有才能的人，今天你也别出这个驿馆了，直接下去见你的先祖吧。"

孙膑并没有半分的紧张，而是不紧不慢地将自己所学的兵法精髓慢慢地阐述。

半炷香过去了，一炷香过去了，一个时辰过去了。

齐国使者已经深陷孙膑的兵法理论中无法自拔，早已经忘记了时间。

"大人，半炷香的时间早就过去了，您想怎么处置我呢？"

孙膑这话一出，齐国使者一个激灵，他本来是个文官，对于行军打仗不怎么了解，可就是他这样一个军事水平不高的人也能听得出来孙膑讲得非常有道理，认定他是个能人，所以还谈什么处置不处置的。

他也不管孙膑有多脏，亲自从地上将他抱起，扶到了座位上，然后深深地对孙膑拜一个礼，"孙武后人果然名不虚传，下官见识了。"

第二天一早，一辆马车偷偷地从大梁城跑了出去，然后急速奔行，直奔临淄。

车上的孙膑回首看着这座雄伟的大梁城，阴狠地道："庞涓，你给我等着！"

齐国使者将孙膑带到临淄以后，并没有马上将他推荐给田因齐，因为他知道，田因齐虽然也很喜欢人才，但是他对于军事也属于半桶水的级别，万一他一看到孙膑是个残废而先入为主怎么办？

所以，齐国使者只能将孙膑推荐给一个懂得军事的将军。

那整个齐国谁带兵打仗最强呢？前面已经说过了，骁将田忌。

能看得出来，这名使者平时和田忌的关系应该处得还不错，两人见面以后相互寒暄一会儿，那名使者才说道："大人，我这次可是给您带来了一个绝世奇才啊。"

田忌很是不屑地道："行了吧您，您一个文官能给我推荐什么人才，我这边只要勇士，不要文人。"

"嘿嘿，大人，您别管是勇士还是斯文人，只要会带兵打仗不就行了吗？"

"那倒是，可是你……"

没等田忌说完，使者便大大咧咧地说："别可是了，人我已经给你带到门口了，你今天必须见见。"

说罢，就转身出去，将孙膑接了进来。

田忌本就不相信这个文官好友能给自己推荐什么厉害的角色，再一看孙膑竟是残疾之人就更加瞧不起了，可碍着好友的面子也不能不和孙膑聊几句。所以，田忌就问了孙膑几个军事上最基本的问题。

看着田忌一脸的鄙视和轻蔑，孙膑也没有生气，只是有条不紊地和田忌谈起了这些所谓的军事基础。

他这不说不要紧，一说起来田忌就蒙了。孙膑不只回答了田忌所提出的问题，还举一反三，说出了自己的观点，而不是传统的军事书上所写的东西，一下子将所谓的基础给升华到了新高度。

田忌什么时候听过如此高深的军事哲学？顿时也陷入了"两耳不闻窗外事，一心只听孙膑说"的状态，甚至连使者大摇大摆地离开他都不知道。

就这样，孙膑成了田忌府上的第一军事参谋，虽然名义上是田忌府中的家臣，但田忌可从来都是好吃好喝供着，有事儿没事儿就往孙膑的屋子里钻，问这个问那个。

可以这么说，田忌在和孙膑相处的这一段时间里军事能力大涨，在理论上，一下就从骁将变成了军事统帅。

所以，田忌简直将孙膑看成了一尊天神，对其可谓言听计从。

可是田忌并没有将孙膑推荐给田因齐，这倒不是因为田忌自私，想要自己留着孙膑，而是他知道，自己这个主公只喜欢相貌英俊之人。他身边的这些当红大臣，除了淳于髡长相略逊，其他哪个不是一表人才？田忌怕田因齐冷不丁一见孙膑适应不过来，直接就先入为主了。

所以，田忌和孙膑时刻都在等待着最好的时机，想当着田因齐的面把孙膑的才华全都展示出来。而这个机会，很快就到了。

孙膑的崛起源自一次赛马。

因为田因齐喜欢赛马，所以他在临淄郊外建了一个很豪华的赛马场，并时常在茶余饭后组织赛马比赛。

这还不算，他还把齐国所有的好马全都收到自己的宫里，其中最好的三匹就是青龙兆、黑风驹和大将军。

田因齐用这三匹马比赛无往而不利，整个齐国都没有人是他的对手。

可还真别说，这里面真还就有能陪田因齐稍微玩儿一下的，那就是田忌。

那么田忌为什么能和田因齐比画两下呢？因为他主管齐国军事，田因齐虽然总是从民间搜罗好马，但是军营里面的马他是碰都不碰的。而田忌呢？他也非常好赛马，所以从军营偷偷弄出三匹最好的马，并且整日训练，就想有一天能赢田因齐一次。

可现实是残酷的，田因齐的马实在是太好了，虽然田忌每一场都能和田因齐拼一下，但基本是场场输，因为他们会将三匹马分成上等、中等和下等，虽然没有规则说明一定要按照这个顺序出手，但是大家也都默认这一顺序，从来都没被打破过。

而田因齐在玩儿的时候那可是一点儿君主的样子都没有，总嘲笑田忌的马不行。田忌比不过人家，所以只能干生气。

可这回不一样了，因为田忌有了孙膑。

在田因齐再次召开赛马比赛的那一天，田忌将孙膑也带去了。通过多日的接触，田忌深知孙膑不只军事理论非常厉害，鬼点子也多。所以希望赛马的时候能帮自己出出主意。

到了赛马场以后，田因齐看到田忌就直接嘲讽，"哟呵？这不是田大将军吗？怎么？今天又觉得自己行了？"

田忌一听这话火了，恨不得马上就和田因齐上场较量一下子。

可就在这时，田因齐身边的孙膑直接掐了一下田忌，田忌一个激灵，马上不吱声了。

这些小动作当然逃不过田因齐的眼睛，他心里惊叹，"咦？真是怪哉，这个田忌平时总是自负得很，怎么今日这么听一个残疾人的话？"

田因齐虽然对孙膑疑惑，但是也拉不下脸来和一个残疾人说话，一看田忌暂时没有和他比的想法，带着一大群侍从就奔马场去了。

等田因齐走了以后，田忌疑惑地问道："你为什么不让我和他比一把呢？我实在看不惯他嚣张的样子。"

孙膑笑着说，"想赢吗？"

"想！做梦都想赢主公一把"。

"行，那咱们现在就去看主公和那些公子们的比赛，我想详细了解一下主公的马匹，你给我详细解说一下。"

刷！令旗一挥，田因齐和齐国那些公子们开始赛马了。

田忌对着孙膑把田因齐的三匹马一一作了详解，他首先指着一匹大红马说："你看，这是大将军，这畜生虽然爆发力不行，但胜在脚程稳，耐力强，属于主公的下等马。"

之后，田忌又指着一匹黑马道："看看，这个就是黑风驹，它跑起来就和风似的，实在是很快，属于主公的中等马。"

最后田忌指着一匹青色的马说道："那个那个，看那个，那个是主公最厉害的青龙兆，这是主公即位那一年赵君送的，据说是代地的变种马，跑起来就好像龙一样奔腾，我估计这天下没有比它更快的了。"

听了田忌的详细解说，孙膑开始分析起来。过了一会儿，孙膑拉着田忌就去了后面圈马的地方，让他命骑手骑上自己的马跑一圈。

看着自己的马在热身场地奔腾，田忌无不自豪地介绍道："这是小红，我的下等马；这是大黄，我的中等马；这是大宝剑，是我的上等马。不是我吹，除了主公能仗着马种的优良稍微胜我一筹以外，其他的人根本就不是对手。"

孙膑听了田忌的介绍，心里便有了谱，除了上等马以外，其他两个等级的马都不比田因齐的马差太多。

孙膑观察以后相当满意，很有自信地和田忌说："行了，你去和主公宣战吧，彩头押多少钱都行，我保你赢。"

田忌对孙膑那是百分之百地信任，他一听孙膑如此说，乐得直蹦高，赶紧找田因齐去了。

田因齐刚比过一场，此时正在命手下给马休息保养，自己则在和身边的官员们吹牛。

可就在这时，只见田忌一脸兴奋的样子冲自己走了过来，田因齐呵呵一笑："怎么？敢来了？这回不害怕我虐你了？"

田忌一听这话，哈哈大笑："哈哈哈，主公，也别怪我不尊敬你，正所谓马场无主仆，今儿个我还就要大杀四方了！怕你？真搞笑！"

看着如此气势的田忌，田因齐却有点儿没底了，"看他这么有信心，莫不是从别的什么地方弄到好马了？"

于是心虚地问："你小子是不是从什么地方淘到好马了？"

田忌道："没有啊，还是我的小红、大黄和大宝剑。"

"哈哈哈。"

话毕，周围人都大笑，田因齐一听这话也笑了起来，"哈哈哈，田忌啊田忌，我还以为有这阵势的你有多牛呢，整了半天还是那几匹破马啊？行啊，你想死我成全你！说！赌多少！"

田忌冷哼一声，直接把自己带的所有钱全都放在了田因齐的面前，"我全押了！"

田因齐也是一声冷哼，同样命令随从将自己的赌资全拿了出来。

在开始比赛之前，田忌找到了孙膑，问他具体有什么办法。孙膑在田忌耳边偷偷说了一番，田忌点头，连连称善。

就这样，赛马比赛开始了。

第一场，田因齐上上等马青龙兆，田忌上下等马小红。

果不其然，比赛从一开始小红就处于绝对的劣势，虽然好似拼了命一般在后面狂追，可依然被越拉越远。

周围人哈哈大笑，田因齐不失时机地道，"我说田忌大将军啊，你是不是打仗打傻了？本来就不是我的对手，怎么还派最次的马和我比呢？你这不是找死吗？"

田忌也不生气，只是不停地冷笑。

第二场，田因齐上中等马黑风驹，田忌上上等马大宝剑。

本场比赛，大宝剑稍稍快了一点儿，竟然真的将黑风驹给赢了，这可是开天辟地头一回，田忌高兴得一下蹦起来老高，而田因齐黑着脸说道："哼！你个莽汉别高兴得太早了，运气只能有一次，绝对没有第二次！"

嘴上虽然逞强，可此时田因齐心里面也忐忑了，他觉得田忌的这个顺序绝对是有文章的。

第三场，下等马大将军对中等马大黄，大黄也是险胜。

在一片惊叹声中，田忌赢了，竟然赢了！终于赢了田因齐一次，田忌好像瞬间疯狂，拿起桌子上面的赌注撒腿就溜，田因齐一看他要跑，直接对手下吼道："给我把他逮起来！"

士兵以为田因齐输不起了，所以很不好意思，脸红脖子粗地将田忌抓回来了。

田忌一开始丈二和尚摸不着头脑，不知道田因齐为什么要抓他，他只不过是高兴过头了，想拿着钱去和孙膑分享喜悦，为什么国君就把他逮起来了？

"主公莫不是输不起？"

想到这儿，田忌怒了，直接冲田因齐吼道："干什么？国君输不起了？

想赖账？我告诉你，今儿个这钱你就是打死我也不会再还你的了，你整死我吧。"

田因齐一看田忌这德行，气不打一处来，直接骂道："去去去，别和我废话，我能输不起？你给我说，就你这脑袋瓜子不可能想出这等计谋，肯定是背后有高人指点！你说，是也不是！"

田忌嘿嘿一笑，遂将孙膑的事情全都说了出来，并道："其实最开始是想将孙膑推荐给您的，但是您身边全都是一帮美男子，我寻思着孙膑是一个残疾人，怕你歧视残疾人，所以才没有直接推荐，一直在等待机会。"

田因齐虽然很讨厌田忌在野外场所没大没小的这个劲儿，但对于他推荐的人却是相当地信任。因为田忌从来都是眼高于顶，自负得很，从来都没有服过谁，更别提他在所精通的军事领域了。

今日田忌在自己最熟悉的领域将孙膑夸得天上有地下无，田因齐怎能不震惊，再加上他是刚刚见识了孙膑的高招，所以觉得，孙膑一定是个绝世大才，便决定任用孙膑。

田因齐为了尊敬这个绝世大才，没有在赛马场立即会见他，而是马上回到宫殿，沐浴更衣以后才宣的孙膑觐见。

因为有了之前的铺垫，田因齐先入为主，不只没有对孙膑的残疾产生歧视，还在孙膑想要从车上下来礼拜参见的时候跑到孙膑面前，亲自将他扶起，并且说以后只要是孙膑来见，拱拱手就行了，不必过于讲礼数。

做完这些，田因齐也不绕弯子，直接切入重点，询问孙膑行军打仗的事儿，"我想请问先生，什么叫作兵法，什么又叫作兵呢？"

孙膑一拱手，"所谓的兵法，并没有固定的形式，兵书上的东西一定要灵活运用，这样才能够百战百胜，一个计谋就好像一棵大树的主干，可以从中延伸出多条不同的计谋，我们运用它必须像水一样，遇到不同的情况则变换成不同的形状。所谓的兵，那并不是什么好东西，但是没有还不行，他可以左右一个国家的兴亡。可要是战败，那面临的就是领土被剥夺，所以但凡用兵都要从全方面去考虑事情，必须做到知己知彼，不能盲目出兵。"

田因齐沉思了一会儿，觉得很有些道理，继续问道："这些年来，很多人都评价我，说我治国还可以，但是行军打仗不行，从即位到现在都没怎么发动过战争，难道一个成功的国君就必须要不停地对外战争吗？"

孙膑微微一笑："主公不要听这些人胡说八道，一个国家要是有一位极度好战的国君，这个国家就必定会面临灭亡的危险，一个军队要是有极度贪图胜利的主帅则必定为敌方的计谋所擒获。还是那句话，一切的战争都是以知己知彼兼有万全准备作为前提的，所以一名优秀的将领会在战争以前就看到结果，会在战争以前就积极备战，以备不时之需。能做到这些，哪怕城池再小也能守住！主公自从即位以后，高筑墙，广积粮，齐国在您的带领下一步地走向了巅峰，完全可以应付连续几年的举国大战，这难道不是一代明君需要做的事情吗？"

齐威王受到孙武后人的夸奖，那是相当受用，顿时又对孙膑产生了无限的好感，他问道："那如果两军对峙且人数相当，可两方全都固守，没有一个率先攻击的，遇到这种情况应该怎么办呢？"

孙膑从容道："遇到这种情况，应该先将骑兵布置在大军左右两侧，然后用一名比较有名的勇将带领一批轻装步兵先行挑战敌军，敌军期待战功，必定会率队迎战，意图擒获这名勇将以提升自军的士气。这名勇将一定不能连战，要趁机逃跑，装作失败的样子，而后面杀红了眼的士兵肯定会拼了命地前往追击。就在这时候，主帅要命左右骑兵急速而行，拦腰斩断敌军，然后前后夹击。敌军主力眼见大军受挫，必会领军来救，可这时候我军已经占据了主动，士气旺盛，可一举拿下敌军！"

田因齐听罢频频点头，继续问："我想请问先生，士兵比敌人多或者少都有能够制胜的办法吗？"

"有。"

"如果我强敌弱，我众敌寡，用什么样的办法会在损失最小的情况下取得胜利呢？"

孙膑听了这话，对田因齐深深一拜，"大王你能这么问，说明你是一个明君（因为他爱惜士兵的生命）！遇到这种情况，应该想方设法使得自己的队列表面上看起来混乱，则敌军必定会主动出击，到时候箭矢伺候，打敌人一个措手不及，使其大乱，这时候再一举出击，必定会轻易大胜！"

"那如果敌众我寡，敌强我弱呢？"

"到了这种时候就必须要以坚守的形式来打击敌人的士气。首先，要建立一支精力充沛的后备队，以便阵形溃散以后能够及时补位，之后组成大阵，用盾兵在前，长枪兵为二排，短刀兵为三排，弓箭手为四排，坚守阵地。敌军长时间不能攻破我方大阵，士气必定会受到极为严重的打击，到时候一鼓作气，很有可能便会逆转。"

二人的对话持续了很久，田因齐问什么，孙膑都能对答如流，并且说出的观点都是田因齐没听过的。田因齐虽然没打过仗，但是身为战国的君主，兵书那是从小看到大的。所以，要论纸上谈兵，田因齐那也是有一定发言权的。

可就这样也让孙膑说得哑口无言，直接惊为天人，他郑重地对孙膑道："先生，我看您也别在田忌下面了，直接来我这里吧。"

从这以后，田因齐就将孙膑从田忌那儿挖了过来，成为齐国大夫兼齐国的总军事顾问。

这就是孙膑、田忌和庞涓的故事了。（赛马的故事添了点笑料，大家笑笑就好）

我们再把目光转到之前。

5.6 魏国的滑铁卢——桂陵之战

田忌带着大军直奔之前定下的攻击目标——襄陵。

田忌是个猛将，属于直肠子，除了孙膑的话他谁的话都不肯听。他认为，男子汉应该上战场建功立业，在后面偷袭算什么？这还不算，襄陵还是个距离是非之地老远的地方，拿下了根本就显示不出来他田忌的勇猛。一想到这田忌就烦，就想转道直奔邯郸救援。

就在田忌想要冲动的时候，孙膑适时地站出来："将军，正所谓兵不厌诈，所谓计谋就是不用蛮力，而想要胜利就不能冲到敌人武器前面。既然你想玩儿大的，不屑于一个小小的襄陵，那我有更好的去处，保管你刺激。"

田忌一听这话，别提多兴奋了，拉住孙膑的手就问："哪儿？哪儿？"

孙膑哈哈大笑："将军别急，那魏罃将魏国最精锐的魏武卒全都调往了赵国境内，所以国内的士兵虽然不少，但总的战力却一点儿都不比咱们强。咱齐军可直奔大梁，以此来牵制前线的庞涓军团。到时候，魏罃必慌，而慌了就会叫回庞涓，庞涓必定急速往回赶，咱们在他的必经之路提前埋伏好伏兵，必定一举破之！如果到时候全歼了庞涓的魏武卒，那岂不是更刺激？功劳更大？"

孙膑说完，田忌激动得浑身哆嗦，天哪，救援邯郸成功和歼灭十万魏武卒，这两样哪一样不是天大的功劳？两样一起完成，田忌实在是不敢再往下想了。

所以，本就斗志昂扬的田忌更加兴奋！

说干就干，田忌也不去襄陵了，而是直接改道发兵大梁。

对于田忌发动的突然袭击，魏罃可以说是毫无防范，边关一座接一座被齐军攻下，魏罃见势不妙，慌忙召集附近的士兵应对，可是仓促召集的普通士兵哪里是田忌的对手，基本上两三下就被赶跑了。

田忌的齐军勇猛无敌，纵横百余里未逢敌手，直接就逼到了大梁城下并控制了所有的交通要道，断了大梁的运粮通道。

而卫国就处于大梁的上方，卫国国君慑于齐军的军事压力，竟然在此时投降了齐国，拜了新的老大，完全不顾及救援他的魏国。

这时候的魏国朝野震动，大殿之上，几乎所有的官员全都劝魏罃赶紧将身在赵国的庞涓给叫回来援助大梁。

那魏罃虽然也害怕，但他拒绝了朝臣们的意见，决定靠自己守住大梁，硬抗齐军，给庞涓争取时间。

只要邯郸一下，赵国必灭，等到赵国灭了，到时候再回军来救援大梁，那岂不是赚得更多？魏罃绝不甘心把即将到手的肥肉扔掉。

别说，魏罃迁都大梁以后对这地方大肆改建，大梁的城墙比之前更高更厚，粮食也不是问题，田忌居然在短时间内攻不下来。而西北线的庞涓自然知道国内紧急，也加快了攻打邯郸的步伐。

现在，身在赵国的庞涓部和身在魏国的田忌部全都在抢时间，看看到底是谁能够更快地拿下国都（大梁、邯郸）。

很明显，庞涓的魏武卒在不计损失的猛攻下，赵国首都邯郸终于陷落。

可攻下了邯郸的庞涓并没有捉住赵成侯，因为早在他们围城之前，赵成侯早就跑了。

邯郸虽然陷落，但是赵成侯没有放弃抵抗，他拼尽了命地收集散兵，布防于赵国各处，还亲自动员赵国的老百姓抵抗魏军。

在这种情况下，庞涓想征服赵国根本就不是一两年内能实现的，而大梁没有那么多时间给他。

所以，庞涓派了些驻兵防守邯郸之后，立马带领剩下的魏武卒急速返回了。

魏武卒太快了，竟然不到十天的时间就从邯郸跑到了卫国境内。

因为庞涓十分了解自己的师弟，哪怕手下是精锐的魏武卒，也不敢用疲兵和其对决，而是采用同样的办法回击孙膑，那便是围卫救魏。

庞涓的计谋极为毒辣，那卫国刚刚投靠你齐国，我就在这第一时间打他，看你田忌和孙膑救是不救，你要是来救的话，主动权在我手上，你要是不救，齐国便声望全无。

这一个回击好像一记响亮的耳光，将田忌和孙膑的脸打得啪啪作响。

田忌犹豫了，开始考虑到底是救还是不救。而孙膑却在这时候对田忌说："将军不必着急，我自有办法对付庞涓！只是……"

田忌如闻天籁，赶紧道："孙子有计速速说来！只要能够战胜庞涓，多大的代价我都可以付出。"

听了田忌的话，孙膑好像做了决定一般，坚定地说道："将军！在魏国东面边境之地，除了一个襄陵以外，还有一个平丘，更具战略价值，只不过这地方易守难攻，是魏国军事重镇，有重兵把守。现在胜负的关键就看能不能将庞涓吸引过来，可庞涓的才能我知道，想要将他吸引过来，不付出惨重的代价是决计不能成功的，而这个平丘就可以让我们成功！我大军要做的就是装作不知道这个地方易守难攻，打算将此地攻下，并准备以其为根据地和魏国人打长期战。那平丘极为难攻，如果没有数倍于守军的大军是不可能拿下的，但是这样，我们的军队就必会遭受一些损失，而庞涓则会在我方受损后从卫国急速而来，企图从背后夹击我军，到时候咱们就假装惧怕庞涓不战而退，庞涓对我有执念，必会领兵来追，到时候，我们就埋伏于从平丘到齐国的必经之路——桂陵，并在此地歼灭庞涓！"

说实话，孙膑的这个计谋虽说高超，但实在是太有冒险性，他破天荒地算出了以后的好几步，可这几步出现一个错误就有可能让齐军万劫不复，一般的将军是绝对没有胆量接受这种豪赌式计谋的，可是田忌不一样，他对于孙膑的信任早已经达到了盲目的级别。

于是，田忌照着孙膑的办法依计而行。

齐国大军迅速从大梁撤军，直接将平丘团团围住，然后夜以继日地发动猛攻。然而平丘的守城大夫根本就不虚齐军，城墙上巨弩弓箭齐发，齐军连攻数天都没有什么进展，还损失了不少精锐。

卫国方面，庞涓听说田忌大军直接舍弃大梁而直扑平丘，这让他开始怀疑是不是孙膑在玩儿什么花样，所以开始他根本就没有动。

可是几天过后，自己的士兵也精神饱满了，而齐军竟然还在围攻平丘，并且损失很大。

庞涓再也没有任何疑虑，直接率领大军急速前往平丘。

孙膑作为战国时期最出色的军师，自然深通间谍之理，所以卫国满地都是齐军的斥候，那边魏武卒一有所行动这边孙膑就知道了。

鱼儿已经上钩，田忌当然命令全军撤退回国，并在必经之路桂陵埋伏了起来。

庞涓现在那是相当得意了，他认定田忌和孙膑的齐军是畏惧自己，自然是狂追不止。

想来自己从开始学习兵法就一直畏惧孙膑，当得知孙膑从大梁逃走以后几乎每晚都睡不着觉，总是梦见被孙膑大败，而今日，再也不用害怕了，那田忌军队就是再快，还能快过我精锐的魏武大军吗？能在战场上凭真本事杀了孙膑那简直比折磨死他还满足百倍！

所以，庞涓根本就没怀疑孙膑会设下什么伏兵，直接全速追击。

可当他走到桂陵的时候，看着这地方众多的沼泽和树林，心里一紧。

"这地方是个纯天然的设伏之地，如果孙膑在此地设伏，我的大军势必会损失惨重，这怎么办呢？不对！齐军之前在平丘折损了很多兵马，不可能再有胆量于此地伏击于我，他孙膑路过此地一定是疑兵之计，想的就是要我多疑，之后放缓进军速度，他好有时间撤退，对了，就是这样！我不可中计。"

想到这儿，庞涓命令全军加速行进，快速通过这个让人心惊胆战的鬼地方。

可就当大军行至一片洼地的时候，伴随着一声炮响，四周箭矢铺天盖地一般向魏军飞来。

魏军全无防备，惨叫声此起彼伏。这还不算，孙膑早在此地准备了大量的滚石，第一拨弓箭射完以后，田忌的令旗向下一划，士兵们将早就准备好的巨石全都推了下去，这种情况您别说魏武卒了，就是天兵天将来了也回天乏术。

最后，齐军从四面八方的高地趁势而下，突击已经毫无阵形和士气的魏武卒。

魏武卒，这支战国时期最精锐的重步兵集团，就这样灰飞烟灭了。

虽然现在魏国剩下的"魏武卒"依然能够算是战国时期最强的步兵，但是已经和齐国的技击与以后秦国的锐士不相伯仲了，可以这么说，自从桂陵之战以后，天下再无魏武卒。

而庞涓呢？并没有被杀死，而是被齐军给生擒了，但庞涓最后被完好无损地还给魏国了，那么这是为什么呢？原因就出在次年的襄陵之战。

公元前352年，田因齐借桂陵之胜的余威，勾结宋、卫两国攻打魏国西面之门户襄陵。

魏罃刚刚在桂陵之战折了最精悍的魏武卒，虽然还有二十多万精锐步兵，可也没有信心能够以一敌三，便派遣使者入韩，请求韩昭侯帮助。

韩昭侯现在和魏国关系不错，并且不希望齐国做大，便派出了韩国的精锐弩兵援助魏国。

五国大军在襄陵展开了殊死搏斗，最终，魏韩联军取得胜利，齐、卫、宋三国败北而退。

通过这一战，田因齐明白魏国还没有被伤到根基，并不是自己想灭就能灭的。所以，他果断将魏国俘虏都放了回去（其中就有庞涓），和魏国重新建交。

然而就在中原五国打得热火朝天的时候，魏国的西面又出事儿了。

5.7　二次变法

秦孝公趁此时机任命公孙鞅为大良造，趁魏国主力部队在中原打仗之际，派出秦军锐士一举拿下魏国的旧都安邑，彻底将魔爪伸向了河东。（注：大良造是秦国秦孝公时期最高的官职，军政一把抓，比中原的丞相和南方的令尹权力还大）

然而这还不算完，公元前351年，秦孝公亲自领军出征，拿下河西诸多城乡，并将西河东面的固阳也给拿下。

西面秦国所产生巨大的军事压力压得魏罃喘不过气来，秦国自从变法以来，产生了一批骁勇的新军，这批新军不只单兵作战能力高强，人人悍不畏死。

这还不算，这些秦兵每杀死一个人，都会用极其娴熟的手法将敌军的人头割下，然后别在自己的腰间，之后继续杀敌，甚至连睡觉的时候都会将人头紧紧地抱着，生怕别人给偷了去，这种军队让人怎么抗衡？

更不可思议的是，秦国的粮仓好似有取之不尽的粮草，能够支撑秦国大军连续征战一年。

面对新秦人的恐怖，三晋无不胆寒，可是东面没有和新秦人交过手的国家还不怎么瞧得起秦国，依然认为这就是一群野人，没有什么威胁。

他们不知道，可三晋知道，魏罃更是明了。

所以，魏罃决定不能再这样无休止地和中原国家打下去了，这样下去自己早晚有一天要被秦国虎狼给吞掉。

同年，魏罃在漳水和赵成侯会晤，他将邯郸还给了赵国，两国摒弃前嫌，继续建交，三晋又重新"合为一体"。

再来看看秦国，随着公孙鞅第一次变法的成功，秦国国力直线上升，战斗力越来越强，接连的关键性大胜也是有目共睹的。

之前对于公孙鞅变法有抵触情绪的人也全都再也不敢吱声了。而秦国的百姓们虽然在思想上被禁锢，但是再也不必担心个人的生命安全了，因为秦国的小罪重罚实在是太狠，连坐制度实在是太绝，秦国现在可以说是路不敢拾遗，夜不可闭户。

公元前350年，在此等背景下，公孙鞅又开始了第二次轰轰烈烈的变法。

第一，迁都咸阳。

秦国的国都最开始是在雍城的，后来，因为魏国的吴起实在太过凶残，秦献公为了抵抗魏国的压迫，这才迁都的栎阳。

而这个迁都只不过是一个誓死抵抗的表态，一个发誓收回河西的决心，也是时势所逼。

而现在则不同了，河西已经被收回了一大半，甚至都已经将魏国的旧都给拿下来了。

并且自从变法以后，看着秦国越来越强悍，四周的那些少数民族们也全老实了，就连最强的义渠也不敢乱动了。

在这样的情况下，栎阳就不再适合为首都了，而咸阳则不同，虽然距离栎阳不太远，只是向西一百公里左右，但那是相当理想的地理位置。

首先，咸阳的四周有山河之地，易守难攻。其次，和栎阳比起来，咸阳城更向秦国中央靠近，这种地理位置非常方便国君施行政令和监管四周，使得中央掌控力大大加强。

第二，在秦国实行县制，将所有的乡、邑、村都合为县，每个县由国君亲自任命县令（行政一把手），县丞（明面上是辅助县令和中央沟通，实际上是监视县令，在军中相当于监军）和县尉（主管一个县的武装力量），使得中央政府对地方有绝对的掌控力，这也是秦始皇中央集权制度的前身。

第三，统一了斗、桶、权、衡、丈、尺等度量衡。要求秦国人必须严格执行，不得违犯。

这次变法以后，公孙鞅使得秦国更加强大，在制度和国力上，从此再也没有哪一个国家可以和秦国抗衡了。

值得一提的是，公孙鞅在第二次变法期间又有人来惹是生非了，这个人就是公孙鞅在第一次变法的时候曾经处以黥刑的公子虔，他因为怨恨公孙鞅，又在第二次变法的时候顶风作案，最后被公孙鞅处以劓刑（割掉鼻子）。

5.8　内乱

西陲边境闹得欢，身在南方的楚国又怎么能落后？

公元前349年，沉寂了很多年的楚宣王看到中原这段时间总是刀光剑影地打个不停，不甘寂寞的他也向中原发兵了。

可他这次出兵的对象却是与自己并不接壤的齐国。

史书上没有记载楚国这次是怎么打齐国的，但就是猜也能猜出个大概来。

众所周知，齐国距离楚国很远，一个在南方，一个在现在的山东，楚宣王如果想要从陆路发兵攻齐，就一定要穿过宋国和魏国，哪怕是从吴越进攻也必须穿过宋国的腹地才可以，所以不管从哪方面来考虑，楚国也没有必要这么做。

那么排除陆路的话，楚国军队一定是走的水路，而从楚国到齐国的水路只有一条，那便是从吴地的南武港乘船走黄海水道，之后登陆琅邪，在齐国的屁股后面对其发动突然袭击。

不管楚宣王到底是走的陆路还是走的水路，反正到最后打到齐国了。

田因齐因此派出了淳于髡出使赵国请求援军。

赵成侯因为桂陵之战欠了田因齐一个天大的人情，如果不还就说不过去了。所以，派出一大批精锐骑兵驰援齐国。

赵国的冲击骑兵最怕的就是魏国、秦国和韩国的士兵。除了这三国以外，赵国的骑兵可以说是无往而不利的，结果，楚国败了。

公元前348年，赵成侯薨，其子赵语继承了君位，是为赵肃侯。

赵肃侯的弟弟赵范野心极大，以至于窥伺赵国国君之大位。

因为赵国国君的位置从来都是能者居之，非嫡长子即位的君主不是没有出现过，所以赵范从小的时候就开始努力学习，始终在自己的父亲面前做出一种大气之君的样子。

可无奈的是，他的哥哥赵语的能力根本就不比他差，重要的是，赵语做事情非常沉稳，干什么都会给自己留一条退路，赵成侯非常喜欢这一点，再加上赵语是长子，所以赵成侯便毫不迟疑地将国君的位置传给了他。

这无疑使得赵范极为不满。

所以，已经开始心理扭曲的赵范在公元前347年，以赵肃侯登位以后不尊重周天子为由，从自己的封地发兵突袭邯郸，企图以迅雷不及掩耳之势斩杀赵肃侯自立为君。

但是他的如意算盘打错了，那赵肃侯即位之后，就怕赵范这样实权的赵国公子趁机发动政变，所以把邯郸城修建得铜墙铁壁一般，并且将周边的精锐赵兵全都召集到了邯郸城内，美其名曰"服国都之兵役"。

就是这"防人之心不可无"的谨慎性格，使得赵肃侯捡回了一条小命。

赵范围住邯郸以后，发动了猛烈的攻击，可是狂攻几日都不见邯郸有要陷落的趋势，自己反倒是损兵折将，再加上赵国周边频繁调动，大有要前来"勤王"的架势，这使得赵范心急如焚，叛军的士气也严重受挫。

赵肃侯也发现了叛军的异变，便命令手下在城头上疯狂向下射箭，箭矢上面还有一小纸条："这次的叛变主谋是赵范，和其他人毫无关系，识相的赶紧滚，不然玉石俱焚。"

这几个小字好似一个大砖头落在了叛军士兵们的心中，虽然他们还没有逃走，但是已经种下了一颗叛逃的种子。

果然，在援军来到以后，赵肃侯主动出击，叛军可谓一触即溃，四散逃走的不计其数，赵范也被生擒弃市（拉到菜市场砍头）。

最终，这场赵国政变由赵肃侯胜出收场，他的谨慎和防守邯郸时有所表现出来优秀的统率能力也得到了大家的认同，使得他彻底在君位上牢牢坐稳。

为了不使其他人再有什么攻击的口实，赵肃侯于公元前346年，朝见了周天子。

5.9　战国第一倔驴

战国就是一台大戏，你方唱罢我方来。

那边赵国内乱刚刚平息，这边没消停几年的魏罃又开始蠢蠢欲动了。

魏罃想起当初自己的祖先们（魏文侯、魏武侯）是何其霸气，西面压着秦国打，东面震慑全中原，可是自己呢？自从即位以来连战连败，直到现在连河西之地都快要丢没了，甚至让秦国都把手伸到了河东，将旧都安邑也拿下了。这让心高气傲的魏罃情何以堪？

于是，魏罃将目光瞄向了河西，准备再把此地从秦国人手里讨要回来。

公元前344年，魏罃勾结中原的一些小国和韩国、赵国准备在次年组成联合国大军一举灭了秦国。

这个消息很快便传到了咸阳，秦孝公倒是也不怕联军，大不了打一场呗，但是他不想白白损失兵力，便招来群臣问计，可让秦孝公无奈的是，朝堂之上所有的大臣们全都在那儿喊打喊杀，甚至连文官都撸胳膊挽袖子地准备上战场了。

这种情景让秦孝公感到悲哀，他捂着头想着："我们秦国什么时候才能自己培养出优秀的政治人才呢？"

就在这时候，公孙鞅走出来道："主公不可与联军硬斗，那样的话我们不占优势，战争结束以后也是两败俱伤，还会得罪整个中原的诸侯，这样就正中魏人下怀了，不如给那个魏罃挖个陷阱，再给他一顶高帽子，让他去得罪这些人吧。"

听到这儿，秦孝公眼睛一亮，兴奋地问道："什么陷阱？"

公孙鞅哈哈笑道："那魏罃好大喜功，眼高于顶，多年都没去拜见周王室了，他想称王的心思连大梁的小儿都知道，可王哪是这么好称的？当初楚国的熊渠和熊通都是强硬称王的人，可之后呢？还不是连番受到打击？因为他们地理条件好，远离中原，外加都是一群蛮子，没人理他们，但就这样依然没有得到中原诸侯的认可，反倒是被群殴。所以，魏国称王就更好不了了。咱们先放下脸面，尊魏罃为王，表面上臣服于他，等他们的联盟瓦解之后再打他也不迟。这样，西面的强敌顺从他，就没有人敢在明面儿上不认可他的王了，那魏罃为了感激咱们秦国的支持，肯定撤军，到时候咱们该怎样还怎样，而魏国却背信弃义，以后再想组成联盟可就难了。"

秦孝公听到这，哈哈大笑，"好，就这么办！"

就这样，公孙鞅分文没带便出使了魏国。

魏罃此时正在大殿和一些重臣商讨国事，这时候，有手下来报，说是秦国大良造公孙鞅亲自为使前来魏国进行邦交。

魏罃一听是公孙鞅，一下子就站了起来，狂笑着对左右道："哈哈哈，各位，当初老公叔还在世的时候，劝我用这个公孙鞅，可是我没用，他就劝我杀了他，可是我依然没杀，可多年以后看着秦国一点儿一点儿地强大，我心里真是挺后悔的，可如今这个公孙鞅送上门来了，由此也可以看出咱们联军的气势已经将秦国震慑，秦国？也就这么回事儿吧！我今儿个要是不杀他公孙鞅，那我都对不起老公叔的在天之灵，走！跟我去会会这小子。"

朝堂之上，公孙鞅缓缓而入，而魏罃高高在上地坐着"龙椅"，下巴抬得老高，用一种极为鄙视的眼神看着公孙鞅道："哟？这不公孙鞅吗？听说你这几年在秦国混得风生水起啊，当年我可是很后悔没有听从老公叔的话把你给杀死，怎么？今日来就不怕我杀了你？"

魏国的官员们都以为公孙鞅听了这话以后会非常慌张，可谁承想，公孙鞅不但一点儿没慌，反倒哈哈大笑起来，"哈哈，魏王您说笑了，两国交战不斩来使，况且我们这次还是为了魏王的好事儿来的，您又怎么能杀我呢？"

公孙鞅这一口一个大王，可把魏罃说得心花怒放，可表面上却依然很严肃地道："胡说！什么大王？身份都弄不清了！"

看到魏罃脸上的杀气有些消散，公孙鞅心中冷笑，表面则继续热情道："怎么就不是大王了？您和您的魏国那是全华夏最强的君王和国家，那周王室早就该靠边儿站了，为什么有实力的人不能称王，而早该被淘汰的旧势力却一直占着王的称号？我和我家主公深深地表示不服。虽然这些年咱们两国总是打仗，不过那都是误会，我家主公现在终于知道魏国于天下的凝聚力了，也深深惧怕您的光辉，想要从此以后为您牵马引路，对您唯命是从，尊您为王。我家主公都不敢不遵从您，其他的小国就更不用说了。"

话毕，公孙鞅对魏罃深深一拜，高呼"万岁"。

公孙鞅这一顿高帽子给魏罃戴得头晕眼花，别提多高兴了。而眼见自己的主公都被说晕了，有一些明白事儿的官员便想站出来揭穿公孙鞅的骗局，可再一看自己主公那个德行，这些官员全都打了退堂鼓，因为他们太了解魏罃的性格，如果在这时候前去叫醒了魏罃的白日梦，自己很有可能就会人头落地。

所以，最后也没有一个人敢站出来提出反对意见，而那些魏罃身边的宠臣们也是狂拍魏罃的马屁，"万岁、万岁"地喊。

于是，魏罃杀公孙鞅的计划变成了亲自设国宴招待公孙鞅。两人在一起说了一些两国共同发展的场面话，然后把酒言欢，哪有一点儿仇视的意思？

公孙鞅说完以后便驾车回国了。

然而公孙鞅那边前脚刚走，魏罃便广发请帖，邀请所有华夏诸侯前去逢泽（地名）参加他的封王大典。

同年，魏罃正式称王，是为魏惠王。可魏罃虽然称王了，但是他并不高兴，为什么？看看都谁来了吧，秦、宋、鲁、卫、邹。

这里面就属秦国最活跃，秦孝公派出公子少官来祝贺魏罃，又是送礼又是溜须拍马的，给魏罃拍得是不亦乐乎。

可没几天，魏惠王怒了，因为仔细看看就会发现，战国七雄中，除了秦国，其他齐、楚、韩、赵、燕等强国没有一个来的。

魏惠王大怒，"别的国家不来也就算了，都是三晋中人，赵国和韩国为啥不来，赵国也就算了，以前有点儿小矛盾，你韩昭侯不来说不过去吧？这叫我这个当大哥的脸往哪里放？"

于是，魏惠王开始对韩昭侯展开了行动。

他首先派出了第一拨使者前去韩国，并且和韩昭侯说："亲爱的韩武大兄弟，您曾经消灭的郑国是姬姓贵族，属于王室亲封国，这可不是你能占领的，我劝你还是让出来还给郑国后人吧。这样，郑国复国后天下人都会称赞你仁义无双，你肯定会留名青史。"

韩昭侯听了这话很是愤怒，但他就当魏惠王是在耍小孩子脾气，没有发作，只是婉言拒绝了。

可那魏惠王却没完没了。

第一拨使者刚走，第二拨使者又来了，这回更狠，直接道："韩武兄弟，咱们三晋本来是一家，不分彼此，唉，那个时候多好啊，天下诸侯在咱们晋国眼中如同是土鸡瓦狗一般不堪一击，可是你看看现在；分开的话什么都不好做啊。不如这样吧，咱魏国和韩国两个国家再重新合起来，这样的话国力和战力都会大增，天下谁能挡之？"

韩昭侯冷冷地问使者，"合并之后叫什么？听谁领导？"

使者高傲地回答道："自然是叫魏国，由我家大王领导。"

听到这儿，韩昭侯再也忍不了了，这是赤裸裸的威胁，赤裸裸的挑衅！他气极而笑："呵呵，行呀，合并可以，不过不能叫魏国，应该叫韩国！并且两国都归我指挥！"

使者一听这话，心里愤怒，正想反驳韩昭侯两句，岂料韩昭侯突然瞪着眼睛吼道："再多说一句我撕烂你的嘴！滚！"

使者一听这话，不敢再多说，捂着嘴溜了。

使者回到魏国以后将韩昭侯的话原封不动地回禀了魏惠王，魏惠王大怒，派庞涓为元帅，倾举国之兵攻打韩国。

韩昭侯也不惧他，当着满朝文武的面道："打呗，难不成我还怕他？"

于是，魏韩大战爆发。韩国经过申不害这些年的励精图治，国力大增，士兵全都是清一色铁甲，除了弓箭手，基本上没有"裸身"的。

兵器更不用说，不只弓弩，就连戟、剑、刀、枪韩国在当时都是天下第一的。

那魏国呢？自从桂陵之战失败以后，魏惠王开始疯狂扩充军备，据史书记载，"魏国，天下之强国也，武士（这里应该是指魏武卒，但现在纯粹的魏武卒已经没有了，所以用武士代替）二十万，苍头（青金裹头的军队）二十万，奋击（擅长搏击的精兵）二十万，厮徒（杂役兵）十万，战车六百乘，战马五千匹。"

这么看魏国不但没有在桂陵之战以后一蹶不振，反而还相当厉害。

韩国和魏国这两国打起来，中原可就消停不了了，两国虽然没有一次性的决战，但是相互试探的小战役不计其数，庞涓多点开花的战术思想也得到了充分的运用。

而让魏惠王没有想到的是，就在魏国和韩国打得热火朝天之时，有一头饿狼始终在盯着魏惠王，这头恶狼是谁呢？就是赵肃侯。

赵肃侯早在魏国派出使者前往韩国的时候就已经紧盯住魏国了，只要有机会，他是不在乎狠狠在魏惠王后面攻一下的。

所以，就在这俩开战之际，赵肃侯那边突然动了，他以迅雷不及掩耳之势攻取东河（黄河东段）的军事重地高唐，然后以此为根据地，马不停蹄地向南征伐，又攻取了首垣，企图在魏国后方对其形成包围，两面夹击魏国。魏惠王再一次陷入了多线作战的窘境。

这边的魏国在多线作战，而那边忽悠魏国称王的秦国在做什么呢？他们给魏惠王带上"王"这个高帽子以后没有了"后顾之忧"，在家里安安静静地发展呢。

因为之前始终有魏国在自己家的大门口盯着自己，所以秦孝公一直不敢对周边的这些少数民族们动手，可现在三晋打得正欢，有此机会不用，更待何时啊？

于是，秦孝公亲自带领秦国锐士狂殴周边的少数民族，除了义渠以外，其他各戎族部落基本没一个跑得了的。

终于，在公元前342年，秦国扫平了除了义渠以外所有身边的少数民族，彻底孤立了义渠。

同年，秦孝公命世子嬴驷率领西边的九十二个少数民族部落的族长前去成周朝见周王，向天下人耀武扬威，告诉他们，现在我们秦国的西面已经搞定了，天下的诸侯啊，你们等着瞧吧！

这事儿一出，天下人无不震动，就连市井老百姓都知道这个天下怕是要乱了。

按说，现在秦国人都已经把狐狸尾巴露出来了，你们三晋是不是也该收手了？是不是也该准备防御秦国的侵略了？按常理来说是这样的，可是魏惠王并没有，他主意正得很，一边在东北防守赵国，一边在西面硬攻韩国，不一举拿下韩国誓不为人！

就这样，魏惠王一步一步带领着自己的魏国走向万丈深渊，于是，埋葬强魏的马陵之战来了。

5.10 魏之悲歌——马陵之战

之前说到了魏韩两国在中原互打，小战役不断。

韩昭侯本来以为凭着这些年变法攒下来的家底能和强悍的魏国抗衡一下，但是多日以来的战争使得韩昭侯悲哀地发现，原来是自己自负了。

因为魏国国力实在是太强大了，他们的粮草供应源源不断，士兵人数还比自己多出几倍，根本就不是他一个韩国能抗衡的，哪怕是有赵国在后面偷袭魏国，使得魏国两线作战也不行。

眼见再这样下去必是大败的局面，韩昭侯忍不了了，急忙派人前去寻找第三个支援国。

那谁能和强大的魏国抗衡呢？除了秦国，只有东方巨龙齐国能打得了魏国。

于是，韩昭侯忙派人去向齐国求援，请求田因齐能够出兵帮助自己度过这次危机。

田因齐并没有在第一时间回复韩国派过来的使者，而是临时召开了一次朝会，等人齐了以后，田因齐问道："现在魏国快把韩国打怕了，韩武那边撑不住了，遂派使者过来求援。我现在对于救不救这个问题非常犹豫，还请各位爱卿能拿出自己的意见供寡人参考。"

话音一落，邹忌第一个站了出来，他的观点还是和以前一样，"不救。"

可是邹忌刚刚说完，田忌便跳出来道："不可！通过上一次的桂陵之战，我们和魏国的梁子已经结下了，如果让魏国吞了韩国，魏国的实力必然大增，那么下一个遭殃的就是我们了，末将以为，咱们不但要救援韩国，还要尽快，绝对不能给魏国人吞并韩国的机会。"

田因齐听了二人的话以后眉头深深皱起，很显然，不管是邹忌，还是田忌的回答他都不是很满意。三晋的德行他太知道，这些人言而无信，今天和你当朋友，明天就有可能抄起家伙来打你。

所以，田因齐的内心深处是不想救援韩国的，可如果不救便如田忌所说，但如果现在救援，除了帮助韩国以外自己根本讨不了好，这种打肿脸充胖子的行为他田因齐是说什么也不想干的。

眼看大堂之上分成两派，一派是邹忌的狗腿子，都主张不救，另一派则是田忌的忠实追随者，主张早救。田因齐这个心烦，只能用眼神示意孙膑，希望他能给自己出点儿好招。

孙膑微微一笑，知道该轮到他出场了。

只见孙膑气定神闲地对着田因齐一个拱手，不紧不慢地道："主公不必因为此事烦恼，要我看，救援是一定的，但是不要救得太早。现在韩国才来求援，咱们这边就派兵相助，第一会损失很多兵马，第二也没有面子。那韩国经历了申不害多年变法，已经很强大了，不是魏国一时半会儿能弄死的，您别看那魏国来势汹汹，韩国怎么着也能抵抗个一年半载的，战争时间一旦拖得久了，不管是韩国还是魏国都会被重创，而咱们齐国要做的，就是答应韩国的要求，接着只做一件事，那就是等，等他们韩国和魏国拼得两败俱伤，到那时候咱们再从后面突袭魏国，那时候魏国已经成为疲惫之师，韩国也会被打得不成样子，咱们只管坐收渔翁之利。"

田因齐听罢哈哈大笑："好，好一个渔翁之利，咱就这么办了！"

定计以后，田因齐叫来韩国使者，当着使者的面保证出兵帮助韩昭侯，让他放心。

韩昭侯听到田因齐的回复以后好像吃了一颗定心丸，立马诏告全军将士，让他们奋勇抵抗，因为齐国的援军马上就要来了。

韩军因此士气大振，英勇抵抗魏国侵略军。可是光有士气是不够的，行军打仗还要有强悍的国力做后盾，优秀的将领指挥军队，还要有庞大的兵力和优良的兵器。

而韩国在这兵家四项里面只占一项优势，怎么会是魏国的对手呢？

国力什么的咱就不说了，就说将领。

那庞涓是什么人？除了孙膑以外，这个天下谁是其对手？

庞涓率领的魏国大军好像是烈火一般，烧遍了韩国的"大江南北"，他先是拿下了南梁，紧接着又攻下了赫地，逼得韩昭侯不得不用野战的方式来阻挡庞涓的大军。

可无奈的是，在野战方面韩军更不是庞涓的对手，连续五次被庞涓大败，打得韩昭侯只能下令坚壁清野，用强弩守城，以此来拖延时间。

一个月过去了，一年过去了，看着自己国家的士兵和百姓的士气和情绪越来越低落，韩昭侯急了，他现在最想做的事情就是拽着田因齐将其一顿暴揍，哪有这么骗人的？

所以，快要被逼疯了的韩昭侯再次派遣使者到了临淄。

韩国使者来到临淄以后，姿态放得那是极低，他当着齐国众文武的面扑通一下子给田因齐跪下了，哭天喊地地道："尊敬的齐国国君，我现在所说的每一句话都是代表着我家国君说的，我们国君承诺，只要您能够大发慈悲地派兵来救我们韩国，我们保证从今以后唯您田大明公马首是瞻，求求您了，快点发兵吧，您再不发兵我们韩国就真的完了。"

这使者一顿哭，给田因齐的老脸臊得通红，他也知道自己等得有点儿久了，赶紧将使者扶起来，笑着道："使者说的哪里话，其实我们早就应该出兵相助了，但是咱们齐国国内有一些乱臣贼子想要趁机谋反，我为了摆平这事儿费了一点儿时间，这才没有及时援助贵国，不过现在一切问题都已经解决了，我这就发兵援韩。"

就这样，田因齐命田忌为齐军主帅，孙膑为军师，盼子、田婴为副将，率领十万技击大兵出兵援韩。

公元前342年，齐军再一次入侵魏国，兵锋直指大梁。

魏惠王气得在大梁王宫直骂，他终于体会到当初赵国的君主是一种什么样的心情了。

魏惠王怒了，这回他说什么都要一口气解决掉齐国。于是，魏惠王一面命太子申率领十多万魏军，从东南走宋地，迂回进攻齐国内部，一面命庞涓撤回主力大军迎战田忌的齐军主力。

魏惠王认为，想要打倒狡猾如狐的田忌部队，那就一定要庞涓亲自出马。

庞涓之前在桂陵之战中失败过一次，如果这一次可以将之前的败绩给赢回来，不只对他庞涓是一次蜕变，整个魏国的将士们也会士气大振，到时候天下之大，还有谁能阻止他魏惠王统一的步伐呢？

魏惠王对于这次的胜利有绝对的信心，因为他知道，齐国这次出动的士兵绝对不会超过十万，而庞涓兵力有近三十万，是齐军的几倍，还都是魏国精英，有这么大的优势怎么可能败？怎么会败？

魏惠王天真地认为意外绝对不会发生，可是，意外还是发生了，并且使魏国从此一蹶不振。

话说庞涓得到命令之后毫无迟疑，分出几万部队封锁住韩国东进的要道，免得自己和齐国人争斗的时候他们从后面夹击（其实他想多了，现在韩国已经没有半点儿主动出击的能力了），然后他亲自率领近三十万的主力部队直扑齐军。

田忌这会儿刚刚进入魏国境内，还没到大梁呢，就听说庞涓的三十万人直奔自己而来。

他捂着头无奈地和众人道："天哪，上次确实是把人给得罪了，人家都不管韩国了，差不多出动举国之兵分两路来攻打咱们齐国，这得多大的仇恨？而咱们只有十万人，能抵挡得住魏国的进攻吗？这可怎么办啊？"

而孙膑呢？他好似从来都不会慌张，从来都是那么从容。

只见孙膑对田忌说："这事儿好办，三晋的士兵作战勇猛，从来都是轻视咱们齐国的，咱可以再在不同的地点重复当年桂陵的故事，可以再引诱庞涓追击，然后将他们引到马陵进行伏击！"

听到了孙膑的话，田忌简直不敢相信自己的耳朵，他第一次反驳了孙膑的提议，把头摇得和拨浪鼓似的："不行不行，这绝对是不行，兄弟你能不能别开玩笑？还重复当年的故事？他庞涓又不傻，怎么可能同一个计谋再中一次呢？"

孙膑就知道田忌会是这个反应，他微笑道："这个世界上没什么是不可能的，只要你演得够真，我保证，庞涓那厮会再次掉入我的陷阱之中。"

听了孙膑这话，田忌虽然有了一些信心，但还是持怀疑态度，孙膑很严肃地道："我说田大将军，我孙膑的计谋什么时候失算过？怎么？今天你就和我杠上了？肯定不听了是不是？"

田忌一看从来都是微笑示人的孙膑要急，赶紧摇头道："不不不，我信，我信！"

"好，既然这样，那现在就命令咱们的军队按原路返回齐国。"

齐国军队"撤退回国"了，咱们再来看看现在的魏军。

那庞涓收到魏惠王的命令以后，便急速前往大梁，可行至一半的时候，突然收到了魏惠王的信件，信上告诉他，齐军这次一共出兵十余万人，听说你回来迎击他们便撤退回国了，让庞涓追击的时候务必小心，千万不要中了田忌的埋伏。

庞涓看了信件以后不动声色，直接绕过了大梁前去追击田忌，只不过他这次行军非常谨慎，刻意放慢了行军的速度，按着齐军的行军路线，不紧不慢地跟在身后，准备看准时机给齐军致命一击。

当庞涓到达虚地的时候，他看到了齐军散去的大营，看到了齐营慌忙撤走的痕迹，看到了此地只剩下五万的灶痕，这使得庞涓紧绷的脸产生了一丝得意，可是他依然没有放开了狂奔，而是稍稍加快速度，依然紧随齐军其后。

那么庞涓到底能不能复仇成功呢？咱们后面再说。

此时的齐军已经到了前些年的福地——桂陵。

在齐军大营之内，田忌急得来回踱步，而孙膑呢？还是跟个没事儿人似的，坐在自己的轮椅上用刀做手工艺品。

大概过了一炷香的时间，传令兵来报："报军师，庞涓距离桂陵不到一百里"。

孙膑微微一笑，对传令兵道："很好！现在通告全军，继续按照原定路线撤退，但是脚程要加快！另外，留三万灶痕在此，不许打扫干净！"

田忌现在真可谓一脸蒙，直到现在也不告诉他这灶痕减来减去的到底是为了什么，这回看到孙膑已经将灶痕的数目减成了三分之一不到，他可真忍不住了，瞪着眼睛道："军师，这到底是为什么？"

孙膑还是那副风轻云淡的样子，对着田忌道："将军，你让我留点儿悬念行不？"

田忌瞬间无语，可也不能再说什么。

次日，庞涓率领的大军来到了之前的凶地——桂陵。

庞涓不敢有丝毫的大意，在进入桂陵以前派出去好几拨斥候，满桂陵搜索齐军的行踪，当得知桂陵并无伏兵以后才敢进入。

当他看到齐军撤退痕迹的时候，严肃的脸上彻底放开了，哈哈大笑道："哈哈，师弟啊，你好马虎，来人！"

"在！"

"命令全军急速行进，再也不必去管什么伏兵了，现在只要做到一点就可以了，那便是追上齐军，全部歼灭！"

"是！"

庞涓的副将看到庞涓突然这么下令，十分疑惑地道："将军，那孙膑用兵诡计多端，防不胜防，这您都是知道的，但为什么要如此不计后果地去追呢？"

庞涓哈哈笑道："粗心的将领不会观察细节，细心的将领观察一切风吹草动，从而判断出敌人的动机和下一步行动，你看齐军撤退以后留下的灶痕！"

副将看了一眼，没发现什么。

庞涓哈哈一笑道："这也难怪你看不出来。主公说了，最开始的时候他们齐军有十万。之后，我通过他们留下的灶痕发现还有五万，这说明了什么？说明齐国的士兵们看我们人多势众，已经有了畏惧的心思，他们一路走一路逃，那时候已经逃跑了一半的士兵。可就是这我也没敢大意，依旧慢慢跟随。如今你看，在这个桂陵，他们的灶痕已经减到了三万，这又说明什么？说明齐军现在的士兵已经不足三分之一了，就凭他们这点儿人，哪怕是伏兵我也绝不在乎，现在，你听懂了吗？"

副将听了庞涓的话，顿时恍然大悟，抱拳道："将军英明！"

就这样，魏国人突然加快了行军速度，狂追齐军。

那田忌的齐军这时候在干什么呢？原来他们自从撤退以后，也是拼了命地跑，现在已经到马陵了。

马陵这个地方位于现在的山东范县旁边，是越过了桂陵以后多条返回齐国的捷径之一，没什么特别的，可只因为这地方极为适合设置伏兵，所以孙膑才选择了此地。而马陵这个名不见经传的小地方，也将在这次魏齐大战以后名留青史。

那么这个地方究竟有多适合埋伏部队呢？史书上说"马陵道狭而旁多阻碍，可伏兵"，这属于兵家典型的死地。

孙膑让所有部队埋伏于四周丛林，一边准备巨石，一边让韩国来的那些床弩技师马上将带过来现成的材料拼凑成床弩，而孙膑则站在马陵仅有的那一条道路中间观看一棵大树。

这大树很有意思，正好长在了马陵土道中间，孙膑冷笑一声，命人剥了树皮，并亲手在此树上刻下七个大字，"庞涓死于此树下"。

次日，夜已深，马陵宁静无比，四周都是黑漆漆一片，只能听到风吹动草丛的声音。

不一会儿，整个马陵却是人声鼎沸，火把多得简直要将马陵照成白日。不用说，庞涓来了，他不顾人困马乏，不顾夜间于险地行军的兵家大忌，狂奔追击齐军。

他有一种感觉，知道自己距离孙膑越来越近了。

可就在这时，有一名传令兵突然来报："大帅！道路前方有一棵大树挡住去路。"

庞涓不耐烦地道："这还来禀报什么？直接砍了搬走不就行了吗？"

"可，可是这棵大树上面有字。"

"什么字？"

传令兵支支吾吾不敢说，庞涓怒了："现在本就是争分夺秒的关键时刻，你却还在这和我耽误时间，快说！"

话毕，拿起了马鞭，作势要抽传令兵。

传令兵赶紧道："树上写的是，庞，庞涓死于此树下。"

这话一说，庞涓脑袋嗡的一声，再看看马陵地形，再联想到之前摆放的灶痕，庞涓瞬间明白了，瞬间狂吼道："快！快！传令下去，命所有的士兵马上掉转马头，赶紧给我走出这个马陵！快！"

传令兵一看庞涓这个表情就知道大事不妙，赶紧下去传令了，可马陵道路很窄，大军又是仓促回头，顿时乱作一团。

这些魏国大兵们还一边往回转一边骂骂咧咧的，不知道庞涓搞的什么鬼。可就在这时，在远处黑暗的丛林中，突然有一支火把亮了起来，庞涓看到这个很突兀的火把一惊，差点儿从战车上摔下来。

就在火把亮起的瞬间，砰砰砰！无数恐怖的弓箭离弦声骤然响起。

听见这种声音，所有的魏国人都惊呆了，场面一片寂静，只能隐约听到呼啸的箭矢破空声离他们越来越近。

砰！第一支巨型箭矢落在了地上，将在那附近的人都砸成了肉泥，紧接着，无数的普通箭矢和床弩射出来的巨型箭矢都砸到了魏军阵中，魏军顿时大乱。这要是当初的魏武卒，一定会在第一时间将盾牌架到自己的头上，然后等待主将的命令，可这些士兵的反应哪里能跟魏武卒比！

庞涓愤怒地大吼道："都给我把盾牌架起来，还想什么呢？"

还在四散狂奔的魏国士兵一听这话，赶紧将盾牌架了起来，跪在地上，而旁边的那些士兵也有样学样。整个魏军瞬间变成了盾牌的海洋。

如此，除了床弩射出箭矢能够杀人之外，其他弓箭射出的箭矢已无法对魏军造成伤害，魏军的伤亡在这一时间放缓。

魏军中，一名十三四岁的少年士兵正在努力地撑着大盾抵御流矢，可就在这时，一支巨型箭矢砸了下来，将距离他不远处的魏兵砸得不成人形，看着一地的断肢和内脏，少年全身发抖，眼泪根本憋不住地往下流，"妈，妈妈，救救我，请救……"。

话还没说完，突然又从上坡冲下来一块大石头，硬生生地将这名少年砸成了肉泥，然后，无数的巨石滚落下来，使得慢慢趋于稳定的军队再次乱成一团。

这种打法和桂陵之战简直就是如出一辙，当年的魏武卒都受不了，更别说这些人了。

田忌哈哈狂笑，在这时候令旗一挥，无数的齐军趁势杀出，将如同一条长龙的魏军切成了好几段，之后便展开了疯狂的屠杀。

看着一批又一批的魏军倒在血泊当中，看着一群还未成年的少年士兵跪在地上哭着喊着磕头求饶，却依然被齐军残酷地斩下头颅，庞涓知道，大势已去。

看着孙膑的方向，庞涓无比绝望，上次他折了十万魏武卒，这次又丢了近三十万的魏国主力，他还有什么脸面见魏惠王？与其被魏惠王所杀或被孙膑生擒，不如……

想到这儿，庞涓丧失了活着的勇气，直接抽出宝剑顶着自己的咽喉，对着孙膑方向大吼："遂成竖子之名！（我的死成就了你这个竖子的名声，我不甘心啊！）"说罢，自刎身亡。

主将一死，还有些许抵抗念头的魏国士兵瞬间崩溃，他们扔下了武器，跪在了地上。

田忌看到此景，顿时下令停止进攻，将所有已经投降的俘虏押回齐国充当劳动力。

这就是闻名天下的马陵之战。

在东线，魏军全军覆没，那南线迂回的太子魏申那边呢？自然也是逃不了一死。

话说太子魏申被命令出兵，这看似没有什么的举动却是一个危险的信号，以前的晋献公和以后的刘邦不都是想这样杀了太子吗？

所以魏申别提多郁闷了，整日忧心忡忡。

他的参谋徐子看出了魏申的烦恼，于是找到魏申道："太子无须烦恼，我有妙计可助您摆脱当下困境。"

魏申一听这话，眼睛都亮了，赶紧对徐子一个躬身，"先生教我。"

"您是当朝太子，身份和地位已经没有办法再提高了，您哪怕赢了，也得不到任何封赏，可如果输了，您的太子之位却很难保全，这要是在之前，您肯定是难以逃脱，但是现在不一样了，我听说庞涓的大军已经在马陵被全歼，他也自杀身亡，现在您可以直接率部回大梁，如果魏王怪罪，您就可以以保留主力为由推脱，那样的话魏王也是无话可说的。"

魏申听了徐子的话以后哈哈大笑，便想带着部队回到大梁。

可他想得实在是太好了，因为魏申从来都没有过什么战功，所以在魏国军界没有谁瞧得起他，而这些魏国大兵都打算在战争中多立点儿功，给家里面的妻儿赚点儿钱，谁想没有战功就回去呢？

所以，那些军中的将官一听说要撤兵，领着士兵便去找魏申理论。

这阵仗简直就快要兵变了，那魏申从小在王宫中长大，养尊处优的，什么时候见过这种架势，顿时吓得双腿发抖，只能答应这些"老兵"的胁迫，硬着头皮去打齐国。

齐国方面，孙膑赢了庞涓以后，将所有的俘虏全都送往临淄，之后马不停蹄地冲向正在慢吞吞迂回的魏申部队。

强兵弱将，自然是以失败收场，魏申自己也没能幸免，死于乱军之中。

如果说桂陵之战只是将魏国拽到了和齐国、秦国、楚国同等级位置的话，那么马陵之战之后，魏国再也没机会跻身于战国第一流强国之列了，因为他的主力已经丧失殆尽，想要恢复到巅峰没有十几年的时间是不可能的，可身在战争不断的战国，哪个国家会给你安心发展十多年的机会呢？

所以，是到了和"强魏"说再见的时候。

5.11　黯然收场

大战胜利以后，齐军胜利回师，每个人的脸上都洋溢着幸福和欢笑，只有孙膑一人眉头紧皱，没有半分的兴奋。

田忌看到这个老朋友的样子非常奇怪，便问道："军师啊，咱们大胜魏军，每个人都非常高兴，为什么只有你这么不开心呢？"

孙膑所答非所问地道："将军，我想请问你，在齐国谁对您的威胁最大呢？"

田忌毫不犹豫地道："那还用问吗，自然是邹忌，我怎么看他怎么不顺眼，他也瞧不起我，干什么事儿都和我唱对台戏，我早晚杀了他，可是这事儿和您愁眉苦脸有什么关系吗？"

孙膑表情很凝重地道："将军，您带领齐军连番大胜强魏，功劳甚大，声望甚至已经要盖过主公的光芒，长此以往必定会有危机存在，将军如果想要度过这场危机，只有两条路可走。"

田忌被孙膑说得晕头转向，他怎么就没看出来自己会有什么危险呢？可是孙膑说话了，他还是下意识地问了一句："哪两条路？"

"第一，隐姓埋名，从此过富家翁的生活，再也不要掺和到政治圈里面。第二，干一番大事业！"

看着田忌还是满脑袋问号的样子，孙膑无奈地说："将军啊，您现在功高盖主，肯定会引起主公的警觉，哪怕您没有什么别的心思，可是不信任的种子必定会在主公心中种下，而离主公最近的并不是您，而是国相邹忌，那邹忌和您是政敌，可如果您兵权在握的话，他决计不敢拿您怎么样，但是您手中一旦没有兵权，到时候可就麻烦了，邹忌阴谋诡计层出不穷，您到时候一定会吃亏的。将军最好不要解除武装返回齐国，而是让那些主力士兵来把守住主地（今山东省淄博市西南），主地距离临淄很近，并且道路狭窄，马车只能依次通行，碰撞摩擦而过。如果让那些士兵把守住主地，定能以一当十。然后将军背靠泰山，左有济水，右有高唐，辎重可直达高宛（今山东省桓台县境内），只需轻车战马就可以直冲齐国首都临淄的雍门。如此，齐国的大权就可以由将军掌握了，那时候邹忌必定出逃，将军才能够安全啊。"

田忌一听这话，可是吓了一大跳，赶紧说道："军师你胡说些什么？这种大逆不道的话你也敢说？我田忌为了齐国可以奋不顾身，对主公更是忠心不二，怎会干如此大逆不道之事？"

"我不是让你干大逆不道的事，只是想让你更加安……"

不等孙膑说完，田忌直接制止："军师不必再说，挟重兵逼宫这种事情我田忌是绝对不会做的，如果军师没有什么别的事情，就请告辞吧。"

田忌自从认识孙膑以来，从来没对他说话语气这么重过，由此可见，田忌确实有些生气。

孙膑长叹一声转身走了。

回到自己的营帐以后，孙膑给田忌留下一封信便默默地走了，信很短很简单，只有几个字："您斗不过邹忌，如有意外，速速前往楚国避难。"

孙膑是个聪明人，自从受到庞涓的迫害以后便看透了官场的丑陋，他可不想被这些肮脏的政治斗争殃及，本来如果田忌按照他说的做，两人肯定都是相安无事，并且还能"挟天子以令诸侯"，在齐国呼风唤雨，可如今田忌顽固不化，按照邹忌的手段，田忌早晚要被害死。

孙膑不愿意看到这些事情发生，便默默地走了，找了一个地方隐居起来，从此再也没有出现过。

果然，当田忌回到临淄的时候，临淄城的老百姓都挤破了街道来欢迎田忌，这使得田忌声名大噪，田因齐也因为此事对田忌产生了怀疑，倍加防备。

邹忌敏锐地看到了这个机会，便让心腹公孙阅指派"枪手"携带重金招摇过市，找人占卜，并向"占卜师"自我介绍道："我是田忌将军的臣属，如今我家将军三战三胜，名震天下，现在欲图大事，麻烦你占卜一下，看看吉凶如何？"

占卜师早就收了别人的好处，不知被别人当了枪使，还摇头晃脑地道："嗯，你家将军有王者之相，将来的前途不可限量，极有可能成为一国之君啊！"

公孙阅早就派人隐藏在暗处，就等着占卜师的这一句话呢。

所以，当那占卜师刚刚说完，公孙阅便亲自出面逮捕了占卜师和田忌的"家臣"，并亲自将两人押到了田因齐的面前验证了这番话。

田因齐听完以后大为震怒，准备严查此事。

其实这很容易看出就是陷害，破绽实在是太多了。

第一，那公孙阅主管整个临淄的安全问题，整日公务缠身，门都少出，哪有工夫领着捕快们前去捉拿犯人？这本身就很令人怀疑。

第二，哪有那么凑巧的事，这个占卜师前面刚刚说完，公孙阅就跳了出来将此人擒获。

第三，那所谓的占卜师和田忌的家臣被抓住了，田大国君连查都不查便直接怒发冲冠，这是什么道理？

由此可见，这事情到底是怎么回事田因齐心中是有数的，他之所以明知道田忌没有反叛的意思还要故作愤怒就是因为孙膑所说的四个字——功高盖主。

果然，田忌闻讯后大为恐慌，想起了孙膑当初和他说过的话，一阵后悔，"什么事情都听孙膑的，怎么这回偏偏就不听了呢？我装个什么忠臣！"田忌如是想着。

可事到如今，说什么也没有用了，自己手中已经没有了军权，只能按照孙膑的下一个策略行事了。

于是，齐国大将军田忌被迫出逃至楚国。

而这时候的楚威王熊商刚刚即位，此人文武双全，野心极大，他非常喜欢田忌这种能带兵打仗的将领，便将田忌直接封为大夫。

就这样，田忌在楚国待了一年又一年，经历了无数个春夏秋冬，可是他的心一直都在他所热爱的齐国，从来未变。

终于在多年以后，皇天不负有心人，齐宣王即位，得知田忌当初是被陷害的，便将田忌召回国内官复原职，可田忌那时候已经老了，再也没有年轻时候的勇猛和冲劲儿了，只能老死于齐国。

咱们还是再把目光转回马陵之战以后吧。

话说马陵之战结束以后，魏国有生力量损失了十之七八，魏国的劳动力大规模下降，当初称霸天下的大魏再也没有能力继续在中原称霸了。

而损失巨大的不只是魏国，还有韩国。

那韩国经过申不害的变法，有了一些家底，这次也损失极为惨重。

而这场战役齐国看似是最大的赢家，可真正最大的赢家其实是秦国。

齐国处于极东之地，距离韩国非常遥远，虽然挨着魏国，但也是魏国的主要防守对象，而西边的秦国则不同了，它紧挨着三晋，想要什么时候进攻便什么时候进攻，非常游刃有余，这个西边的庞然大物也马上就要开始对中原张牙舞爪了。

可在此之前我们还得说一个人，这人此时正在极速飞奔大梁，他的名字叫惠施。

惠施，宋国商丘人，学识渊博，魏王都经常听他讲学，并十分赞赏他的博学。

而惠施也对魏惠王很忠心，两人大有相见恨晚的意思。

这一年，魏国大败于马陵，主力部队损失殆尽，魏惠王的大将和儿子全都归西了。更巧的是，魏国的相国也卒了，魏王的一头黑发一个晚上便急得白了半边，可那能怎么办呢？魏国虽然损失巨大，但日子还是得继续过。相国的位置还得弄上去个人啊！

于是，魏惠王急召惠施入大梁，准备将相国之位交给他。

惠施接到诏令，立即起身，日夜兼程直奔大梁，准备接受相国的职位。

惠施走得非常匆忙，甚至连一个随从也不曾带上，可在途中，惠施却被一条大河挡住了去路。

惠施记挂着魏王和魏国的事，心里这个急啊，再看四面八方没有一个船家，这可怎么办？

魏国现在非常危险，如果不马上采取措施，亡国也不是不可能的。

于是，火急火燎的惠施也不管自己不会游泳了，直接脱了衣服打算游过河。

结果，当他进入水中才知道，原来现学游泳是不行的，因为他已经在水里扑腾起来了，眼看就要被河水淹没。

就在这生死攸关的时候，一个船夫驾着小船冲了过来，并将惠施拉上了船。

看到惠施狼狈的样子，船家很是不满地问道："你连游泳都不会，为什么还不等船来而要强游过河呢？"

惠施本来还想对船家感激一番，可是一听船家说话如此不客气，常在高位的惠施也挺生气，冷冰冰回答说："时间紧迫，我等不及。"

船家一看这人不但不感激他的救命之恩还趾高气扬的，顿时来了火气，但又止不住好奇心，便问："我还是第一次听说为了赶急连命都不要的，你到底啥事这么着急啊？"

惠施说："我要去做魏国的相国。"

船家一听这话直接蒙了，再瞧瞧惠施落汤鸡似的落魄样子，脸上露出了鄙视的神情。

他耻笑惠施说："看你刚才落水的样子，可怜巴巴地只会喊救命，如果不是我赶来，恐怕连性命都保不住。像你这样连游泳都不会的人，还能去做宰相吗？真是太可笑了。"

惠施很不客气地对船家说："哼，要说划船和游泳，我当然是比不上你，可是要论治理国家、安定社会，你同我比起来，大概只能算个连眼睛都没睁开的小狗。游泳能与治国相提并论吗？"

船家冷哼，他实在是不想再和这个吹牛的人说一句话了，只想赶紧将他送到岸上了事。

惠施上了岸以后，对船家说："你把姓名和住址告诉我，怎么说也算是救了我一命，以后我定有厚报！"

船家实在是受不了这人了，一边划船走人，一边鄙视地道："你赶紧滚吧，我懒得再和你说一句话。"

惠施也是一声冷哼，转身便走了。

惠施到了大梁以后直接面见魏惠王。魏惠王一看惠施来了，也不绕圈子，直接问："先生，现在我们魏国已经到了生死存亡的时候，前番马陵大败想必你也知道了，我也不再废话，如今该怎么渡过这个难关还请先生教我。"

惠施赶紧答道："现在咱们魏国极度虚弱，当务之急是稳定内政，实在是不适合再进行战争了，应该马上和周边赵、韩的大佬们议和，然后是齐国还有楚国，最后再去拜见周王室解释称王的事情，就说咱们自己是假称王，一切都是为了管理好国内的事宜！这样起码在仁义道德上就能稍微站住脚了。"

魏惠王听了连连点头，可依然弱弱地问道："这些国家都去表示了，那秦国呢？不是也应该去表示表示吗？"

惠施看着魏惠王，恨铁不成钢，"我的大王啊，还秦国呢，您让他们骗成什么样了？您看着吧，他们马上就会来打你了，我所说的一切都是为了抵抗秦国啊。"

"唉……"

魏惠王叹了一口气，命惠施为丞相，分成两路行走各国，魏惠王亲自去成周向周王室解释，而惠施则帮他奔走各方。

这一路下来，效果出奇地好，韩国经历了这次的打击，和魏国一样，也不想再经历战乱了，所以答应和魏国重新建立邦交；赵国虽然恨死了魏国，但是惧怕在一旁虎视眈眈的新秦人，也只能暂时和魏国停止刀兵；而齐国和楚国看到三晋重归于好，也答应了魏国不痛打落水狗。惠施终于凭借着他优秀的外交能力稳住了中原各国，可以放开手脚抵御秦国人了。

可新秦人现在是何其强大，刚刚惨败的魏国真的能够抵挡得住秦人的进攻吗？答案是肯定的，不能。

第六章

众生撕咬

6.1 所谓同窗

公元前340年，秦孝公命大良造公孙鞅率兵攻打魏国，企图一举拿下魏国在河西残存地盘。

魏惠王七拼八凑地弄出十来万人，命公子卬为行军主帅，前去河西阻击秦军。

公子卬，魏武侯少子，魏惠王同父异母之弟，从小便聪明伶俐，极为重义。不管是学习兵法还是法、老、儒等著作都能举一反三，可谓文武双全之典范。这小子长相也英武帅气，堪称完美。

当初魏武侯就曾经想立公子卬为世子，可是公子卬深知立幼不立长乃取乱之道，便拒绝了。他云游天下，寻访名师，打算艺成归来为魏国出力。

值得一提的是，公子卬还是公孙鞅的同学，并且才能远高于公孙鞅，魏惠王寻思着公子卬了解公孙鞅，便打算派他去抵抗，正所谓"知己知彼，百战不殆"可谁知道他这一派不只没有成功挡住公孙鞅，反倒是"赔了夫人又折兵"，这倒不是因为公子卬的能力不行，而是不管公子卬还是魏惠王都忽略了新秦人和公孙鞅的阴险程度。

话说秦、魏两军对峙以后，公孙鞅首先指挥秦军对魏军发动总攻，魏军也是迎头而上。可两军交锋不久，魏军不如秦国新兵"锐士"精锐，遂有败退之势。

公子卬没有半分慌乱，只是冷笑，然后命令大军且战且退，直到退至魏营，起兵车枪阵阻挡秦军，并且大营弓弩手不断招呼，秦军攻不进去，士气逐渐下滑。公孙鞅眼看事情不对，便想撤兵回营。

可就在这时，秦军后方杀声震天，竟有二万五千人之众从后面掩杀而来。而刚刚狼狈而逃的魏军也在此时掉转枪头，猛攻秦军。

不用想，此为公子卬提前埋伏的伏兵，为的就是打个漂亮的歼灭战。

公孙鞅眼看不好，便令全军驾战车摆阵坚守，之后命令全军在车阵内趁势造营，以固守之态等待国内救援。

公子卬之前见识到了秦国锐士的精锐，不敢强攻，便四围秦军，断其粮道，打算活活饿死这些秦人。

公孙鞅之前匆忙追击，粮草尽在后方，来不及搬运，然而现如今已被公子卬四面堵死，粮草想要运进来简直就是做梦。无奈，他只好三番五次地组织士兵突围，可公子卬布置的四围之阵甚是严密，公孙鞅根本无法突出。

于是，公孙鞅打算出阴招了。

他仗着与公子卬是同学的关系，便写信一封送给公子卬，"亲爱的魏卬，想当年同窗的时候，咱们两个关系相处得多好啊，我根本就没想到会和你对阵厮杀，我们秦军这次出征原本的目的是想要收复整个河西的，但是和你厮杀是我没想到的，这叫我于心何安呢？我着实不想和同学厮杀，所以想和你结为同盟，永不为敌。亲爱的魏卬，到我这里来吧，我想你了，想和你再一次对酒当歌，等咱哥俩喝一顿之后全都撤退，秦魏以后永结同盟，你看我的提议如何？"

曾经的老秦人是什么品性全华夏都知道，上至君王，下至百姓，那都是一言既出，驷马难追，再加上公孙鞅说得至情至理，所以公子卬很开心，根本就没想其他的，直接就要去赴宴。

他手下的副将们却阻止道："将军！现在两国正处于战争时期，咱们不应该轻信敌人啊，如果公孙鞅失信，将你擒拿在秦军营地，我军无人指挥，到时候拿什么来抵挡秦军虎狼？"

公子卬叹息一声道："你说的这些我又何尝不知？但秦人讲信用，从来都没有办过失信的事情，那公孙鞅和我还是同窗关系，我不相信他会失信于我，再者说，如今的魏国经过前阶段连续两次大败，已经不能再开战端了，如果能趁此时和秦国修好，便有足够的时间休养生息，这不是天大的美事吗？"

就这样，公子卬毅然决然地去了秦军营内。

可公子卬万万没想到的是，他低估了变法以后秦人的奸诈，老秦人的道德品质早就已经成为过去式了。

公孙鞅的变法不只将秦国变成了一台永不停歇的战争机器，也将秦国人变成了个人利益至上的魔鬼。

起初，公孙鞅还和公子卬叙叙旧，喝喝酒。可酒过三巡以后，公孙鞅直接摔杯，一瞬间，早就埋伏好的魏国刀斧手们钻了出来，将公子卬擒获。

公孙鞅抓住机会，命令秦军对魏军发动总攻。

而这些只知道拿人头赚钱的秦国锐士根本就没有半点儿道德上的愧疚，反而士气高涨地杀向魏军。

魏军没有主帅指挥，中军一片大乱，秦军就好像砍瓜切菜一样收割着魏国人的人头。

看着如同虎狼一般的秦国锐士，没有主帅的魏军彻底胆寒了，他们死的死逃的逃，最终大败。

魏国大梁，当魏惠王听说西边战线再次大败以后，噗地一口鲜血从口中喷出，顿时感觉天旋地转。身边的大臣们急忙将魏惠王扶起，照着他的前胸和后背一顿拍。

魏惠王好不容易缓过劲儿来，死死地抓住惠施的手问道："丞相！现在该如何是好？"

惠施长叹一声："唉！为今之计，也只能将河西的大片土地割让给秦国了，这样，我们就可以得到一些喘息的时间，稳固发展国内的经济和军力，等到时机成熟以后再行报复吧。"

那魏惠王虽说心有不甘，不过在现在这种时候，除了惠施的办法以外，看似也没有什么太好的办法了。

就这样，魏惠王放低姿态和秦国搞外交，把自己剩余的河西大部分土地还给了秦国。

如此，当初被吴起攻下的绝大部分河西之地已重归于秦国，可与此同时，秦国以及公孙鞅的恶名也传遍天下。

然而，这也只是一个开始。

6.2 商君之死

看到秦孝公答应停战，魏惠王紧绷的心终于放松了一些，可还没等他彻底放心，东线和北线又出事儿了。

正所谓墙倒众人推，赵肃侯和田因齐听说魏国大败，打算趁机捞一笔，便从国内聚集精兵攻打魏国。

因为魏国实在是没有什么力量继续抵抗了，所以魏惠王只能再次收缩防线，并且割让了外围大片领土给齐赵两国。

两国国君也不想太过分，那魏国虽然已经不复往日荣光，但是瘦死的骆驼比马大，如果到时候拼死反抗，那他们可就得不偿失了。

于是，二人直接就撤出了魏国的领地。魏惠王终于能喘一口气了。

我们再把视线转回秦国，秦孝公这一生最大的梦想便是能把老祖宗的基业（河西之地）给夺回来。如今，他不只完成了自己的梦想，还使秦国成为天下数一数二的强国，秦孝公就是死也可以含笑了。

而这一切都是因为有公孙鞅这个大才的帮忙，秦孝公至今还记得当初求贤令上说的"强秦者给予封地"，他自然不会食言。

于是，在公孙鞅成功夺回河西以后，被秦孝公封赏了商洛之地，公孙鞅也从此改叫商鞅。

这时候的商鞅已经到达了他人生的巅峰，论身份，他在秦国是一人之下，万人之上。论实力，现在的秦国实行中央集权制度，已经没几个人还有封地了，而商洛之地面积广大，土地肥美，简直就是商鞅的一个独立王国。

可这世界上所有的事情都是有两面性的，就在商鞅登上人生巅峰的时候，他的末日也快要到了。

这些年来，商鞅得罪的秦国权贵数不胜数，除了秦孝公和有限的几个人以外，可以说是满朝政敌，用一个词来形容他便是——孤家寡人。

可能是有不好的预感，也可能是变法结束了，想在秦国有些人脉，商鞅便去拜访了秦国的贵族赵良，想从他开始入手结点儿善缘。

可是商鞅早先都已经把这些秦国权贵给得罪彻底了，他们的关系可以称得上不共戴天了，只有一方死，另一方才会罢休。

就这样的关系，人家会再和他结交？肯定不能。可是碍于人家是大良造，实在不好太驳了面子，所以赵良才见了商鞅。

两人见面，商鞅很是客气，他先是对赵良深深一拜，然后道："早就听说了大人的贤明，可因为一直忙于公事，不曾拜会，如今特来拜会，想和大人成为朋友，不知道是否可以。"

面对着商鞅如此低姿态的"求交"，那赵良不只没有给商鞅什么笑脸，还冷冷地道："哎哟，大良造这话可折煞老夫了，您可是咱们秦国的大良造，一人之下，万人之上，集生杀大权于一身，小人可不敢高攀您啊。"

商鞅那是何等的高傲之人，这一次低姿态前来拜访已是破天荒了，本以为赵良会非常配合，岂料他却如此不给面子，于是商鞅也生气了，同样阴阴地道："您是不高兴我治理秦国吧。"

赵良呵呵一声，"我听说，能听逆耳之言的人才是聪明人，能自我反省约束自己的人才能叫作强人。舜曾经说过：'自我谦卑才高尚。'瞧瞧，这话说得多好？大人要是能实行尧舜之道，让秦国安宁，您都不用来找我，我直接就去找您了。"

看着赵良变着法地要变回旧制，再把秦国拉回到原来的老路，商鞅极为气愤，心想"这些人难道没看到秦国现在有多强大？什么尧？什么舜？他们治理国家的手段和我比起来又算得了什么？"

于是，商鞅有些恼怒地道："当初秦国通行戎族人的旧习俗，父子之间没有区别，男女同室而居，国家混乱，如今我改造他们的旧习俗，划分男女的区别，用法律控制住人的欲望，使得整个秦国都没有罪犯，秦在我的治理下越来越强盛，难道我的功绩现在还比不上你们口中所称赞的百里奚吗？"

商鞅话说到这儿，赵良更是嚣张地大笑，"你怎么能和百里奚相提并论？

他在秦国为相期间，东面讨伐郑国，三次立晋国的国君，在境内发布德政，连巴国人都前来进献贡品，对西面诸侯各部实施仁政，使得整个西陲之地所有的戎族都前来臣服。百里奚为相的时候，多累都不坐车，酷暑也不打伞，他出行从来不带随从，不带武器，这才是仁德的人，所以他的名字载入史册，他的德行流传后世，他死了，整个秦国的老老少少全都哭了，这就是百里奚的德行。您呢？得到恩宠是通过宠臣，不是正道，您一点儿都不仁德，大建宫殿不修百姓住房，竟然对太子的老师施以黥刑，用酷法迫害百姓，什么法家？这叫暴政！根本不是正道，你还用酷法制约贵族子弟，简直大逆不道！你出行总是保镖无数，你怕什么？你要是有百里奚的德行谁会来找你麻烦？你现在之所以能够嚣张全是因为国君，可你不只不知道悔改，还变本加厉，赏你封地你就要了？你现在厉害我也不说什么，可等国君有一天不行的时候我看你怎么办。"

商鞅听了这话非常生气，实在是不想再和这个赵良说什么了，直接拂袖而去。

公元前338年，伟大的秦孝公薨了，他的儿子嬴驷继承了君位，而商鞅的末日也在嬴驷即位的同时到了。

之前被商鞅得罪的那些秦国贵族们在这一时间全都跳了出来（公子虔牵头），想要除掉商鞅。至于罪名，很简单，意欲谋反。

这真是天大的笑话，商鞅自从入秦以来，致力于强秦，几乎将所有军政大权都弄到君主那里去了，他只有一个小封地，拿什么造反？

可是嬴驷根本连调查都没有就打算先捉拿商鞅，然后才展开审问。这其实说明了嬴驷已有杀商鞅之心。

商鞅因此大惧，自己当初得罪了太子，这要是进去了还能好？并且现在满朝都是敌人，秦国再也没有他商鞅的容身之地了。怎么办？跑吧！往哪儿跑？还是跑到魏国吧，因为只有魏国知道商鞅的能力。

于是，商鞅携家带口地连夜逃往魏国。

可到了边关的时候天色已经暗了，秦国法律森严，要鸡叫了才能出关，又或者你有秦国君主的文书，要不然谁说话都不好用。

商鞅身边又没有"鸡鸣"之徒，于是无奈之下的他只能找一个客栈住一宿，可到了客栈门口商鞅直接傻了，因为客栈老板一定要让商鞅出示身份牌才能让其入住。

什么叫身份牌呢？这也是商鞅当初变法的一小部分，为了秦国治安和杜绝其他国家的间谍，特令全国的人家和客栈，但凡收容外来人的，全都得让他们出示身份牌，如果敢不查验身份牌就收留的，等于包藏敌国间谍，直接处死。

身份牌等同于现在的身份证，就是用一节竹子把人的大致轮廓刻出来，然后在下面标注一些基本信息。

因为商鞅是商鞅，所以走到哪里都是一堆人前呼后拥的，就没给自己弄身份牌。

如此，客栈老板便不让商鞅入住客栈。

可怜商鞅和他的家人只能在寒冷的关前蹲了一宿，无奈叹息自己"作法自毙"。

等到天明以后，商鞅不敢耽搁，直接出了关。逃到了魏国边关，本以为到了魏国会得到重用，可谁能想到，他甚至连魏王的面都没见上。

因为守护边关的将领和士兵们全都憎恨商鞅的无耻（当初使计擒公子卬），所以自发将商鞅给撵回了秦国。

商鞅回到秦国以后，秦国的各个关口已经全被堵住，不允许商鞅再去其他国家，只有通往商洛的道路畅通无阻，并且此地也没有被秦国没收，依然还是商鞅的封地。

这很明显是嬴驷的计谋，他就是想让商鞅在万念俱灰下回到商洛造反，这样的话，叛变便会成为既定事实，他杀商鞅才不会被天下人唾骂。

那嬴驷的阴谋商鞅明不明白呢？他当然明白，也知道单凭一个商洛想要反抗强大的秦国无异于痴人说梦。

所以现在摆在商鞅面前的路只有两条。

第一条，去咸阳自首。商鞅相信，只要嬴驷没有确凿的证据，自己只会坐穿牢底而不会送命。

第二条，回商洛起兵造反。而商鞅也确实选择了这一条路。

那既然知道没有胜利的希望，为什么还要回去造反呢？

笔者认为，那是因为商鞅实在太爱秦国，太爱秦孝公了，他希望秦国能够强大，能够在他变法的基础下统一天下，这样的话就是死也值得了。

因为自己真的造反，嬴驷便有了口实杀他，不会得罪人。而不造反便会有变数，要知道，自己虽然满朝都是敌人，但是权势很大，只要自己不死，秦国就会动荡不安，秦朝很有可能会出现意想不到情况。

最后，商鞅毅然决然地回到了商洛，并起兵反叛。

结果不言而喻。

商鞅被生擒以后，反叛之事已经被坐实，嬴驷决定将其当街车裂。

车裂商鞅那一天，咸阳闹市挤满了围观的百姓，他们都想看看这个秦国最伟大的变法者最后一面。

那一天，并没有百姓对商鞅扔蔬菜，而是寂静无声地看着在刑台之上的商鞅，因为他们知道，秦国能有如今的强大和安宁全都是这个商鞅所赐，而至于那个可笑的叛变，大家都知道是怎么回事。

看到这种情景，不管是嬴驷还是那些秦国权贵都极为震惊，难道商鞅在老百姓的心中的印象真的就那么好吗？

在这种情况下，嬴驷也坐不住了，他亲自从高台上走下，对着商鞅道："大良造，你还有什么遗言吗？"

商鞅并不恨嬴驷，也没有生气，而是很平静地问嬴驷："我死以后，你会再把秦国带回老路吗？"

看着直到现在还在为秦国的未来考虑的商鞅，嬴驷一阵恍惚，不由得产生出一阵动摇："我杀商鞅真的是正确的吗？"

可恍惚了一阵以后，嬴驷好像下了什么决心一样，坚定地对着商鞅道："您放心吧，不但我不会，我还会让我的继任者继续沿用您的政策治理国家，只要天下一天未被统一，我们秦国就永远延续您的治国政策！"

听到这里，商鞅像是吃了一颗定心丸一样，微笑着闭上了眼睛。

五马齐动，商鞅四分五裂，整个战国最"暴力"的变法家就这样死去了。

那么嬴驷为什么明知道商鞅没有罪还要杀他呢？嬴驷不是一个明君吗？难道就因为以前的那些过节就一定要杀商鞅？

没错，嬴驷确实是一代明君，可也就因为嬴驷是明君他才一定要杀商鞅。

第一，商鞅变法已经结束了，商鞅本人已经没有什么价值了，留着也没什么用。

第二，整个秦国在商鞅变法以后谁都别想有什么封地，想要封地全都得去国外抢，只有商鞅一个外姓人在秦国国内有封地，还是拥有十五座城邑的商洛肥地。所以，留着商鞅绝对是个大患。

第三，现在秦国朝中绝大部分的人都恨"死"了商鞅，只有杀了商鞅他嬴驷才会得到更多的人心。一句话，商鞅必须死。至于政策变不变回来已经不重要了，他们只要商鞅死，要不然这些人实在是心里不踏实。

得了，商鞅死了，他的人生价值也充分实现了。

6.3　科技就是力量

嬴驷即位以后已经有了强大的经济力量做后盾，所以他直接攻打魏国，图谋将魏国仅剩在河西的一点土地也夺回来。

不是已经和魏国定下互不侵犯条约了吗？怎么还要打魏国？

因为嬴驷觉得那是他爹立的条约，和他没有关系。

所以，秦国继续东进，败魏国于岸门，俘虏魏将魏错。并把魔爪伸向河东，开始了秦国的侵略之路。

至此，整个西河（黄河西段）东西河岸已经全都被秦国人封锁，中原人再想从这里过河攻秦已经成了天方夜谭。

公元前337年，嬴驷元年，登基大典，楚、韩、赵、蜀国全都派人前来庆祝，由此可见，当时秦国之强大。

公元前335年，已经将魏国打回中原的嬴驷又将魔爪伸向了韩国的旧都宜阳。

宜阳，现在的河南宜阳西三十里处，是当时韩国的战略要地，只要秦国能拿下宜阳，就等于打通了三川，打开秦国和中原的门户，并以此为战略根据地来大举侵略中原。

而这还不是最重要的。前面已经说过了，天下精良兵器皆出于韩，那是因为韩国有专业的技术型人才和非常精良的铁山，而这个宜阳铁山所产出的铁就占了韩国十之五六。

所以，只要能拿下宜阳，秦国就再也不必为了铁器而犯愁。

而经过前些年和魏国的战争，韩国损失巨大，直到现在都没有恢复过来，申不害也因为被齐国坑得够呛，眼看自己的成果全都损失殆尽，之后便郁郁而终。而三晋以及其他的诸侯国还都不敢和秦国结怨，面对着如此情景，让韩国人拿什么和秦国斗呢？

果然，元气未回复的韩国人无法抵挡秦国的侵略，宜阳陷落。

韩昭侯惧怕秦国的强大实力，派遣使者请求割地求和，可是嬴驷一不要地，二不要钱，只要韩国给他几个国内顶级的兵器制造师就可以了。

现在韩国正处于危难之时，韩昭侯也不管那么多了，直接就往秦国派出了一批兵器制造师，暂时求得苟安，可是令他万万想不到的是，秦国从此不只士兵勇猛，还多出三种新型的兵器。

第一种，戈。就是一种类似于长枪的东西，只不过它的下面要多出一个尖尖的头，这种兵器可刺可砸，非常恐怖。因为资源问题，从来都是只有身在战车上的戈兵才能拥有如此高端的兵器，可秦国有了宜阳铁山以后那可就不一样了，戈被大批量地制造出来，每一名锐士都能够拥有如此精良的兵器。

第二种，秦弩。其实就是韩国的弓弩，只不过到了秦国以后改名为秦弩而已。

第三种，重型床弩。

有了这三样兵器，秦国大兵从此以后便可以纵横天下而少有对手了。

可就在嬴驷得意的时候，突然有传令兵报，说是久久不动的义渠王又率领大军突袭了秦国边境，然而这次还不同以往。

以往的义渠只不过是在边境上小打小闹，抢一些生活物资就算了。可是这次，义渠骑兵不只连续抢劫了秦国边境的多个城邑，还打算继续深入，大有要和秦国人决一死战的架势。

义渠王的这一举动可把嬴驷给气坏了，自从商鞅变法以后，秦国简直可以用"如日中天"四个字来描述。面对这样一个强国你义渠不称臣也就罢了，还妄想灭了我大秦，简直就是找死。

于是嬴驷打算玩儿一把大的，他在秦国国内集结了十几万人，打算主动迎击义渠并一举灭之。

这次的战役双方主帅是谁，中间的过程又是怎么样的史书上没有明确记载，只说秦国被打败了。

但按照义渠人的性格，只要打了胜仗，他们绝对会深入敌国洗劫一番，可是有意思的是，义渠人在胜利以后并没有继续深入秦国，而是静悄悄地撤兵了。

6.4 徐州相王

时间：公元前334年。

地点：魏国。

面对近些年的接连失利，魏惠王再也不是当初的那个魏惠王了，为了使魏国继续在乱世中存活下去，一向头脑简单的魏惠王也学会了厚黑。

所谓厚黑其实就是脸皮厚，心肠黑。而当今天下哪个国家是最强大的呢？无疑就是齐国和秦国了，这条巨龙（齐国）就杵在魏国东面，巨大的压力压得魏惠王喘不过气来。

这几年连续被齐国坑了两次，几乎将自己国内所有的军力都耗完了，魏惠王再也硬气不起来了。

所以他整日愁眉苦脸，唉声叹气。

终于有一日，惠施实在是看不下去了："我说大王，你这整天唉声叹气的也不是个办法，以前损失的咱们再补回来不就行了吗？现在魏国全国人民已成'哀兵'，每个人都拼了命地想要恢复国力，照着这种态势下去，不出五年，我们的力量便会得到回升，虽然比不了以前，但起码还有希望，大王你已经做得很好了，还有什么不满足呢？"

魏惠王叹息一声道："相国，你是不知道啊，自从寡人即位以来，对外连番出战，四面树敌，其他国家还好说，我硬要防还是能防住的，关键就是秦国和齐国，这两个国家太过强大，如果在此时他们乘虚而入，我拿什么抵挡？再说他们凭什么给咱们时间让咱们恢复战力呢？"

惠施一听这话，恍然大悟："哦，原来是这事儿啊，大王忧虑得对，可也不用太过操心，鄙人心中已有定计！"

"哦？何计？快速速道来！"

"秦国方面没办法，只能硬抗，而齐国方面却很容易搞定，只不过需要大王……"

惠施话没有说完，故意看着魏惠王，魏惠王急得赶紧道："需要我什么你就说，现在是危难之时，有什么我不能做的呢？"

惠施一看魏惠王说得痛快，心里的石头算是放下了，于是赶紧道："那就是需要大王放下一些面子。"

魏惠王还以为是让他怎么样，原来就是放下一些不值钱的面子。魏惠王现在只想让周边列国给魏国一个喘息的机会，哪里还会在乎什么劳什子的面子，于是连话都懒得说，直接示意惠施接着讲。

惠施点了点头接着道："齐国这几年经过田因齐的治理，已经变成现在天下最强大的诸侯国，其称王之心早就存在了，可碍于名声，又怕周围的诸侯国不承认他，这才一直没有称王，如果大王自废王号，并尊田因齐为齐王，那对于田因齐来讲无异于雪中送炭，他一定会非常感激您，这样便不会再来进攻您，咱们魏国也会得到喘息，最起码不必害怕被两面夹击了。”

魏惠王感觉惠施的这个办法相当靠谱，于是便派他为魏国使者出使齐国，表达了他们魏惠王愿意自废王号，尊田因齐为王，从此在田因齐的英明领导下共同前进。

田因齐一开始还不怎么搭理惠施，可是一听这话，心思立马活络起来，可要让他单独称王他可没这么大的胆量，便不同意魏惠王自废王号，而是想和魏惠王一起在徐州相王（相互承认为王）。

魏惠王一听这话大悦，都没犹豫就答应了田因齐的要求，并派惠施出使韩国，劝说韩昭侯也一起参加会盟。

现在韩国可苦闷了，之前被魏国大败，前一段时间还被秦国抢去了宜阳，可谓是赔了夫人又折兵。

韩昭侯现在可真是如履薄冰，更加畏惧魏惠王，生怕他头脑一热再做出让人措手不及的事。所以，可怜的韩昭侯只能硬着头皮答应惠施前去会盟。

于是，在这一年（前334年），魏国率领韩国等三个附属小国来徐州承认田因齐为王，田因齐从此成为齐王（后人称齐威王），并且也承认了魏王称呼的合法性。

这便是战国著名的事件——“徐州相王”。

可令人没想到的是，齐威王和魏惠王的这一举动却彻底地激怒了正在南方的楚威王。

此时的楚国，听说了徐州相王事件以后，楚威王狠狠地将面前的桌子给掀翻，嘴里还不停地骂道：“我大楚从称王的那一天开始就没有得到中原诸侯的承认，他们都说咱们楚国人是什么劳什子的沐猴而冠！而现在呢？他们中原的诸侯们反倒是自己相互承认了王位，他们问没问过周王室？问没问过我？不行！这事儿没完！来人！”

“在！”

“给我吩咐下去，调集全国可用兵力，我要拿下徐州，直接给田因齐和魏綮一个下马威！"

公元前333年，楚威王气势汹汹地带领着三十多万大军将徐州围了个里三层外三层，打算攻下此地以后继续攻打齐国。

齐威王没想到楚威王这么彪悍，只能服软，用外交的手段暂时低头。楚威王得了面子，也不想彻底和齐国绝了交情，便率领大军撤退了。

同年，韩国高大门楼建成，韩昭侯也随之西去，其子韩康继承了君位，是为韩宣王。

原来在上一年（前334年），韩昭侯感觉自己的身体越来越不好，便想给自己修一座高大奢华的门楼，并从中迈过去，彰显自己这一生的功绩，可是他的手下屈宜臼却对他说："主公啊，你肯定是无法迈过这座高大的门楼了。"

韩昭侯听了这话那是相当不悦，脸一下就阴了下来，"你什么意思？你是咒我死？我感觉自己还能活几年，怎么就迈不过这座门楼了？"

屈宜臼并没有被韩昭侯凶狠的语气所震撼，而是依然淡定地道："主公误会，我说你迈不过这座门楼并不是说您的时间不够用，而是应不应该的问题。人生总会有顺利和不顺利的时候，想当初咱们韩国刚刚变法成功，那时候国力强悍，你想盖多少奢华建筑都没有人会管您，可是如今咱们韩国连受兵祸，去年秦国夺去了我们的宜阳，今年又遭受了旱灾，您不在这时候体恤百姓的危难，反倒是奢华浪费，所以我说你这个高大门楼修的不是时候。"

韩昭侯被屈宜臼气得够呛，根本就没有搭理他，还是继续修建门楼，可就在公元前333年这一年，高大门楼是修好了，他也病死了，到最后也没有迈过去。

6.5　趁火打劫

同年（前333年），就在中原闹剧刚刚结束后，秦国又发生了大事儿，那便是嬴驷任用公孙衍为秦国大良造，掌管秦国的军政大权。

公孙衍，魏国阴晋人，从小便聪明好学，是个实干之才，还是个文武双全的能人，可在魏国一直都得不到重用，原因便是无人推荐。

而秦国自从商鞅被车裂以后，大良造的位置就一直都处于空缺状态，秦国的大良造等于中原国相之类的官职，而一个国家没有国相是不行的，然而秦国又是一个没有读书人的地方，所以文官之类的基本上全都从中原挖。

史书上也没有记载公孙衍怎么见到嬴驷并获得了他的认可，反正公孙衍于这一年当上了秦国的大良造。

然而就在秦国刚刚任命公孙衍为大良造的同时，赵国又开始动武了。

赵肃侯想要彻底断了魏国在东河的势力，将魏国后面完全掌握在自己手中，便起大军围住了魏国在东河最重要的军事据点——黄邑。

赵肃侯本以为凭着现在魏国的虚弱，一定可以一举拿下，可是经过魏惠王和惠施这两年的努力，魏国的国力正在急速恢复，而黄邑是东河的重要据点，魏惠王派了大军驻守。

赵肃侯的赵国骑兵虽然很快就冲到了黄邑城下，可无奈的是攻城并不是他们所擅长的，半个月过去了都没有一点儿要拿下此地的苗头，反倒是魏国的援军正不断地向黄邑开进，赵肃侯只能无奈地命令士兵离去。

公元前332年，因为秦国的大良造公孙衍是阴晋人，所以嬴驷以此为借口写信向魏国伸手要地，"魏罃兄弟，我家大良造刚刚胜任，我想送他点儿贺礼，可不知道送什么好。这不，他老家是阴晋，而阴晋又是你魏国的地盘，我看您就替我送了吧，我会记住你这个人情的，不过你要是不借也没有关系，我可以自己去取。"

这哪里是借？这摆明了就是威胁，是明抢。

魏惠王惧怕秦国人的武力，只能无力地将此地交给秦国，以此换取短暂的和平。

可这只不过是肉包子打狗，秦国人自然不会因为这点儿贿赂就放掉魏国这块肥肉而不吃。

眼看西面的秦国越来越强大，魔爪一天一天地向中原延伸，三晋以及齐国等中原强国在干什么呢？他们还在忙着"窝里斗"呢。

魏惠王之前曾经让赵国人从背后偷袭了一次，虽然没能让赵肃侯得逞，但是梁子也算是结得更深了，可令赵肃侯万万没想到的是，他的这一举动不只和魏国结下了梁子，也一举将齐国给得罪了。

于是，魏惠王请求齐国给自己报仇，而齐威王也乐于帮这个忙，直接就派遣军队向赵国进发了。

就这样，齐魏联军浩浩荡荡地杀向了赵国。

不过让人惊叹的是这两国联军不但没有获得最终的胜利，反倒是被赵肃侯一场大水给淹回去了，过程史书并无记载。

公元前331年，义渠国内发生内乱，上一任义渠国王驾鹤西去，他的两个儿子因为王位的归属问题展开了激烈的争夺。

开始的时候，双方的矛盾主要是集中在嘴上，可是争来争去发现谁都占不了便宜，于是开始"动手"。

于是，义渠国分成了两个派系相互征伐，整个国家陷入了一片动荡不安中。

义渠国是秦国的第一心腹大患，嬴驷当然不会错过这个天赐良机。

于是，他派遣庶长操出大军前往义渠国"平乱"。

因为义渠的两位王子内斗正酣，谁都想留着兵力对付对方，便都没有派兵前去抵抗秦国，而是保留主力静观其变。

如此，秦国势如破竹一般地冲入了义渠腹地。庶长操先是灭掉了义渠的附属国乌氏戎国（今甘肃省平凉市和宁夏回族自治区固原市南部一带），然后又占据了义渠的战略要地郁郅（今甘肃省庆阳市一带），并在这两地设置了乌氏县和义渠县，将魔爪彻底地伸向了宁夏境内。

眼看再这样下去秦国就有吞掉义渠国的可能，这两个王子也没有时间再争斗了，他们统一派出使者前去秦国面见嬴驷，说从此愿意对秦国俯首称臣，只求秦国能够不再侵略义渠。

嬴驷非常聪明，他知道自己现在之所以能够一帆风顺，主要是因为义渠国的内斗，而如今已经占了大便宜，不能再得寸进尺了，要是还继续侵略义渠国的话，这两个王子很有可能会拧成一股绳，同仇敌忾地来对付他，到那个时候就不好办了，还不如见好就收，放任两个王子继续内战，等到他们打个两败俱伤的时候再从中收取渔翁之利。

所以，嬴驷同意了义渠的请求，收兵回国，不过侵略下来的那两个县，他们义渠就想也别想了。

话说嬴驷确实很聪明，可是人家义渠的两个王子也不笨，他们很敏锐地发现了嬴驷的阴谋，便自从秦军撤军以后就不再内斗。

最后，王子A主动退位让贤，将王位让给了王子B。

义渠国的内乱结束以后，王子B不再向秦国称臣，又恢复到了原来的样子，可那又能怎么样呢？这时候秦国已经将乌氏县和义渠县的土著居民全都迁到了秦国国内，换上了土生土长的秦国老百姓到两县定居，再加上两县的防守严密，王子B就是再厉害也收不回这两县了，最终还是嬴驷占了大便宜。

6.6　巧舌如簧

西线的胜利使得嬴驷霸气横生，他在这一年再次派遣公孙衍起十万大兵东进攻击魏国。

魏惠王听说了这个消息以后气得直接把横在他面前的桌子给掀了个底朝天："太过分了！上一年刚刚将阴晋给了嬴驷那个混账，这才多长时间？他又过来了！"

于是，再次面对秦国侵略的时候，魏惠王没有退缩，而是强硬了一次，命令魏国大将龙贾率领十余万大军前去主动迎击秦军。可是现在的魏国士兵几乎都是一群新兵，和早先魏国的魏武卒根本就没法比，而秦国的锐士在当时的战国可以说是最强的步兵。

结果，魏军血流成河，十余万的魏军被公孙衍斩首八万，并生擒了大将龙贾。在秦魏之间的战争中，魏国再一次落败了。

嬴驷并没有就这样停止脚步，而是不断地给公孙衍调集援兵和粮食，让公孙衍继续东进，并在雕阴再次大胜魏军，夺取此地。

迫于秦国巨大的军事压力，魏惠王只能再次向秦国割地求和，撤出了所有河西之地还残存的驻兵，彻底将河西之地全部还给了秦国。

可是嬴驷野心极大，在公元前330年的时候刚刚接收了魏惠王割让的土地，结果，还不到一年（公元前329年初），他就再次派出秦国大军狂攻魏国。

秦国大军从河西渡河，一路向东，连夺魏国之汾阴（山西万荣西南）、皮氏（山西河津西）、焦（河南南峡县），对魏国腹地形成了合围的架势。这时候的魏惠王已经被秦国人给打蒙了，他接连派出使者前去齐、赵、韩求救，结果却没有一家前来救援（韩国怕秦国，赵国和魏国有仇，齐国刚刚败给赵国，不想再蹚这趟浑水）。

无奈之下，魏惠王只能派遣使者，携带重金前去贿赂公孙衍，希望他能在嬴驷的面前说说好话，放过魏国。

公孙衍收了贿赂当然认真办事儿，便劝嬴驷别再进攻魏国，应该转而前去攻打背后的义渠国。

嬴驷对于公孙衍的话一直都很认可，便打算收回进攻魏国的士兵转而攻打义渠国。

可就在秦国人撤出了魏国的土地以后，南方传来了噩耗，楚威王熊商崩了，其子熊槐继承了王位，这就是赫赫有名的楚怀王了。

可是魏惠王竟然趁着楚威王病逝、楚国举行国丧之际前去发兵攻打楚国。

他的这一举动引起了楚怀王和楚国人民的强烈不满，于是，楚国人民同仇敌忾地前去迎击魏国军团。

结果，魏国军团再一次败北。

然而就在魏惠王刚刚南败以后，秦国又发生了大事儿。

这一年（前328），大良造公孙衍被赶出了秦国，嬴驷取消了大良造这个官职，而将其改名为丞相，那这个新上任的丞相是谁呢？他的名字叫张仪。

张仪，魏国安邑人，其祖早先是魏国的贵族，可到他这一辈的时候那已经是家道中落，穷困潦倒。

张仪从小便有大志，最大的梦想就是能够成为一国的宰相。他在年轻的时候，曾经投奔名家大师学习，并师从鬼谷子。

张仪学艺有成以后，漂泊到了楚国，在此地娶妻生子，靠着嘴皮子混迹于贵族之中骗吃骗喝，希望通过这些关系网在楚国混个一官半职。

最后他成功混进了楚国的贵族圈子。

可令他万万没想到的是，就因为这个圈子，他差点儿被楚国的令尹昭阳给杀掉。

话说一日，楚怀王一高兴，将和氏璧赏赐给了当时的楚国令尹昭阳。

相传几百年以前，楚国人卞和在楚山中打猎的时候，突然看到一只长相类似于凤凰的鸟类动物落在一块大石头上，卞和本来想把这个大鸟抓回去献给国君，可是这大鸟一看到卞和就飞了。

卞和认定这是凤凰，他听说凤凰不落无宝之地，所以凤凰曾经落下的石头必定是一个重宝。

这卞和也特别爱国，就将这块石头献给了当时楚国的国君，楚厉王。

楚厉王一听是凤凰所栖之石，非常兴奋，可当他看到这块石头的时候便开始皱眉了，因为楚厉王是个门外汉，根本就看不出这块石头和普通的石头有什么不同，所以找来楚国王宫专门雕琢玉器的人，让他来辨别这块石头的真伪。

可这工匠却对楚厉王说："这哪里是什么宝石，这就是一块普通的石头。"

楚厉王因此大怒，认为卞和是想用一块普通的石头来他这里骗取财富，直接砍去了他的左足。

多年以后，楚厉王崩，楚武王继承了王位，卞和再次捧着他那块石头准备献给楚武王。

家人和朋友都劝卞和，让他不要再给自己找罪受了，可是卞和认定这是块宝石，一定要献给楚武王，为自己正名。

楚武王接见了他，可同样看不出这块宝石有什么不同，便又找来一个雕刻玉器的工匠问这是不是宝石，这个工匠也是回答："这只不过是一块普通的石头。"

楚武王和楚厉王一样，都认为卞和是拿着一块破烂的石头来他这里骗吃骗喝的，于是砍去了他的右足。

又是多年以后，等到楚文王即位，卞和已经再也没有胆量前去楚国王宫进献宝物了，可是实在是不甘心，只能抱着他的石头在楚山下痛哭。

他这一哭就是三天三夜，其间一滴水和一粒米都不曾吃得，就这么撕心裂肺地哭泣，一直哭……

眼泪流干了，流出来的是血，嗓子哭哑了，流出来的同样是血。

卞和的这一举动震动了周边的人，就连身在王宫的楚文王听到后都震惊不已，竟然派人去询问他原因："天下受刖刑的人很多，你为什么哭得这么伤心？"

卞和知道这是他最后一次机会了，便和来使说："我不是为被刖伤心，我是因为它是宝玉而被看作石头，忠贞的人被看作说谎的人而伤心啊。"

楚文王被他的真诚所打动，认为一个如此执着的人绝对不会是一个坑蒙拐骗之徒，便将卞和招到了楚国王宫，也不让什么工匠鉴定了，直接就命一名雕刻的工匠将这块石头给刨开了。

果然，当石头被刨开以后，在这块石头的中心部位有一块极其璀璨的玉石，这玉石光芒万丈，一看就知道胜普通的玉石数倍。楚文王直接就命人将这块玉石打造成玉璧，赏赐了卞和无数的金银财宝。

为了纪念卞和的这种精神，还将此玉璧命名为和氏璧。卞和锲而不舍的大无畏精神终于得到了天下人的认同，这便是和氏璧的出处了。

这昭阳得到和氏璧以后别提多开心了，他立马将郢城那些有头有脸的贵族们全都召集在一起，大摆宴席，来显摆他的和氏璧。当然了，张仪也在这些人当中。

等人都到齐以后，昭阳清了清嗓子，对下面的那些贵族们道："咳咳，这个……我相信，今天我请大家来此的目的大家都知道了，前些日子咱家大王赏赐给我一个无价之宝，这就是咱们楚国的镇国之宝——和氏璧！"

话音一落，下面顿时轰动起来。他们之前也都听说过这个事儿，但是有些人以为是谣传，不敢相信，今日一听昭阳这样说才知道原来是真的。

昭阳摆了摆手示意大家暂时先安静一下，然后继续道："我知道，大家都对这块宝玉非常好奇，十分想要看一看，而我呢，不忍心看到大家的愿望落空，因此，今日召开宴会，便想让大家一观，来人啊！将大王赏赐给我的和氏璧拿出来！"

一个下人小心翼翼地捧着一个玉盘子，而盘子上面则有一块凸出来的锦布，很明显，那个锦布下面的一定就是和氏璧无疑。

因为和氏璧的名声实在是太响了，所以堂下的人一个个全都全神贯注地盯着那块锦布，等待着昭阳打开的那一刻。

一时间，整个会客大厅一片寂静，针落可闻。

这种情景让昭阳十分满意，便将这块锦布给打开了。等到锦布打开的那一刹那，一颗完美的玉璧出现在了众人的眼前。

大家全都为这颗玉璧惊叹不已，甚至有的人眼睛都直了。堂下喝彩声此起彼伏，溜须拍马声不断，说昭阳得到了一块无价之宝。

昭阳胡子都得意地翘了起来，可一得意就容易忘形，昭阳竟然让手下的侍从将这块千年难得一见的宝贝拿到下面，让在场的宾客一个一个传着观看。

可传着传着，和氏璧却没了！在众目睽睽之下，和氏璧就这样消失了。由此可见，场中一定有一名绝世神偷。

那昭阳一听和氏璧被偷走了，急得直跺脚，怒吼道："来人呀！"

"在！"

"给我把大门锁上，在场的一个都不能走！"

下人得令，将大厅团团围住，并且将大门紧紧锁死。

昭阳也顾不上什么礼仪了，直接就命手下人将在场宾客挨个搜身，而这些宾客也都没有异议，任由着相府的侍卫搜他们的身。

可到最后，相府的侍卫竟然没有搜到和氏璧。这可让昭阳为难了，到底是谁偷的呢？那和氏璧不可能长翅膀飞了吧？

就在这时，有几名贵族偷偷摸摸地走了过来，然后在昭阳的耳边一顿耳语，昭阳听了以后大怒，直接吼道："张仪！张仪！你人在何处！"

张仪闻声急忙跑了出来，对昭阳深深一躬，道："张仪在此，拜见令尹。"

昭阳也不客气，直接对下人吼道："给我把他擒住！"

那些下人哪管那么许多，一把就将张仪给架了起来，让他不能动弹分毫。

张仪满眼大问号："令尹大人这是何意啊？"

昭阳一声冷笑："哼哼，何意？你小子偷了我的和氏璧还问我是何意？识相的快点儿交出来，要不然我打死你！"

这话一说，张仪直接大吼道："令尹大人，您说话是要讲证据的，我怎么就偷了和氏璧了？有谁看到了？"

"哼！还用得着有谁看到？这群人里就属你家境最贫寒，就属你有过劣迹，不是你还是谁？咱也别废话了，我就问你，交是不交？"

张仪这时候也来了倔脾气，把头一抬，愤愤地道："我根本就没偷，你让我交什么？"

"打，给我狠狠地打！"

就这样，在众目睽睽下，张仪被昭阳的手下噼里啪啦一顿暴打，直到把张仪打得鼻青脸肿昭阳才示意停止，然后接着问："你交不交？"

"我没偷！"

"你还真是嘴硬啊，打，给我接着打！"

噼里啪啦，张仪又被一顿暴打，这回打得可狠了，张仪的头也被打破了，衣服都被打烂了，浑身上下都是血。

昭阳示意下面的人停止，继续问道："你到底交不交？"

张仪有气无力地道："我真的没偷。"说完，就一头栽倒下去了。

眼看张仪都要被打死了还不承认，这时候的昭仪也知道这和氏璧应该不是张仪偷的了，可他又放不下脸面对张仪这种人道歉认错，所以只能将错就错地道："哼，就凭你也配来我的府邸吃饭，来人，把他给我扔出去！"

就这样，张仪被扔出了令尹府邸。

过了好久，张仪终于醒转，费了好大的力气才爬回家，妻子看到自己的丈夫被打成了血人，哇的一声就哭了出来，赶紧将张仪抬到了床上去。

看着自己妻子伤心成了这个样子，张仪也是心疼得要命，赶紧安慰道："行了，别哭了，我这不是没死吗？"

他妻子哭得更伤心了，"谁敢打你，我和他拼了。"

看着妻子要去为自己拼命，张仪赶紧制止，并逗妻子道："我说媳妇，我的舌头还在不在啊？"

他妻子没好气地道："废话，舌头不在你还怎么说话？"

张仪嘿嘿一笑道："那你就放心吧，只要我的舌头还在，咱们以后就少不了富贵。"

他妻子也被张仪逗乐了，这事儿也就算这么过去了。

可张仪在楚国被动地得罪了昭阳，以后他要是再想在楚国发展那也是不可能的了。

所以，为了前途，他携家带口地跑到了秦国，希望在此地能有一番作为。

别说，张仪来秦国还真来对地方了，他竟然想办法直接见到了公孙衍。

结果，公孙衍被张仪说服，立马推荐他去见嬴驷。

张仪见到嬴驷后再次施展游说之能，于是，张仪开始了在秦国的为官之路。

那张仪虽然巧舌如簧，可是能力同样也是没得挑，处理大事小情都非常地轻松，从来都没有失误过，很快便得到了嬴驷信任，并将其看作自己的心腹。

正巧这一年（前329），公孙衍收受贿赂，突然从东线撤兵，并劝嬴驷转身去打义渠国。张仪可不管是不是公孙衍提携的他，而是趁此机会前去面见嬴驷，并将公孙衍收受贿赂的事情全都抖了出来。

听了张仪的话，嬴驷幡然醒悟，"好啊，我说这个公孙衍怎么打魏国打得好好的却突然劝我去打义渠呢，闹了半天是在往自己兜子里塞金子啊。"

嬴驷很愤怒，但是看在公孙衍多年在秦国为官，没有功劳也有苦劳的面子上，放过了公孙衍，只将其赶出了秦国。

看着屹立在自己身后的咸阳城，公孙衍狠狠地道："嬴驷，张仪！你们给我等着，我公孙衍早晚会回来的。"

赶走了公孙衍还不算，张仪为了使自己能够站在秦国的顶峰，让自己变成一人之下，万人之上的大良造，就必须要铲除异己。

那么下一个要铲除的是谁呢？那就是秦国大夫陈轸。

陈轸，原是齐国人，在当时也是相当有名气的纵横家，那口才也不容小觑的，正所谓同行是冤家，张仪想要在秦国一手遮天必须要除掉这个陈轸。

一日，张仪前去拜见嬴驷，并趁机说陈轸打算离开秦国投靠楚国。

嬴驷对张仪很信任，便立刻找来陈轸问是怎么回事。

本以为陈轸会矢口否认，并且想方设法来为自己开脱，可谁料到他不但没有否认，还将计就计说："嗯，我是有这个打算，其实不仅张仪知道，咱们秦国路人都知道我想去楚国。"

嬴驷觉得奇怪，感觉这陈轸是话里有话，于是就问他究竟是怎么回事。

陈轸说："当年伍子胥忠于吴国，使得吴国强大，一时间风头无两，所以天下人都希望得到这样的臣子，曾参侍奉其母，天下的人都希望自己也有这样孝顺的儿子。如果我陈轸不忠于秦，楚国怎么会想得到我？我这样忠于秦王，尚且被您怀疑，只好投奔楚国了。"

秦王一听，觉得陈轸这话说得有些道理，便说道："爱卿说得有理，看来我和张仪都误会你了。"

陈轸本来还挺得意，但是一听嬴驷这最后一句话给他吓得一个激灵，他本以为嬴驷被他的话点醒，彻底看出张仪是一个多么无耻的小人，可是嬴驷的最后一句话却将他的信心给击溃了，这明显还是要维护张仪啊。

张仪和他是同行，早晚要分出一个生死，如果单纯地比能力的话陈轸一点儿都不输张仪，可如果被嬴驷偏袒，那他无论如何都不是张仪的对手了，陈轸就在此刻真的产生了离开秦国的想法。

果然，张仪这次虽然失利了，但是并没有气馁，总是想方设法地找陈轸的麻烦，让陈轸防不胜防。

最后，陈轸在无奈之下只能逃离了秦国，只身前往楚国。

而从陈轸逃到楚国的那一刻起，张仪在秦国朝堂上就没有了能威胁他的对手，而嬴驷也在此时对秦国的官制进行了改革，将原来大良造的职权取消，设立了丞相，而这个新任丞相毫无疑问地便是张仪了。

那嬴驷为什么要改变官制呢？因为原来的大良造是军政一把抓的，权力很大，身为大良造一定要文武全才才可以，可是张仪是一个只懂文略的家伙，而丞相这个位置又不用怎么管军事，所以，为了让秦朝的官场都对此服气，嬴驷才设了一个丞相的位置。

张仪当了丞相以后，秦国也从此改变战略目标，继续将魔爪伸向魏国，魏惠王又要面对秦国的侵略了。

看到秦国上下人流涌动，秦魏边境上不停地聚集起凶猛的秦军，魏惠王实在是没有一点儿抵抗的信心，于是，只得再次派遣使者向秦国请求割地求和。

这次竟然直接割让给嬴驷十五座城邑，只求嬴驷能够真心和魏国和解，不要再攻打魏国了。

而面对一块这么大的肥肉嬴驷没有道理不接受，于是，双方握手言和，多年没有再出现战争。

第七章

纵横时代

7.1 赵雍

嬴驷得了河东十五城以后，并没有马上东进。因为自从魏国白白献给他们十五座城池以后，秦国就已经招致了天下的怨恨，嬴驷可不想被天下的诸侯群攻。

可光是不动也不行，这样的话秦国还发不发展了？于是，嬴驷找来了张仪，共同商议秦国后续的发展。

正所谓先天下之忧而忧，后天下之乐而乐，张仪早就为这些事情想好了对策，他料定，嬴驷一定会因为这件事情求教于他。

于是，嬴驷一找他前来他就开始滔滔不绝了："主公不必因为此事操心，微臣弹指一挥间就能将此事化解。"

"我就知道你鬼主意多，快说出来我听听。"

"近些年来，咱们秦国发展得确实有些快了，早已经遭到了天下诸侯们的警惕，如今，魏国又白白地送给了咱们十五座城池，这就更让咱们如履薄冰了。我相信，只要咱们这边往韩国一动，那边中原诸侯就有可能会联起手来对付咱们。可他们并没有正式的结盟大会，这只不过是一种无形的默契而已，咱们可以在他们正式形成联盟以前就瓦解他们！"

"哦？怎么瓦解？"

"第一，短时间内，我们不可以再继续扩张，这样的话势必会激化中原诸势力，咱们可以在此时间内同化最近新拿下来的城池，并且高筑墙，多攒粮，俯卧于中原之侧等待良机；第二，将战线转移至后方的义渠，给这些戎人一点儿压力，让他们知道到底谁才是西面的霸主，这样，咱们以后进击中原的时候才不会有后顾之忧；第三，也是最重要的一点，按照现在的情景，咱们多年之内应该都不会再和魏国发生冲突了，因为中间隔着一个韩国，既然这样的话，我们就应该将魏国人拉到咱们的阵营里，从而破坏中原人的联盟。"

"可是魏国基本上已经和咱们秦国不共戴天了，怎么才能够让他们臣服于咱们呢？"

"呵呵，主公您多虑了，正所谓拳头硬才有外交权，魏国人现在已经被咱们打怕了，魏王更是对咱们秦国有一种发自骨子里面的畏惧，只要咱们将距离本国中心较远的地方还给魏国，魏国自然会与咱们站在同一阵营中，他魏罃现在躲咱们还来不及呢，怎么可能敢拒绝我们抛出的橄榄枝呢？只要魏国臣服于秦，其他的各诸侯国便不可能结为同盟。"

嬴驷听罢哈哈大笑，连连称善。

于是，在公元前327年，秦国派遣张仪为使臣出使魏国，承诺魏惠王将焦和曲沃这些离自己远的重镇还给魏国，希望魏国能够和秦国交好，一起建立大战国共荣圈。

张仪的口才举世无双，外加上魏惠王也是真心地畏惧秦国，所以直接就和秦国站在了一起，只可怜了羸弱不堪的韩国夹在中间惶惶不可终日，生怕哪一天这个秦国国君心情不好就把自己给两面夹击了。

中原之事先到这里，咱再看看赵国。

公元前326年，赵国发生了一件大事，赵肃侯崩了，其子赵雍继承了君位，这便是历史上赫赫有名的赵武灵王。

赵雍，赵肃侯赵语之子，赵雍从小就极为聪明，学什么都快，能够一目十行，尤其是兵家著作，更是能够举一反三，衍生出自己的军事思想。

赵雍从小做事情就"不伦不类"、天马行空，穿衣服相当"非主流"。

赵雍从小就喜欢胡人的衣服，整天穿着皮靴、皮裤、短装、皮带招摇过市，这在当时是不可想象的。

战国时期的人，上自诸侯诸王，下自黎民百姓，哪一个瞧得起胡人？让他们穿胡人的衣服还不如要了他们的命。

这还不算，赵雍还不交"正经"朋友，他的朋友基本上都是拥有胡人血统的人，多数都是平头百姓，这些人也和赵雍一样，每天都是整齐的一套胡服，和赵雍一起招摇过市。

赵国的老百姓们全都骂赵雍是个疯子，谁都不想让他来继承君位，可他偏偏还是世子。

赵肃侯也听说自己的儿子风评不好，可他从来没有放弃过赵雍，因为他从这个小子的眼睛里总能看到熊熊的烈火在燃烧。

赵肃侯认为，这小子有朝一日定能够一飞冲天，带领赵国闯出一片天地，所以不管是谁，不管有多少人反对赵雍登位，赵肃侯都坚决地保住了赵雍。如此，赵肃侯死后，赵雍顺利地登上了赵国国君的宝座。

可那边赵肃侯刚死，齐、秦、楚、燕、魏就各派了一万人前来参加葬礼。

那么他们这么多人是来干什么的呢？真的是参加葬礼吗？非也！

现在是什么年代？这是战国！国丧不伐这种说法早就落伍了。

7.2　重出江湖

赵雍听说五万人前来吊丧，先是派遣了赵国精锐堵住进入赵国的各个关卡，禁止五国军队入境，然后派遣两路使者，先是抵达了燕国北部的胡族和狄族，然后又抵达了齐国南面的宋国。

这种强势的态度就是在警告燕国和齐国，别闹事，要不然咱直接开打，你别看我小，但是我也是有外援的。

果然，这五国人马看到年纪轻轻的赵雍如此强势，一个个的也不敢嚣张了，只派了少数人马进入邯郸吊丧便仓促回国了。

赵雍，这个年纪轻轻的君王在刚一即位就给各路诸侯留下了相当深刻的印象，当然了，距离赵国在赵雍的手下发光发热还要再等上一段时间，在这之前，咱们还是先看看其他的国家吧。

公元前325年，随着实力越发强大，嬴驷开始有了称王的野心。

是呀，实力不如秦国的魏国都已经称了王，他秦国为什么就不能称王呢？

可是就这样单方面地贸然称王，嬴驷还有些顾忌，因为他怕没人承认自己的王号，使自己面临当初楚国称王时的尴尬局面。

于是，嬴驷派使者出使韩国，想要和韩康在巫沙相互称王。

韩康一是顾忌秦国强大的军事压力，二是自己也确实想要称王，便答应了嬴驷的要求，和他一起在巫沙相互称王，这便是为秦惠文王和韩宣惠王了。

至此，战国七雄中除了燕国还未称王以外，其他的六国已经全部称王，那个可怜的周朝将要慢慢地淡出人们的视野。

公元前324年，秦惠文王命张仪统率秦国虎狼之师攻取了义渠的峡地，并在此地修建庞大的军事要塞，改名为上郡，其意图就是要在西北防守义渠，这给义渠国增加了很大的压力。

秦国近些年来连续不断地扩张，使得齐国也有了一定的危机感，这一年（前324年），魏惠王和齐威王在平阿会面，表面上看起来好像是很普通的两国会晤，可实际上却有了合纵的趋势，在无形中增大了秦国的外交压力。

次年，魏惠王和齐威王再次相会于甄。

看到魏国和齐国越走越近，秦惠文王有些受不了了，为了阻止中原的那些诸侯们形成联盟抗秦，秦惠文王接连不断地派出使臣出使楚国和齐国，希望能增加彼此之间的友谊，并有了突破性的进展。

因为就在这一年，秦惠文王派张仪在啮桑与齐国和楚国的大臣展开三边会晤，增强了秦、楚、齐这三个强国之间的关系，这便是远交近攻的初始形态。

可是秦惠文王的步伐却被一个人打乱了，这个人近些年在中原的各国之间上蹿下跳，为的就是让中原的这些诸侯国们结盟抗秦，而经过他的不断努力，终于在公元前324年取得了突破性进展。

因为就在这一年，魏、赵、韩、燕、中山五国会盟，相互尊称彼此为王，这也是著名的"五国相王"。

那么这个人是谁呢？他凭什么能够聚集五国共同相王呢？

这个人便是前些年被秦惠文王赶出秦国的公孙衍。

话说公孙衍自从被赶出秦国以后便赋闲在家，同时，在秦国发展不顺的陈轸也被迫前往了楚国，可是楚怀王并不怎么看重这个陈轸，又把他派到了秦国。

陈轸凭借自己的口才又一次说服了秦惠文王，这才逃过一劫。陈轸那是相当恨张仪了。

于是，陈轸离开秦国以后找到了同样和张仪不共戴天的公孙衍，这两个人一提到张仪，无不恨得咬牙切齿，发誓要报仇雪恨。

于是，一个大胆的炒作与合纵的计划就这么在两人的合谋下诞生了。

话说某一天，公孙衍前去拜访魏惠王。

那魏惠王早就知道公孙衍这个能人如今在自己的魏国，可这人在秦国担任大良造期间，曾经反复率领士兵攻打他的魏国，使自己的国家损兵折将，最后自己还不得不向他低头，以求得片刻苟安。

一想到这些，魏惠王就恨得牙痒痒，所以明知道公孙衍是个人才魏惠王也不打算用他，这才使得公孙衍一直到现在都赋闲在家。

所以，魏惠王一听是公孙衍来访便不打算见他，可是下人却说："大王，那公孙衍说是有办法能够消灭秦国。"

魏惠王一听这话，才勉为其难地见了公孙衍一面，想要听听他有什么"高见"。

公孙衍进了王宫之后就要行礼，可是魏惠王制止了他，直接说道："先生就不用和我绕圈子了，有话就直说好了。"

公孙衍一看魏惠王神色不善，并不气馁，而是不慌不忙地张口说道："请问大王，现在最想灭掉的国家是哪个国家呢？"

魏惠王道："当然是秦国。"

公孙衍一听这话，乐了，他忙道："呵呵，大王说得对，您也知道我本身是魏国人，也想使咱们魏国强大，不落后于人，前些年我在秦国担任大良造的时候，和赵国与燕国的关系相处得都相当不错，前些日子这两国的国君还派人前来魏国想要挖我过去呢，可是我心里惦记着魏国，不想投靠他国，这才没有答应，但我们之间的关系那是确实不错的。如今，秦国越来越强大，给各诸侯国都造成不小的压力，我愿意替魏国出使赵国和燕国，使得三国同盟，这样的话，三国必定会拧成一股绳，秦国到时候想要再打魏国，那他可真要好好掂量掂量了。"

听了公孙衍的话，魏惠王眼睛顿时亮了，他这一阵子也被秦惠文王的外交策略弄得焦头烂额，而这个公孙衍如果能够平白地给他增添两个盟友，那自己可就不必再担心秦国和齐国的威胁了。

于是，魏惠王的态度马上来了个三百六十度大反转，本来阴沉的脸立马阳光灿烂，当即任命公孙衍为魏国的使者出使两国，并且赏给了他三十车人马供其调度。

那么公孙衍和燕国和赵国的关系到底有没有他说的那么好呢？

那自然是没有的，不用说英明神武的赵雍，就连燕国现在的国君都只听过公孙衍而未见过其人。

可公孙衍自然有他的办法。

7.3 纵横

公孙衍将那三十多车的人马安顿好以后，好吃好喝地供着，可就是迟迟不肯出发，并且广派手下，大肆宣扬说自己即将代表魏国出使赵国和燕国。

燕国和赵国的驻大梁外交官一来听说公孙衍要出使本国，便赶紧派人回国禀报，两国国君听说过公孙衍，知道他熟悉秦国国内的情况，二来本来也想要联合起来对付秦国，便准备好好迎接公孙衍。

可左等不来右等不来，两国都感觉非常奇怪，那么公孙衍在等什么呢？

原来公孙衍用了陈轸的主意，他这么做的用意有二。

第一，要通过等待让两国的国君对自己更为重视。

第二，那就是等待其他国家的支持。

果然，齐国最近虽然和秦国表面上打得火热，但齐威王实际上也不想让秦国坐大，便派人前来魏国表示将支持公孙衍的一切行动。

就这样，有了齐威王这个强国的力挺，公孙衍的身价立刻倍增，再加上公孙衍的口才，使得赵、魏、燕三国之间的友谊建立取得了相当可观的成果。

魏惠王大喜，当即封公孙衍为大夫。

但这还没有结束，公孙衍紧接着将目标瞄准了韩国和中山国，韩国不用多说，自从魏国河西之地被打没以后，韩国也直接面对秦国，韩宣惠王成天顶着秦国巨大的军事压力都快精神分裂了，一听魏国要和他结成联盟，那就好像是抓住了一根救命的稻草，自然是满口答应。

可为什么还要找中山国呢？中山国不是中原人心中的蛮夷吗？再加上他们的国家也不富裕，跟中原各国比那是相当落后，为何要找他呢？

确实，中山国不管是从国力还是文化都不如中原的这些诸侯国强，可是中山国的军事力量是相当强大的，特别是中山国的步兵，如果是单对单打，那是绝对可以和全盛时期的魏武卒拼一下的。

据说中山国的步兵力气相当大，一个人就可以掀翻一辆兵车，他们手中的兵器和中原人还不一样，中原的士兵主要使用短剑、长枪之类的，可是中山的士兵却习惯使用加重型大刀、镰刀什么的，所以只要被他们的士兵砸一下那就必死无疑了。

如此，凭借着公孙衍的努力，赵、魏、韩、燕、中山五国拧在一起，并在公元前324年这一年相聚，相互尊王。其意图再明显不过了，那便是准备围攻秦国。

可是那边公孙衍刚刚导演了一出五国相王，这边就有人给他搞破坏了。令人崩溃的是这个搞破坏的还不是情理之中的秦国，而是意料之外的齐国。

原来齐威王在中原霸道惯了，他觉得自己现在是中原的霸主，所以中原的诸侯国们想做点儿什么事儿都要让他当话事人，甚至要经过他的允许。可是这五国相王不找他也就罢了，最可恨的是还叫上了一个中山国也来相王，那中山国算什么？凭他也配称王？

所以，齐威王开始搞破坏了，他以中山国太小为名，拒绝承认中山国为王，并且说："中山国要是不把王号撤了，齐国就要对中山国实行军事打击。"

中山国虽然战斗力很强，但是也没有理由为了这么一个虚无缥缈的王号便把强齐国给得罪了，所以中山的国君赶紧退出了五国相王的闹剧，这给公孙衍的合纵大计造成了不小的麻烦。

公元前322年，针对公孙衍的连横策略，秦国方面也开始行动了，秦惠文王以两国友好访问为由，将张仪"租借"给了魏国，明面上是给魏国助力，实际上却是要分化中原的连横态势。

张仪的口才横扫天下无敌手，他一来魏国就开始游说魏惠王和秦惠文王一起攻击韩国，等拿下韩国以后好处平分。

魏惠王一向言而无信，他一不敢轻易得罪秦国，二也确实想要和秦国一起拿下韩国，以此来补充近些年来被侵占的土地，便赶走了惠施而任命居心不良的张仪来担任魏国的相国。

可公孙衍岂能允许张仪胡来？他前去面见魏惠王，直接说道："大王，我想请问您，您是想要灭亡还是生存？"

魏惠王一听这话急了："你胡说八道什么？谁还能想要自取灭亡？你有话就说，别藏着掖着的。"

"好，既然大王不想灭亡，那为什么要赶走惠施而任用张仪为咱们魏国的相国呢？"

魏惠王一听公孙衍是因为这事儿来找他，当时就乐了："哦哈哈，我当什么事儿呢？我说爱卿啊，寡人也知道你和张仪有仇，不过国事和私事可不要混为一谈，秦国现在确实强大，不是咱们魏国能抗衡得了的，再说张仪的提议也是不错的嘛，两国共同攻打韩国，这样的话既能交好秦国，又能扩张自己的领地，何乐而不为呢？"

"大王！臣并不是因为私仇才来和您说这些话，而是如果您按照张仪的套路走，咱们魏国那就真的完了！"

听到这儿，魏惠王的脸面有些挂不住了，他始终认为公孙衍是看不上张仪，跑这来闹事儿的，便阴着脸道："哦？我倒是想听听魏国怎么就完了。"

"大王！那秦国乃是虎狼之国，自从商鞅变法以后哪一次讲过诚信？他们现在之所以将进攻重点放在韩国就是因为咱们魏国已经没有什么土地连接着秦国了，一旦韩国被秦国所灭，那秦国人很快就会把矛头对准咱们魏国，到时候我们魏国拿什么抵挡？"

魏惠王听到这里眉头紧皱，心里有些忐忑了，但是依然固执地道："到时候秦国要是敢背信弃义的话，天下人都不会再忍着秦国了，一定会聚在一起来救我魏国，谁都不会眼睁睁地看着秦国崛起。"

"唉！大王，您说这话可就错了，没错，他们到最后一定会联合在一起，但到时候打的不是秦国，而是咱们魏国啊！"

这话一说，魏惠王噌地一下从座位上站了起来，"此话怎讲？他们为什么要攻打咱们魏国？"

"因为是咱们促成的五国联盟！恕臣直言，大王自从即位以来，已经干过不少失信于天下的事情了，现在韩国在咱们魏国的张罗下已经成为盟友，如果这时候再趁机打他们，我想请问大王，以后谁还会敢和咱们结盟？谁还会来救援咱们？到时候无非就是天下一起瓜分魏国，之后才会形成各路诸侯国联合抗秦的局面，大王三思啊！"

话毕，魏惠王冷汗直流，心里琢磨着，"幸好还没有出兵韩国，要不然就完了，张仪，你差点儿坑了我魏国。"

被公孙衍当头棒喝的魏惠王当日就免除了张仪相国的职位，并打算再次邀请惠施回国复位。

可秦国怎会允许魏惠王如此做呢？秦惠文王听说张仪那边被废了，二话不说便派兵拿下了北方的曲沃和平周。

在秦国巨大的军事压力下，魏惠王不得不低头，再次任命了张仪为相国。可自从这天开始，魏惠王便再也没信任过张仪，而是坚定了合纵的信念，他一面对张仪虚与委蛇，一面派陈轸和公孙衍前往楚国和齐国，主要就是劝楚怀王和齐威王也加入大联盟之中。

7.4 孟尝君

就在纵横之风在中原席卷之时，联合抗秦之势正在形成之际，东方的齐国却发生了一件必须要详细说明的"小事"。

那就是齐威王将薛地封给了田婴，而这个田婴便是靖郭君了。

田婴是齐威王田因齐的少子，田婴从小很聪明，长大以后更是厉害，他为人沉稳，做事滴水不漏，就连田因齐也经常采纳他的建议。

可是这时候的田因齐已经五十有七了，精力大不如前，没有办法再处理那堆积如山的公文了，便让田婴来处理。

这么做显然令当时齐国的太子田辟疆很不悦，也就是因为田因齐这种不分轻重的举动，使得田辟疆从此对田婴和他的后代们"刮目相看"了。

因为齐威王将所有的事情全都委派给了田婴，所以田婴立马在齐国一人之下，万人之上，这使得田婴有些飘飘然了，便想在自己的封地薛地建造豪华的城堡，使自己的薛地变成薛城。

可就在田婴想要建城的时候，他的一个手下阻止了他，这名手下叫什么史书上没有记载，因此不得而知，可是他的话却是救了田婴一命。

他是这么说的："主公啊，咱们齐国临近黄海，难道您没有看过海里面的大鱼吗？"

这话给田婴说得莫名其妙："先生这说的哪里话，海里的大鱼我见多了，可这和我建城又有什么关系呢？"

"呵呵，关系大了！大鱼在海里面非常强大，海网罩不住他，鱼钩也牵不住他，可是他一旦离开海水就什么都不是了，甚至一只小小的蚂蚁就能要了他的命，而您就是那条海里面的大鱼，齐国就是您的大海啊，您长期把持着齐国的内政，已经非常招人忌妒了，这时候又要在自己的封地建立什么巨城，这不就等于大鱼出海吗？难道您建完了巨城以后就打算回到封地不成？如果您回到封地，便会失去生杀大权，到时候哪怕您把薛地的城墙砌到天上去也保不住自己的性命，还不如趁着大权在握的时候尽量广结善缘，保持低调，这样也会为自己留一条后路啊。"

田婴听了这话幡然醒悟，马上依计而行，薛地的事情他也不管了，都交给自己的儿子田文来打理。

这个田文就是以后的孟尝君，别看田文现在风光，他可是真的经历了"天将降大任于是人也，必先苦其心志，劳其筋骨，饿其体肤"。

话说田婴有四十多个儿子，而田文只是一个小妾所生，最要命的是他是五月初五出生的，古时候的人都相当迷信，传说五月初五生下来的孩子长大以后能高过门楣，并且会克死父母。田婴虽说是上等人，可也不能免俗，便怒气冲冲地对着小妾道："贱人！什么时候生这个孩子不好，非要等到五月初五，你诚心让我难堪是不是？这孩子你要么就弄死，要么就给我扔了，总之不许养活他，你要是敢背着我养活这个孩子，我把你们娘俩都给杀了。"

田婴这话说得极狠，可是田文的母亲硬是证明了一次母爱的伟大。

她名义上是将孩子送给了别人，可实际上是托别人将孩子养大，并且将田婴赏赐给她的金银钱财全都用在了抚养田文上面。

就这样，田文被偷偷地养活了。

母亲为了田文争得了一条活路，而这田文也真不含糊，从小就聪明好学，不骄不躁，母亲偷偷给的钱几乎全都用在了读书上。

因为田文生活在民间，所以也知道民间的疾苦，最重要的一点是，这人有一种天生的魅力，从他小的时候周边的孩子便全都围着他打转。

田文长大以后，他的母亲非常相信田文，通过多方渠道将这孩子推荐给了田婴。

田婴一开始并不知道这小子是当初那个生于五月初五的"扫把星"，也没有在意田文的外表，反倒是觉得这个小伙子很不错，和田文谈得也很是投缘。

田文妈见状，直接将田文的真正身份告诉了田婴，田婴一听这话当时就火了，本来的笑脸也一下子变得阴风阵阵，他也没管身边的田文，直接站起身来指着田文的母亲痛骂："贱人！我当初让你把这个畜生给扔了，你拿我的话当耳边风了？你活够了是不是？"

田文的母亲本来看田婴和自己的儿子谈得挺开心的，还以为会促成好事，谁承想反倒是弄巧成拙，面对田国相那逼人的气场，田文母亲直接就木了，结结巴巴地半天说不出个字来。

而田文呢？他又是什么反应呢？他从小就被抛弃，这都是因为眼前这个可恶的人，如今好不容易相认，他田婴不认这个儿子也就罢了，还要杀死他和自己的母亲，田文这时候应该是怒发冲冠才是。可是田文毕竟是田文，只见田文非常淡定地站了起来，对着自己的父亲深深一躬，然后不慌不忙地道："父亲大人，您不让母亲养育五月五生的孩子，是什么缘故呢？"

田婴很是不耐地一挥袖子，极为鄙视地和田文道："你可别叫我父亲，我没你这么个儿子。看来你真是傻，连为什么不养五月五的孩子都不知道，今日我就告诉你，让你死个明白，五月五出生的孩子，长大了身长会比大门都高，还会害父害母！这么说你明白了？"

本以为田文会被自己吓退，可出乎田婴意料的是，田文非但没慌，反倒是更为镇定地道："哦，原来是这样，儿受教了，可是您看儿这身高如何？"

田婴顿时语塞，因为田文的身高确实太矮了。

看到父亲被自己问得没了声音，田文趁势道："父亲大人，人的命运是由上天授予呢？还是由门户授予呢？"

田婴不知怎么回答好，便沉默不语。

田文接着说："如果是由上天授予的，您何必忧虑呢？天生自然天养！如果是由门户授予的，那么只要加高门户就可以了。"

田婴被田文辩得无言以对，只能斥责道："你不要说了！"然后便拂袖而去。

可田婴虽然看起来很生气，实际上却并没有杀田文母子，反倒是被田文的机智和沉稳所震撼，从此认可了田文，留他在田府。

可田文并未因此一飞冲天，因为田文进入田府以后依然不受待见，田婴是不反对留田文了，但是远没有达到喜欢的程度。

被自己的父亲看不上也就罢了，最烦的是连田家大院儿的那些所谓的兄弟姐妹们也相当看不上田文。

可田文毕竟是未来的战国四公子之首！胸怀不是凡夫俗子能及的。

所以，田文并没有和这些兄弟姐妹们理论，反倒是以静制动，等待着出头的机会。

是金子总会发光，曾经的晏婴会，现在的田文依然会。

话说一日，田文发现自己的父亲心情特别好，便走上前去施了一礼。

田婴因为心情不错，也没给这个儿子脸色看，而是捋了捋胡子道："什么事？"

田文道："儿有一事不明，今见父亲来到，特来请教。"

"嗯，求知的心还是不错的，有什么事儿你就问吧。"

田文一看时机已到，赶紧开口道："儿想问父亲，儿子的儿子叫什么？"

"叫孙子。"

"孙子的孙子叫什么？"

"叫玄孙。"

"玄孙的孙子叫什么？"

田婴心中已经有些不悦了，于是说道："我不知道了，难道你知道不成？"

田文却所答非所问地道："父亲大人，您执掌大权担任齐国宰相，到如今已有很长一段日子了，可是齐国的领土没有扩张，您的私家却积贮了万金的财富，门下也看不到一位贤能之士。我听说，将军的门庭必出将军，宰相的门庭必有宰相，您的姬妾可以践踏绫罗绸缎，而贤士却穿不上粗布短衣，您的男仆女奴有剩余的饭食肉羹，而贤士却连糠菜也吃不饱，您还一个劲儿地储存积贮，想留给那些连称呼都叫不上来的人，却忘记国家在诸侯中一天天失势，对于这种现象我是感觉挺奇怪的。"

话毕便不再说话，退到一边。

而田婴却默默地低下了头，久久不能言语，他在分析田文的话，田婴虽然并没有田文口中说的那么夸张，可他也确实在向田文所说的方向发展。

想到这儿，田婴明白了："好嘛，这小子表面上向我求教，原来是教我做人来了，不简单啊！"想罢，对着田文微微一笑便走了。

从此，田婴便对田文刮目相看了，并有意立他为自己的继承人，让他主持家政，接待宾客。

田文也不含糊，从他主持家政以后，田家的宾客来往不断，田文的名声随之传播到各诸侯国中。

要说这田文的外交能力是真挺厉害，他的交际范围不只在各路能人中，甚至连各诸侯国中他都能游刃有余。

这不，这些诸侯一个接一个地全都派人来请求田婴立田文为世子。

田婴本来就有这种想法，一看自己的儿子都和各诸侯国打上交道了，那就更没有拒绝的理由了。

于是，田文顺利地成为田家的世子，完成了逆袭。田文以后还会继续发光发热，咱们暂且不表，还是再将目光转到西边的秦国。

7.5　五国伐秦

公元前320年，已经在峡地准备了两年的秦国终于完成集结，发大兵攻打义渠。

而这时候的义渠王早就已经率领义渠走出了之前内乱的阴影，便亲率大军前去迎击秦军，打算一举歼之。

两方的战斗力都超级强大，所以这场战役打得难分难解，至于战役的具体细节史书上未表，可有一点是可以肯定，那便是双方损失都很严重，因为秦国方面只拿下了郁郅（今甘肃省庆阳市东）便撤退回国了，并没有对义渠进行灭国之战，所以此战的结果只能说是秦国人险胜。

同年，齐国发生了大事，伟大的齐威王崩了，其子田辟疆即位，是为齐宣王。

公元前319年，秦惠文王开始将矛头瞄准韩国，他出大军前去攻打韩国，并夺去了韩国的鄢地。

鄢地，位于现在的湖北省宜城市西，在汉水和庐江之间，是当时著名的捕鱼胜地，经济非常发达，可这不是秦惠文王攻打此地的主要目的，因为这地方卡在了秦、楚、魏、韩中间，属于兵家必争之地，只要秦惠文王将这块地方给拿下，那他就等于是彻底打开了冲向中原的门户，四国便要直接面对秦国虎狼的军事压力，可秦惠文王算来算去，硬是忘记了拿下此地会对他造成什么样的后果。

没错，拿下了鄢地以后，确实是可以直面中原各国了，但是那些国家当然不会站在那里等着让你打。

果然，秦惠文王的这一军事举动立马引得整个华夏都警惕起来，因为他们发现，秦国人的手伸得越来越长了，如果不及时制止的话后果不堪设想，而直面秦国威胁的诸侯国就更是如履薄冰了。

几乎在秦国攻陷鄢地的同一时间，楚国、魏国、韩国就开始频频向边境调兵遣将，准备防御可怕的秦国。而这个时候，公孙衍笑了。

其实他早在张仪再次登上魏国相国宝座的时候便已经频频出使他国（主要出使的是齐国和楚国），力求建立抗秦联盟，魏惠王也十分支持公孙衍，他表面上与张仪虚与委蛇，实际上却是暗地里在资金上支援公孙衍。

所以，公孙衍做的这些事情都没有被张仪发觉，而当他发现的时候也已经太晚了。

就在秦国人攻陷了鄢地的同一时间，公孙衍和魏惠王向张仪摊牌了。

一日早朝，张仪和往常一样，迈着四方步，趾高气扬地到了王宫准备议政，可当他看到久未出现的公孙衍站到魏惠王身边的时候便知道大事不妙了。

果然，魏惠王阴狠地对张仪笑道："这不是张丞相吗？哦不，应该是曾经的张丞相，您老可来得真早啊，朝中所有的大臣都要等您到来才能召开朝会是吗？"

张仪看着魏惠王的表情，听着魏惠王口中说出的话，那汗珠是一颗一颗地往下流，凭着他多年在官场上摸爬滚打的经验来看，魏惠王今天是有要整死他的心了。

于是在平日里嚣张跋扈的张仪顿时间变成了"小绵羊"，满脸堆笑地道："大王，您如今真是越发精神了。"

魏惠王熟悉张仪的德行，也没有搭话，只是不停地用手指敲打着自己的座椅，用那双阴狠的眼睛看着张仪。

张仪知道，自己要是再胡说八道兴许就没有活下去的机会了。于是很是镇定地对魏惠王道："大王，西面有狼。"

魏惠王微微思考了一下，冷笑着道："我中原猎人很多，还打不死你这头饿狼？"

"可如果打不死呢？我可听说猎人每次打狼可都会给自己留一条后路啊。"

魏惠王听了张仪的话以后眉头紧皱，好似坚定的心有了一丝松动，公孙衍见大事不好，便要劝谏魏惠王，可是魏惠王伸出了手，阻止公孙衍继续说下去，只是对张仪说了简单的三个字："你走吧。"

如此，魏惠王将张仪撵回了秦国，公孙衍成为魏国新的相国，而惠施也在这之后回到了魏国。

放走了张仪之后，魏惠王便开始着手准备和众多诸侯国联合攻击秦国之事了，可天不遂人愿，就在魏惠王打算大展身手的时候，突然在某一天死于梦中。

活了八十一岁，在魏国国君之位长达五十年的魏䓨就这样死了，其子魏嗣继承了王位，是为魏襄王。

而本来打算进攻秦国的事情也因此拖到了下一年。

这一年，宣扬仁政的孟子来到大梁拜见了新为国君的魏襄王，可是从大梁出来以后却愤愤地和周边的朋友们说魏襄王望之不似人君。

原来，在战国时期，所有的君主都喜欢能给国家带来实际利益的政策，那个时候法家是最吃香的，比如李悝、商鞅、申不害等。

而孟子等儒家之人所宣扬的仁义道德在战国实在是不适用，所以，魏襄王根本就不吃他那一套，聊了几句就失去了兴趣。从而冷落了孟子。

公元前318年，在公孙衍的统一策划下，中原的这些联军终于行动了，楚、赵、魏、韩、燕五国联合攻秦，每一个国家都是精锐尽出，且都是由领导人亲自带队。

这里实属楚国的国力是最强大的，所以楚怀王被众多诸侯公推为联盟长，负责统率联盟大军。

正所谓三军未动，粮草先行，五国联军还没等出动攻秦，粮草就已经先行运往魏国的"天下第一仓"——敖仓了。

只见联合国运粮部队浩浩荡荡向敖仓挺近，如同一条长龙一样根本望不到边际。

运粮完毕，各国精锐尽出，联盟大军的进军路线简单粗暴，那就是直接拿下当时的天下第一关——函谷关，然后兵锋直指咸阳，彻底灭了秦国。

这还不算，公孙衍还在出兵以前就派人和秦国后方的义渠国秘密联络，约定联军攻打函谷关之时就是义渠国从背后偷袭秦国之刻。

五月，联军于新城完成集结，然后一路向西，连取宜阳、渑池、曲沃，大军直抵函谷关。

这并不是秦国人没有用，也不是五国联军犹如雪崩一样的侵略性，而是因为秦惠文王早在张仪回到秦国以后就时刻注视着六国动向，斥候和间谍成批成批地往六国送。

当他得知除了齐国和自己以外所有的国家都开始集结以后，秦惠文王开始紧张，他可不认为自己在野战方面可以以一敌五。

所以，秦惠文王利用了坚壁清野的战术。他将函谷关以外的所有秦军全都撤回了函谷关，并且调集秦国国内的有生力量齐聚函谷关，命樗里疾为主帅，准备在此和联军决一死战，自己则亲自镇守咸阳统筹大局。

樗里疾，土生土长的秦国人，他是秦惠文王同父异母的弟弟，从小便才智过人，应变能力超强，秦国人都亲切地叫樗里疾为"智囊"。

这还不止，樗里疾不光是个谋略家，他统兵作战的能力也是相当高强，当初秦国东出的时候便能时常看到樗里疾的身影。讨伐曲沃的战役中，樗里疾更是秦军主帅，他率领的秦军以极小的代价便攻克了曲沃。

开战以前，楚怀王命韩宣王先行让韩国的士兵们将韩国床弩推到前线对函谷关展开射击，可韩国的床弩队刚刚将床弩推到射程范围，就听见函谷关内发出了震耳欲聋的砰砰声，紧接着，漫天的巨大粗木扫射过来，刚刚推到射程范围的韩国床弩被砸了个稀烂，将床弩推过来的韩国士兵也被砸得血肉模糊。这种震撼的场面狠狠地打击了联军的士气。

楚怀王看到眼前这一幕大怒，直接命联军狂攻函谷关，可是秦国人的火力压制实在是太猛，他们不光有床弩，还有人人都能用的秦弩，更有精良的长弓。

这就使得联军还没等冲到函谷关关墙之下便被如同蝗灾一般的箭矢射了个七零八落。

见此情景，楚怀王马上命人鸣金收兵。他本来以为函谷关在四十万大军的压迫之下瞬间就会被拿下，但从今天这一战来看，如果没有充足的火力掩护，想要拿下函谷关那无异于天方夜谭。

所以，楚怀王命联军务必在一个月内打造出一百二十个井栏、五十辆云梯车、三十台冲车。

函谷关主帅樗里疾本来已经做好了死战的打算，可当他看到联军进攻一天便不再攻关，而是窝在大营里叮叮当当地做攻城兵器的时候，樗里疾便敏锐地判断出联军首攻的气势已去。

所以，樗里疾打算主动出击。

某一天夜晚，函谷关的大门被静悄悄地打开，一支由三千人组成的秦国骑兵队悄悄地从函谷关奔向联军大营，等这支骑兵队走到了距离联军大营不到一里的时候突然发动了突击，他们不杀兵、不斩将，直接杀向联军制造兵器的营地，到了营地之后，每人一个火把，将联军辛辛苦苦造了一个月的攻城兵器烧了个干干净净。

秦国士兵因此士气大振。楚怀王在无奈之下只得命令联军继续制造兵器，并且加派了守夜的士兵。

可就在函谷关捷报频传的时候，秦国后方却是遭了殃，义渠国王遵守了和公孙衍的约定，当联军攻打函谷关的同时，他也亲自率领着义渠骑兵团对秦国发动了猛烈的攻击，由于现在秦国的主力部队全都堆在函谷关关内，所以秦惠文王只能临时拼凑一支部队前去西线抵挡义渠人的进攻。

可是，他能挡得住义渠国的铁骑吗？

当初秦惠文王的秦国锐士都没能将义渠骑兵击败，就更别提这些临时征调上来的新兵了。

果然，秦国新军与义渠骑兵团于李帛相遇，并被义渠军杀得大败。

秦惠文王在无奈之下只得再次临时征调一些士兵并亲自率领"第二新军"前往边境防御义渠军的进攻。

义渠人在野战方面很少有人能够企及，可是要说攻城他们就不行了，面对着秦惠文王亲自带领的守城士兵，义渠国王难有斩获，只能率领士兵在城下挑战。

然而秦惠文王不为所动，坚决不出击。

义渠国王见此，便率军疯狂屠杀秦国边境的村落，不管男女老少，一个不留，只为能将秦惠文王逼出城池。

看着本国的百姓被残忍地杀害，秦惠文王的心在滴血，可是他坚决不能出兵，因为他知道，一旦自己出兵则必败，边境一旦失守，义渠骑兵定会大举入侵秦国内部，到那个时候就不是几个村庄被屠了，而是全体秦国人都会沦为亡国奴。

所以，秦惠文王只能眼睁睁地看着而"无动于衷"。

就这样，秦惠文王守着边境一天又一天，不断地抵抗着义渠骑兵团的进攻，终于，在近两个月以后，随着函谷关的秦兵不断赶到秦国西线边境，义渠国王率领着大军撤退了。

那就奇怪了，秦国大军不是在函谷关对抗五国联军吗？他们为什么会开到西线呢？难不成五国联军撤退了？

五国联军确实撤退了。

原来五国联军在耗费了近两个月以后，终于造出了大批量的攻城器具，造好了以后，楚怀王命令全军在次日对函谷关进行疯狂的攻击。

他满以为这次定可一举而下，可让人惊讶的是，秦国士兵的战斗力实在是太过强悍，他们为了守住函谷关不惜和联军士兵同归于尽。每天战争结束的时候，函谷关下面全都是秦军和联军士兵的尸体，而联军除了三晋是真心抗秦以外，楚国和燕国则是为了捡便宜才来打秦国的，都不肯奋力出战。

所以，当楚怀王和燕王哙真正地体会到想要拿下函谷关所要付出代价的时候，他们两国便都开始打退堂鼓了，毕竟还有一个齐国在大伙身后藏着呢，到时候闹个"六败俱伤"，便宜岂不是全都让齐国赚过去了。

就这样，楚国和燕国退出了联盟军的大队伍，而这两个国家一退，联盟大军立马就垮了，每个国家都率领着各自的军队撤退回国，这场五国伐秦的大戏便这样虎头蛇尾地收场了。

7.6　燕王哙禅让

然而就在各路大军全都回国以后，燕国却发生了一件震惊天下的大事！

燕王哙竟然将王位禅让给了国相子之。

自从夏朝建立以后已经几千年不曾存在禅让王位一说了，那燕王哙为什么要干这件事呢？

原来燕王哙不喜欢政事，所有的政事都交给子之打理，子之是燕国国相，很有能力，做事也果断，有魄力，可让燕王哙没有想到的是，子之不只有这些东西，他还有一样是燕王哙没有想到的，那便是——野心。

子之自从担任燕国国相以后，除了正经的政事以外，他几乎无时无刻不在培养自己的势力，终于在公元前318年的时候对燕王这个位置动手了，只不过，他没有用武力来夺取燕王这个位置，而是采用劝说的方式。

就在某一天的例行朝会上，子之的追随者，燕国大夫鹿毛寿向燕王哙提出了一个破天荒的说法："大王，您知道为什么尧舜会被人们称为圣贤而名垂千古吗？"

"嗯，这个我还是知道的，因为他们实行仁政，并且用禅让的制度将头领的位置传给具有能力的人。"

"那大王您想不想也像尧舜一样名垂千古呢？"

"想，我当然想啊。"

"那您何不将自己的位置传给子之呢？这样大王就能够名垂千古了。"

那燕王哙一听鹿毛寿的说话，连想都没想便答应了。从此，子之成为燕国新一代的国君，而燕王哙反倒沦为了臣子。

那么子之能够在燕王的位置上坐稳吗？这还要在几年以后才能见分晓，这里暂且按下不表。

7.7 平蜀灭巴

公元前317年，秦惠文王任命樗里疾为秦军统帅，出动大军攻打韩国，对三晋展开报复。

三晋不敢怠慢，同样组成联军于修鱼大战秦军，结果，联军惨败溃逃，秦军于后疯狂追击百余里，共斩杀三晋联军八万两千余人，三晋人马无奈之下只得退回国内驻守。

秦军在修鱼大败联军以后收复了上一年被联军占领的大部分失地，可正当秦国大军打算继续东进而一举灭了韩国的时候，咸阳方面却传出退兵回国的旨意。樗里疾收到信件以后也没犹豫，直接便率领大军回国了。

那这是为什么呢？为什么在形势一片大好的时候秦惠文王要命令樗里疾撤兵呢？

那是因为在这个时候，秦国出现了一个极擅长长途奔袭作战的大将之才！就是他的一个建议改变了秦惠文王原有的战略措施；就是他的这个建议奠定了秦国以后的作战后勤保障；就是他，掀翻了整个巴蜀之地，令巴蜀婴儿闻其名而不敢泣也；就是他，和以后秦国最强战神组成了秦国军界双星，大败楚国。他，本应该排在战国四将之一，他，除秦国战神以外的最强将军。他是长途奔袭之神，他的名字叫司马错。

就在樗里疾于中原捷报频传的时候，秦国南面的蜀国和苴国却打了起来。

在很久很久以前，苴国曾经是蜀国的一个分封国，可是若干年以后，这个分封国却和蜀国闹起了独立，并且勾结常年和蜀国摩擦不断的巴国一起进攻蜀国。

这不，正当樗里疾横扫三晋的时候，这两个国家又打起来了。

蜀国为了彻底消灭苴国，便派遣使者进入咸阳请求秦惠文王的援助，而苴国国君也不甘落后，同样派遣使者前去咸阳请求救援。

蜀国许给秦惠文王的好处是无数的金银财宝，而苴国许给秦惠文王的好处则是整个蜀地。所以，孰轻孰重秦惠文王能分得清，蜀国可算是给自己找了一个大麻烦。

可是现在有一个难题摆在了秦惠文王的面前，那便是究竟应该去攻占蜀国还是继续攻打东面的韩国。

因为樗里疾方面在中原打得很顺，如果继续攻下去的话，很有可能会一举拿下韩国。

而蜀地虽大，但太过贫瘠，拿下来也未必会有什么实际的好处，所以，拿不定主意的秦惠文王会集群臣于王宫，一起商议对策。

在会议中，意见分成了两派，一派是以张仪为首的官员，占绝大多数，他们都赞成继续攻打韩国。

而另一派则是以司马错为首的官员，他们赞成先拿下蜀国，之后再进攻中原。

司马错，乃是史学家司马迁的八世祖，秦国少梁人，因为生在少梁（秦魏边境线），所以从小便和战争结下了不解之缘。

司马错是个战术大师，其才能一点儿都不弱于樗里疾，甚至还要强于后者，要不是因为他过于年轻（生卒年不详，可是司马错一共辅佐了秦惠文王、秦武王、秦昭襄王三朝的国君，所以当时的他一定是相当年轻的），函谷关之战的统帅就不一定是樗里疾了。

这两派在朝堂之上针锋相对，谁也不让着谁，张仪大声地说道："我们秦国的战略路线早已经确定完毕！那便是灭掉韩国，打通三川，之后以韩国为根据地，进军二周，声讨周君，之后挟天子以令诸侯，名正言顺地灭掉楚国和魏国，到时候天下还有谁能阻挡咱们秦国统一的步伐？这正是称霸天下真正该做的事情啊，那蜀国算什么东西？充其量就是个蛮国，是戎狄的同类，攻打蜀国，既劳民又损军，最后还得不到什么实际的利益，正所谓'争名要到朝廷，争利应去市集。'而现在的三川和周王室就相当于市集和朝廷，这么好的地方不去争取，反倒要去夺取蜀地这样落后的地区，这简直就是滑天下之大稽！"

张仪话音刚落，司马错却说道："张大人此言差矣！我听说，想要使自己的国家富强，便一定要扩张它的领土，而想要军队强大的人，就必须先使百姓富足，想要真正统一天下，就必须要将他的政策惠及天下，只有这三个条件具备之后才能真正统一天下。恕微臣直言，如果以统一天下为目标的话，咱们秦国现在的国土面积还是太小了，百姓过得也并不是那么富足，所以我希望先从容易的开始做起。没错，蜀国是偏远国家，可此地尚未被开发，潜力无穷，值得我们拿下来，并且现在蜀地的国君昏庸，政策不明，局势混乱动荡，实是下手的最佳时机，拿下蜀国以后，既能够扩张我们秦国的地盘，还能够对蜀国大改造，进而创造无限的财富，到时候还有谁能是咱们秦国的对手？可如果现在灭掉韩国，劫持周天子，咱们秦国百分之百会成为天下诸侯的眼中钉、肉中刺，到时候被天下诸侯围攻，咱们秦国拿什么来抵抗？可如果拿下蜀国以后再行此计策的话，咱们就有了底气，有了和天下诸侯一拼的底气，所以，臣不惜余力地劝谏主公先攻蜀国。"

秦惠文王犹豫再三，最后还是听取了司马错的建议，撤回了樗里疾的主力部队，转而进攻蜀地。

然而，就在樗里疾的部队撤退以后，齐宣王趁火打劫，派遣大军进攻魏国，企图趁着三晋疲软之际扩充自己在西南的地盘，同时也是为了向世人炫耀，我们齐国才是天下第一强国，秦国能够击败三晋联军，我们齐国一样可以。

而现在的三晋刚刚被秦国击败，元气未恢复，怎么能是强齐的对手？

果然，三晋联军被齐国大败，魏国也因此失去了很多挨着齐国的领地。

东边的齐国耀武扬威，西面的秦国也完成了军事集结，准备向南方的蜀地扩张。

虽然决定要向蜀国方面扩张，可秦惠文王还是有所顾忌，那便是自己的背后。

之前五国伐秦的时候，背后的义渠突然发难，要不是秦惠文王挂帅亲征，要不是五国军队因为钩心斗角而临时解散，秦国很有可能会被两面夹击灭掉。

而如今，自己的主力部队又要前往蜀地了，如果大军不在关中，那么……

所谓的蜀地便是现在四川省西面那一半，距离秦国现在的地盘相当遥远，根本不是你想回来就能回来的。秦国虽然留有充足的士兵来对付义渠和防守东面门户——函谷关，但如果再来一次大联盟，自己可就吃不了兜着走了。

所以，秦惠文王一定要在出征之前瓦解中原诸侯各国的联盟体系。然而在整个中原国家中最憎恨自己的便是魏国，最有组织能力的同样是魏国，如果将魏国这个"剃头难"搞定，联盟便一定会瓦解。

所以，魏惠文王命令神嘴张仪为秦国使者出使魏国，希望能将魏国拉到自己的阵营中（起码在出征蜀地的时间段之内）。

那张仪的"灵舌"纵横在整个战国所向无敌，公孙衍和楚怀王都没逃过他的"灵舌"，现在的魏襄王同样也逃不了被张仪劝说的命运。

之前不管是五国伐秦还是三晋联军攻秦，全都以失败告终，没有武装胜利就没有外交，以至于本来就不怎么硬气的魏襄王和张仪见面以后就处于被动的局面。

张仪受到魏襄王热情的接见，并亲切地问道："先生此来所为何事？"

张仪也不兜圈子，直接道："代表我王特来和尊贵的魏王结成同盟。"

魏襄王听罢，眉头紧皱，不为别的，而是秦国和魏国是世仇，今日结了盟也许明天就会被秦国回头一击。再者，魏国早已经和其他的诸侯国结成了同盟（除了齐国以外），现在再和秦国厮混在一起，也许以后就没有机会再和其他的诸侯国联合抗秦了。

张仪敏锐地发现了魏襄王的忧虑，他接着说，"大王，说句不中听的话，现在的魏国已经不是前些年的魏国了。如今，魏国不过千里之地，士卒经过连年的战争更是锐减，现在举国之兵已不到三十万了，最重要的是，魏国的地理位置相当尴尬，南邻楚国，北邻赵国、燕国，东临齐国，西邻韩国、秦国，这几个强大的诸侯国就没有您离得远的，然而您再看看这些国家的德行，没有一个是讲义气的，今日和您称兄道弟，明日就有可能在你后面踢一脚，这样的同盟值得您坚守吗？反过来我们秦国则不一样了，老秦人讲仁义讲信用那是天下出了名的，虽然近些年来也曾做过一些有失信义的事，但那都是时势所逼！如果您和我们秦国结盟，凭着我们秦国的强大，试问，还有哪一个诸侯国敢和您叫嚣呢？而我们秦国现在的战略目标已经从中原改为楚国。实不相瞒，我家大王正打算兵进巴蜀，为的就是多打通一条进入楚国的道路，到时候咱们两国一起进攻楚国，平分楚国庞大的领土，岂不快哉？"

听了张仪的话，魏襄王的心里确实是有了些松动，但是他并没有马上答应，还是苦着脸在那儿沉思。

张仪根本就不给魏襄王继续思考的时间，而是给完"甜枣"之后一个大耳光，彻底"打醒"了魏襄王。

张仪看到魏襄王还在犹豫，面色突然变得阴冷，"大王，您还在犹豫啊？我就这么和您说吧，您的时间并不是太多，我们秦国要是没和您成功结盟的话必不能放心去进攻巴蜀，而巴蜀又是我们势在必得的，别到时候给我家大王惹急了，搞不好他一气之下不打巴蜀了，直接领兵来打您。呵呵，我们大王的暴脾气您是知道的，到时候我就是想拉也拉不住啊。"

魏襄王一听这话，吓了一大跳，也顾不得什么其他了，直接便答应了张仪的请求。

就这样，秦国和魏国结成了同盟。可说是同盟，实际上魏国从此变成了秦国的小弟，这种状况持续了好多年。

秦惠文王一听说张仪真的成功搞定了魏襄王，别提多高兴了，当即就恢复了张仪秦国丞相的职位，并且命樗里疾为南征军主帅，司马错为南征军副帅，统率二十万精锐秦军杀奔蜀地。

蜀道难，难于上青天！那地方在古时候怎么可能容纳二十万大军进入呢？

当然，如果秦惠文王没解决这个问题他当然不会派士兵去讨伐蜀国了。

那秦惠文王怎么解决这个道路的问题呢？那就是骗！

秦惠文王命秦国的能工巧匠造了五头巨大的石牛，并在这些石牛里面放满了黄金，这些石牛被设置了机关，只要往里面放水，石牛就会在肛门处拉下大坨大坨的黄金。

石牛造好以后，秦惠文王命令手下在市井间大造声势。这些手下在咸阳城内乔装成老百姓，逢人便说："哎，伙计，你知道不？传说昨天夜间，在咸阳王宫正中间突然离奇地出现了七彩仙光，紧接着凭空便钻出了五只石牛，这些石牛邪乎得很，只要给它喂水便会拉出黄金。咱们大王还说了，他十分想和蜀国结成兄弟之国，只要蜀国能和他结盟，他就愿意将这五头石牛全都送给蜀王。"

结果这消息一传十，十传百，没过多久就变成了全国皆知的秘密。

消息很快传到了蜀国，那蜀国国王一听说有这新鲜事儿，小脸儿都乐开了花，立马便派遣使者前去咸阳确认事情真伪。

当得到了秦惠文王的明确答复以后，蜀王特意派了一百个大力士前去咸阳运牛。

可当他们将石牛拉出南郑以后就傻了，为什么呢？因为根本走不了了，"蜀道难，难于上青天"那是白说的吗？

于是，蜀王派了大量的劳动力从葭萌开始往南郑修路，势必要把这五头牛给弄回去。

这条路修了多长时间，耗费了多少人力物力史书上并没有记载，但是葭萌距离南郑一共有一百四十公里，况且还是在难于上青天的蜀道，耗费的人力物力势必少不了！

而这条耗费无数财力所修建的道路便起名为石牛道了。

就这样，秦惠文王不费吹灰之力便骗得了入侵蜀国的道路，还弄得蜀国为了修这条破道而劳民伤财。

然而这石牛肚子里的金子是不少，但毕竟牛是假的，总有"拉"完的那一天啊。

果然，当五头石牛接连拉不出黄金以后，愚钝的蜀王才知道自己上当了。

蜀王怒不可遏，直接命人将石牛送了回去，并且命使者当着秦惠文王的面大骂秦王"东方牧犊儿"。

秦惠文王听了骂也不生气，反而哈哈大笑。

秦国大军在咸阳完成集结以后兵驻南郑，在南郑休息几日出发，直接踏上了石牛道。主帅樗里疾和副帅司马错都知道，只要能通过石牛道，再打下蜀国的北方重地葭萌，秦国大军就能抵达蜀国内部，到时候一马平川，就凭蜀国那些个虾兵蟹将是断然无法阻拦秦国虎狼之师的。

可事情会那么容易吗？当然是不会，想当初蜀王知道自己被骗以后，害怕秦国人会来攻击他，所以在石牛道上布置了重重关卡。

按说，石牛道并不是太宽，蜀王只要能在石牛道中的关卡部下重兵，便会有一夫当关万夫莫开的地利。

可蜀王竟然也凑了二十万大军，找了一个什么蜀国第一大将，命其带领蜀国军队直接前去迎击秦国军团。

话说该大将率领蜀国二十万士兵直扑秦国军团，两军就在石牛道展开了对峙。因为蜀地偏远，除了秦国以外从来没和中原的诸侯们接触过，产生军事冲突也基本上都是和他一样水准的巴国等国。所以，中原先进的兵法和战术并没有传入巴蜀之地，他们更不知道什么叫专职士兵，用的还是春秋以前那种兵农结合的士兵。

如此，蜀国大将也没管那些，直接便命蜀军对秦军展开了野猪式冲锋。

这一幕将秦军主帅樗里疾都给弄蒙了，忙问身边的司马错："先生，这是什么套路？"

司马错怔怔地看着冲过来的蜀军也是没弄明白他们的战术，只能无奈摇头。

结果樗里疾豪爽一笑道："哈！管他呢，是骡子是马战过便知！传令兵！"

"在！"

"令！全军将士摆秦阵，没有我的命令不得向前！"

"是！"

传令兵得令以后迅速离开，不一会儿，秦军后方咚咚咚，传出了三声节奏鲜明的鼓声。

秦军前部闻听鼓声迅速做出反应，前排快速调动，统一换成了膀大腰圆的铁鹰锐士。（注：铁鹰锐士和锐士有所不同，秦国的锐士只不过是普通精兵，而铁鹰锐士清一色全由秦国身体素质最好的年轻人组成，上马的时候可以充当冲锋骑兵和近战骑兵，下了马则左手持重盾，右手拿短剑，从来都是在第一线抵挡敌方的王牌士兵）

铁鹰锐士走到最前排以后并没有任何动作，只是原地站在那里，而第二排的秦国锐士则手持大戟站立于后，当敌军冲到距离秦军还有五十米左右的时候，中部指挥的将官直接嘶吼道："上弦！"

话毕，伴随着整齐划一的刺啦声，无数的弓弩上弦完毕。

"射！"

砰砰砰！蝗灾一般的箭矢直冲蜀军，蜀军顿时哭喊声一片。蜀国大将看到这一幕怒了，他亲自擂鼓助战，让士兵们加快脚步，迅速冲进秦军大阵。

可就当蜀军前锋距离秦军还有不到十米的时候，秦阵中央的指挥官再次嘶吼道："列阵！"

前排的铁鹰锐士迅速压低重心，整个人都藏在大盾后面，顶着前身大盾，右手拿着短剑，等待着敌军的到来。

而后排的持戟秦军则从挺拔的立正状态转为交叉马步，重心稍稍靠前，直上直下的大戟也变得微微后仰。

"杀！杀！杀光秦国狗！"

看着龇牙咧嘴冲过来的蜀国士兵，不管是铁鹰锐士还是普通士兵都没有一丝慌乱，无他，因为他们都是战火中出来的老兵。

砰砰砰！伴随着无数的撞击声，蜀国士兵已经杀到了秦阵近前，可这些蜀国士兵根本就没有办法再向前进寸步，因为秦阵第一排铁鹰锐士手中的大盾就好像一座大山一样挡在了他们的面前，不管他们如何用力都无法往前推动一丁点儿的距离，就算是拿兵器往里面刺也刺不进去，因为秦国的盾牌太大了，人藏在里面简直就是一百八十度无死角。

可就在他们想要蓄力再推一次的时候，秦阵前部的指挥官嘶吼："闸！"

话音一落，铁鹰锐士突然发力，整个身体向前狠狠地撞击了一下大盾，砰的一声，正打算再一次发力的蜀军士兵直接被逼退一步，而这时候的铁鹰锐士终于露出了他们狰狞的面孔，他们迅速将大盾侧到一旁，短剑直接刺出，噗噗噗！剑剑刺入蜀军心窝。

而后面的锐士也没闲着，他们的大戟狠狠向下砸落，但凡被砸到的蜀军士兵，无一不是脑浆迸裂直接死亡。

蜀国士兵什么时候见过这么精锐的士兵，什么时候见过这么邪乎的阵形，人家一名士兵都未损失，自己这边已经损失了两排士兵，并且秦军后面的弓弩还拼了命似的向己方射击。

就这样，前部的蜀军畏惧不敢向前，后方的蜀军不明前方战况，还在不要命似的向前推进，前面畏惧的士兵被后面激进的士兵推搡，逼不得已只能再次冲锋，可是结果和之前死去的战友们没有半点儿区别。

可以说，石牛道这种一夫当关，万夫莫开的地形简直就是专门为秦国大兵们准备的，秦国大阵在这里只能用两个字来形容——无敌。

身在高地的蜀国大将看到自己的士兵一拨接一拨地被秦军屠杀，大骇，马上变换套路，前锋的士兵他也不要了，竟然命后面的弓箭手对前方战场进行无差别乱射。

弓箭一般都是在肉搏战以前，或者是攻击后方士兵的时候运用，谁会在交战的时候运用呢？

而无差别射击，不只会激怒敌方士兵，还会给己方的士气带来毁灭性的打击。

看到敌方主帅开始如同疯狗一般地乱咬，樗里疾极其鄙视的冷笑，然后挥动了一下蓝色令旗。

鼓声咚咚咚地又响了起来，秦军大阵前部的指挥官高声吼道："守阵！"

啪，啪，秦军士兵动作整齐划一，铁鹰锐士举起大盾在前，大戟兵躲在巨盾之下，蜀国的那些个弓箭根本就伤不了秦军分毫。

可前面的蜀军就不一样了，被后方的兄弟们一顿乱射，他们才不会甘心这么死掉，所以一个个地转身就朝后面飞逃，正在死命往前面射箭的蜀国弓箭手一看自己的战友全都疯了一般往回跑，也害怕他们给自己一刀，便也跟着跑。

这一下子可就乱了套了，整个蜀军乱作一团，踩踏致死的不计其数。

而这种良机樗里疾是一定不会放过的，他看了看身边的司马错，淡淡地说道："交给你了。"

司马错阴冷一笑，对手下传令兵大声吼道："令！前方大阵让开通路，本军所有骑兵跟我向前突进！"

咚咚咚，秦国那令人恐怖的变阵鼓声再次擂响，蜀国的士兵们听到这种鼓声都快吓尿裤子了，因为每次这种鼓声一响，自己这方面的士兵便会成片成片地去见阎王。

就在蜀军士兵嘶吼乱叫的时候，秦国大阵的士兵突然向左右两边侧开，紧接着，让人绝望的马蹄声轰隆隆地由远而近。一名逃得慢的蜀国士兵在好奇心的驱使之下向后望了望，结果这一望之下竟然吓哭了，然后如同疯了一般地往前跑，一边跑还一边将自己的战友往后扒拉，嘴里狂吼道："给我滚开，让我逃！给我滚开！滚开！"

那到底是什么将这名士兵吓得屁滚尿流呢？

原来，秦军让开以后，从里面杀出了无尽的秦国突击骑兵，这些骑兵全都是一身黑色精铁重甲和红色披风，他们的面罩都是精铁所打造，面罩的图案是极为恐怖的鹰面，身上散发出来的杀气令人不寒而栗，光凭感觉就知道这些突骑一定是群杀人不眨眼的恶魔。

所以，那名士兵吓疯了，而血红的地狱之门也在同一时间为蜀军而敞开。

可是他逃不了了，徒步的速度再快也快不过秦国这些精锐的重骑兵。

这些老秦突击骑兵并没有一出来便马上突击，而是缓缓向前，像看着猎物一样看着前面这些"疯逃的羔羊"。

又过了一段时间，突击骑兵已经全都从大阵之中"走"了出来。这时候，一身银甲的司马错才慢慢走出来，在他的身后则是近三万的近战骑兵，这些骑兵全都是一身薄铁甲，每人背后两把短枪，腰间还挂着一把短剑。

可还没等秦军近战骑兵全都出来，司马错有动作了，他的表情一改往日的淡然，变得极为狰狞，并且嘶吼道："一拨！"

话音一落，前三排的突击骑兵整齐划一地将手中的突击长枪向前举起，见所有骑兵准备完毕，司马错嘶吼道："突！"

砰！在这"突"音一落的同时，第一拨突击骑兵迅速启动，手持突击长枪直冲入正在逃跑的蜀军中。

砰砰砰！伴随着令人绝望的声音，在秦军冲锋范围内的蜀军阵营成了人间地狱，只见蜀军被秦国冲锋骑兵杀得支离破碎，脑浆和内脏被突杀得漫天都是。

然而这些突击骑兵杀了众多的蜀兵以后，冲击力逐渐地缓了下来，他们没有继续对蜀军再行追击，而是从两旁绕后返回了司马错部，紧接着，第二拨、第三拨……

蜀军绝望了，主帅崩溃了，这时候他也不想再和秦军抵抗了，因为根本抵抗不了，他急令全军马上向后撤退，能跑多远就跑多远。可是秦国大兵自从商鞅变法以后全都被训练成了杀人不眨眼的恶魔，因为他们需要敌人的人头，只有人头才能给他们带来无尽的富贵和权力。

司马错见时机已到，又嘶吼道："突击骑兵，退！近战骑兵！跟我屠杀蜀军！"

一声令下，三万秦国近战骑兵跟着司马错向前猛进，追着士气全失的蜀军疯狂屠杀，这些冷血死神手中的短剑好似一把黑色的镰刀，不停地收割着蜀国人的头颅，哪怕这些士兵已经跪地痛哭，哪怕这些士兵已经吓得瑟瑟发抖，都逃不过秦国虎狼之师的屠刀。

就这样，司马错带领的秦国骑兵疯狂追击蜀国逃兵五十余里，硬是将所有的蜀国士兵全屠杀干净，就连主帅也没能逃脱厄运。

五十里路上基本上全是无头尸体，这五十里的石牛道在这一时之间变成了令人绝望的红色。

蜀军败了，败得非常彻底，而樗里疾很明显不会给蜀国喘息的机会，他抓紧战机一路突进，连破石牛道所有关卡，大军眼看就要打到蜀国门户——葭萌。

而此时的蜀国国都成都的王宫之内，所有的蜀国大臣全噤若寒蝉，大殿正中央的蜀王也是满面阴沉，又过了一会儿，蜀王狠狠地掀翻了正前方的桌子，狂吼道："废物！我养你们这么多年，关键的时候一个替我分忧的都没有！我还养你们何用！"

这时候，蜀国的国相站了出来，对蜀王深深一躬道："大王，实在不是臣下们没用，而是谁都没想到秦国人的战斗力会强到这种地步，现在全国的士兵都被秦军屠杀殆尽，老百姓们畏惧秦国人胜过虎狼，恕臣直言，只有陛下御驾亲征，采用坚壁清野的战术驻守葭萌才有可能防住秦国大军的进攻。"

听了这话，蜀王无奈地长叹一声，现在还有什么办法呢？也只能照做了。

于是，蜀王临时征调了成都附近所有城邑十万青壮年男子聚集成都，给他们分发装备，带领他们奔赴葭萌。

樗里疾的部队赶到葭萌以后，只见葭萌城上密密麻麻的全都是蜀国的士兵，他没有盲目攻城，而是先命令大军将东、西和北的城门团团围住，然后在营中疯狂制造攻城器械。

一个月以后，伴随着轰隆隆的轰鸣声，百余台床弩和井栏将葭萌城团团围住，而在井栏的后方则是五十余辆云梯车。蜀王和蜀中的士兵从来没见过这种"高科技"，一个个还在纳闷儿呢。

可就在这时，砰砰砰，秦军的床弩毫无征兆地发射了，漫天的大木头棍子直直地砸到了葭萌城中，凡是被砸到的蜀人无不血肉模糊，死相是相当可怕。

蜀国的这些新兵什么时候见过这种场景，全都被吓得哭爹喊娘，就连蜀王都被打蒙了。

可还没等他反应过来，第二拨、第三拨的床弩又射了过来，蜀王本来还想在葭萌城墙上守一会儿，可这地方现在根本就待不住了，蜀王赶紧在属下的搀扶下躲进了南面的民宅。

在床弩的掩护下，秦国的井栏部队很顺利地便进入了射程范围，朝葭萌城墙上一顿扫射，城墙上的士兵顿时被射得抬不起头。

　　紧接着，三个方向的云梯车在凶猛密集的火力掩护下迅速地冲到了葭萌的城下，再接着，砰砰砰，云梯车的云梯全都砸进了城墙内。

　　秦国大军抓住时机，疯狂地向城墙上冲，而蜀国人根本就阻止不了秦国人的入侵。登上城墙以后，秦国方面的火力支援也停止了，两军陷入了白刃战。

　　秦国锐士的单兵作战能力就连齐国技击都未必比得上，就更别提蜀国士兵了，但这还不是最吓人的，最吓人的是秦人悍不畏死，他们杀了人以后直接砍下人头挂在腰间继续杀，越杀越兴奋，蜀国这些新兵几乎全被吓尿裤子了。

　　于是，在无尽恐惧的驱使下，一些葭萌守城的士兵失去了抵抗的意志，跪地投降。

　　有第一个就有第二个，于是，葭萌内的守军一片片地投降。

　　蜀王一看大事不妙，直接撂挑子跑了。

　　那樗里疾岂能放过他？遂一边亲自率领主力步兵团继续攻城，一边命司马错的骑兵军团追击蜀王。

　　最终，蜀王在武阳被司马错追上，当场斩杀。

　　蜀王已死，蜀国的有生力量也已经全部被秦国人杀光，蜀国完全丧失了抵抗的本钱。蜀国的权贵们直接献城投降，蜀地统一。

　　统一蜀国以后，秦惠文王将蜀地设为郡，即蜀郡，命公子通为蜀侯，陈庄为蜀相，张若为蜀郡郡守，然后开始移民政策，将蜀地近一半的人都迁到咸阳，并从秦国国内又迁出同样数目的秦国人入住蜀郡，让他们慢慢地同化蜀人，并将先进的农耕技术传到了蜀地。

　　从此刻开始，天府之国的初步形态算是完成了，从此，秦国进可攻退可守，哪怕南郑以北的秦国被灭，也可以龟缩在蜀地，利用地利以待天时。

　　按理来说事情已经到这一步，作战计划已经全部完成，这事儿就算是完了。可就在这时，张仪又给秦惠文王出主意了，他阴狠地说：“大王！现在苴国和巴国定然对咱们秦国毫无防范，如果现在命樗里疾对这两个国家突然袭击的话，定可一举灭之！”

　　张仪这话一说完，秦惠文王那头想都没想便直接一个字：“善！”

于是樗里疾继续向东挺进，分两路攻击苴国和巴国。

而苴国和巴国这时候在干什么呢？他们正在为"消灭"了蜀国这一大患而举杯相庆呢，他们哪里知道，秦国的魔爪已经在灭了蜀国的同时就向他们伸了过来。

由于两国毫无防范，再加上道路没有蜀地那么艰难，秦国两路大军无人能挡，司马错那边迅速灭苴，然后以最快的速度北上与樗里疾合兵一处。

那边的樗里疾本来就占尽优势，现在更是如虎添翼，结果苴国和巴国全部被灭，秦惠文王同时设巴郡，也采用了和蜀郡同样的移民政策。

至此，整个现今的四川盆地全落入了秦国的手中，而巴蜀这个天府之国也是以后秦国能够统一天下的重要后勤保障。

公元前315年，吞并了巴蜀的秦惠文王自信心超级膨胀，他命司马错为东征军主帅，率军攻取了韩国的石章，并击败了赵国的援军。

同年，燕国陷入了内乱。

7.8 燕国的危机

之前咱们已经说过，燕王将王位传给了燕国的国相子之，而燕国这个国家虽然从春秋到现在都没有什么太杰出的表现，但毕竟是一个百年大国，算一算，燕国从第一任君主燕侯克到燕王哙，燕国已经有七百多年的历史了，算得上最老资格的诸侯国之一。

想当初晋国六卿和齐国田氏那是经过了多少代的努力才能渐渐地取代君主的位置，而他子之一个在燕国并没有根深蒂固的家族想用一代就改变燕国的姓氏那是绝不可能的。

别的不说，燕国的老百姓就绝对不会服他。

再加上，燕王哙的长子太子平一直对子之抢夺了燕国国君的位置非常不满，所以在公元前315年这一年，太子平开始在国内策划动乱了。

由于他是燕国王室的纯种血脉，所以得到了很多文臣武将的支持，这些大臣们为了表达对太子平的忠心，几乎将自己手头上所有的可用之兵全都交给了太子平统率。

可太子平虽然得到了大臣们的支持，但子之毕竟在燕国国相的位置这么多年了，其党羽众多，所以太子平还是没有太大的把握。

于是，太子平只能求外援来帮忙复国，而和燕国相连并且最靠谱的国家那无疑就是齐国了。

想当初在春秋的时候，齐桓公对燕国那真是没说的，又是帮燕国打外邦又是给土地的，给当时燕国的燕庄公感动得老泪纵横，于是燕庄公给燕国公室立下规矩，让以后的后继者们世代和齐国交好，绝对不能主动得罪齐国。

如今几百年过去了，虽然齐国早已经物是人非，但也不妨去找齐宣公试一试。

太子平相信齐宣公一定会念着曾经的旧情拉燕国一把。

可是太子平错了。

第一，战国再也不是之前那个讲义气的春秋了，唯利是图成了主旋律。

第二，他完全高估了齐宣公这个人的德行。

太子平的使者到了齐国以后，本来已经准备好了说辞准备拍齐宣公的马屁，可不曾料到，刚刚把这次来齐国求援的意图说明，那齐宣公便果断地答应了，并且还十分谦卑地说："使者请放心，咱们齐国和燕国那是多少年的交情了，子之敢打燕国王位的主意，我田辟疆第一个就活撕了他！我们齐国虽然是个小国，但是也愿意听从太子平的安排，助他夺回王位。"

听了齐宣王这话，燕国使者直接愣在那儿了："怎么？这就答应了？不对吧，我记得这个田辟疆是一个自私自利的人，怎么这就答应了？"

看到燕国使者在那儿发呆，齐宣王提醒道："使者？使者？"

燕国使者一个激灵，赶紧拜谢道："微臣代表我家主人感谢齐王的大恩大德。"

等燕国使者走出齐国宫殿以后，齐宣王本来和善的面孔一下子变得阴冷起来，然后紧急召集了齐国的能臣战将，和他们商讨所谓救援燕国的步骤。

太子平得到齐宣王的郑重承诺以后，高兴得直蹦，这下他可放心了，有强齐的援助，他子之算个什么东西？

于是，太子平率领自己的党徒突然发难，攻打燕国首都蓟城的王宫，想要用斩首战术直接把子之的脑袋给剁下来，然后再以迅雷不及掩耳之势登基为王。

可是那子之是相当厉害的，不说别的，单说从他即位到现在三年的时间都没有老百姓公开造反就能看出其政治手腕不一般。

太子平和他比起来实在是太嫩了。

子之早就留意了太子平，因为自己当上燕王以后受损最大的就是太子平，为了防范太子平叛乱，子之将王宫的防御等级连升数级，蓟城周边兵营的精锐士兵基本上全被他调进了蓟城王宫。

面对着如此防御森严的蓟城王宫，太子平的那些普通士兵根本就打不下来，可是因为有了齐宣王的承诺，太子平也不管那么多了，硬是带领着士兵狂攻王宫。

可是几天过去，齐国那边根本就没有动静，几十天过去了，还是没有动静，说好的援军呢？说好的援军哪儿去了！

要怪只能怪太子平太过天真，齐宣王是个什么德行全天下的人都知道，可就他太子平还对其抱有幻想。

为什么齐宣王不援助人家太子平还要答应出援军呢？

原来齐宣王醉翁之意不在酒，他之所以欺骗太子平就是要坚定太子平叛乱的决心，等到双方两败俱伤，子之失去民心的时候，他田辟疆再以为燕国王室报仇为名进攻燕国。到时候，齐国的雄兵谁能抵挡？

所以，太子平和子之在蓟城打生打死的时候，齐宣王只是命齐国大将匡章在齐燕边境偷偷调兵遣将，但并没有一丝要援助太子平的意思。

这时候，太子平才知道自己被骗了，可是一切都晚了，攻打王宫近三个月而不下，自己手下的士兵们早就士气尽失，尤其当他们得知被齐宣王要了以后，一个个都蔫儿了。

而子之的军队则不同，精锐与否无所谓，就凭士气便能奠定胜局。

《孙子兵法》上说，在粮草充足的情况下，守军守的时间越长就越有利，而蓟城王宫本来就已经被子之的党徒守了三个月，现在又得知对方没有援兵，这些守城的士兵们一个个龇牙咧嘴地喊打喊杀，士气相当旺盛。

看了看如同虎狼的己军，再看看如同泄了气的皮球一般的太子平军，子之当即下令反守为攻。

结果，太子平军一触即溃，太子平也被生擒。

这之后，子之在蓟城开始了血腥清洗，他先是杀了太子平，然后将一切与太子平有关的人全部诛杀，这里面有文臣，有武将，还有一些跟太子平走得比较近的兄弟姐妹。

不过他现在一定不知道齐国大军已经在边境线上秘密集结完毕，要不然他一定不会办这傻事的。

可现在说这些还有什么用呢？子之靠着血腥的手段狂杀滥砍，整得燕国人对他是离心离德，子之也没当回事儿，认为以后只要慢慢实行仁政就一定能将人心拉回来。

可是他没有这个机会了，周围的列强们也不会给他这个机会。就在子之刚刚血腥屠杀太子平一脉以后，边境线上的匡章军动了。

齐军主帅匡章动若雷霆，他率领的齐军势如破竹，将燕国的城邑一座一座地拿了下来，不到两个月便顺利攻下了蓟城，直接将子之剁成肉酱。

虽然这里面因为子之不得人心而主动投降的城池不少，但也不可否认的是，匡章确是当时齐国最强悍的将军。

匡章，齐国田氏族人，生卒年皆不详，既可以叫他匡章，也可以叫他田章。

匡章是孟子的学生，最初游历于魏，因为名声相当不好，魏国也没人用他，匡章便回到了齐国。

齐威王用人不看名声，只看你有没有能力，而匡章呢，恰恰是一个很有能力的将才。

所以，在齐威王末期的时候，齐威王用他为将。据《战国策·齐策》记载，秦国商鞅变法以后，曾经有一次从魏国和韩国借道攻击齐国，齐威王命匡章领军迎击秦军。

那匡章深知秦军变法以后战力的强大，所以两军相遇以后，他不蛮干，而是采用守势拖着秦军。

因为匡章的防守严密，所以秦军一时也拿不出什么太好的办法，便只能和齐军对峙。

匡章一看秦军不动了，大喜。

他派了很多心腹士兵穿着秦国士兵的衣服假扮秦国士兵混入秦军大营，打算等时机成熟时里应外合干掉秦军。

结果这事儿被捅到齐威王那里去了，并且变了味儿，流言并不是说匡章要玩什么反间计，反倒说他是个叛徒，正在一批批地往秦国军营里送齐兵，意图就是要叛齐归秦。

因为匡章平时名声实在是不好，齐国的大臣都怀疑匡章是真的叛齐归秦。

可是呢，在所有人都怀疑匡章的情况下，齐威王却是不为所动，始终坚信匡章是忠于齐国的。

齐威王甚至为了让匡章在战场上专心对敌，还将匡章的家眷全送到了匡章处，并且写信给匡章，让他好好打，后方你不必管，一切都有我给你做主。

齐威王的这一举动令匡章感激涕零，发誓一辈子替齐国效命。

果然，几日以后，匡章对秦军发动了总攻，而那些之前隐藏在秦军的齐国士兵们也在同一时间反戈一击，秦军顿时大乱。

就这样，匡章在里应外合之下大败了不可一世的秦军。

当齐国的那些大臣们听说此事以后都十分佩服齐威王，问他怎么就这么确信匡章是忠于齐国的呢？

齐威王笑着和大臣们说："匡章的母亲当初被他爹剁死，直接被埋在了马棚子下面，一直到匡章他爹病死以后匡章都没有把自己的母亲好好埋葬。寡人之前任命章子为将军时，曾勉励他说：'先生你的能力很强，等你得胜归来时，寡人要厚葬将军的母亲。'可你们猜匡章说什么？"

众人直摇头。

齐威王接着道:"当时匡章说:'大王您还是不要这么干了,臣并不是没有能力将自己的母亲埋葬,而是因为臣的父亲直到死都没让我将母亲的尸首埋葬,如果臣执意将自己的母亲埋葬,那么父亲的在天之灵就一定不会得到安息。'你们看,匡章直到他父亲死去都不敢违抗父亲的命令,难道他做人臣还会欺辱活着的君王吗?我就是通过这一点断定匡章一定不会背叛我!"

匡章攻下蓟城和大半的燕国领土以后,齐宣王并没有扶立新一任的燕王上任,而是直接占领了燕国。

直到现在燕国人民才知道被骗了,原来以为齐国是好心助燕国王室复国,谁知道是引狼入室。

可现在后悔也晚了。

首先,现在燕国的王室差不多被子之杀光了。其次,凭燕国的能力也奈何不了强齐。所以,燕国的旧官吏和百姓们只能听凭齐国统治。

至此,齐国向西北扩地千里,地盘直追楚国。

齐国本来就相当强大,且政策鲜明,如果燕国广袤的土地也被齐国同化,那齐国将是名副其实的天下至强之国。可是战国其他的六匹"狼"能眼睁睁地看着齐国强大吗?

显然不能!

这里面最惧怕齐国强大的便是紧挨着齐国的国家(楚、魏、韩)了,但最敏感的偏偏是秦国和赵国。

秦国志在一统天下,而现在天下能独立硬抗秦国的也只有齐国了,如果齐国同化了燕国,它将会更加强大,天下诸侯国将无能出其右者,秦国的统一梦将遥遥无期。

可秦惠文王聪明得很,他知道,现在还不是彻底和齐国撕破脸皮的时候。

因为他的头号侵略目标并不是强齐,如果现在就和齐国撕破脸犯不上,要不然以后自己侵略其他国家的时候齐国再伸一脚,那自己还发不发展?所以,秦惠文王只是看着不伸手,但他会用阴谋。

秦惠文王派出了一拨又一拨使者前往列国,明里暗里的意思就是你们要联合打齐国就打，我是绝对不会在你们打齐国的时候在背后打你们的。

这就让各诸侯国解除了后顾之忧，能够放心大胆地去攻打齐国。

赵国经过赵雍这些年的励精图治，如今的国力正在飞速发展，赵国士兵的战斗力也在稳步提升，且赵雍还有一个任何人都不敢想也不曾想过的计划，只要这个计划能够成功实施，赵国士兵的战斗力将会有一个质的飞跃。所以，他是绝对不允许齐国在这种关键的时候出现在自己身边的。

那还有什么说的，必须在齐国于燕国立足未稳之时攻之！把齐国人赶出燕国。

可就在赵雍磨刀霍霍之时，他手下的一名将军说话了，"主公且慢，直接硬碰不明智，只会招致怨恨还不一定胜利。"

赵雍听了这名将军的话以后眉头紧皱："那怎么办？还能联合三晋共同抗齐？韩康和魏嗣能有和我一起攻击齐国的胆量？"

将军微微一笑："不必，我有一计可让韩康和魏嗣主动来求咱们和他们一起进攻齐国。"

"哦？有何妙计？速速道来。"

那名将军说："咱们不妨派使者去齐国，申请和齐国换地，就用东河（黄河东段）东面的土地换燕国河北之地，这种好事儿田辟彊定会同意，因为齐国主要的势力范围还是在东面，将河东献给他们，他们东面的实力将会增强，再加上河东富庶，没有不换的理由。可一换地，魏国和韩国压力将会倍增，到时候他们一定会相当害怕，便会求咱和他们共抗强齐。"

赵雍听罢哈哈大笑，只一个字："善！"

要说这名将军的阴谋可真是阴险，分析得也是合情合理，那么他是谁呢？这个人便是赫赫有名的，以后的燕国大元帅——乐毅。

乐毅，曾经魏国大将乐羊的后代，因为乐羊打了一场胜仗以后便再也没能被魏文侯重用，乐家从此没落，乐羊也是乐得清闲。

可乐羊想安稳地过日子，他们的后辈却不想。

他们（也不知具体是哪一代）放弃了锦衣玉食的生活，直接去了尚武的赵国。因为乐羊的战术思想全被他的后辈们继承了，所以这些后辈都在赵国做了将军，直到乐毅这一代。

乐毅从小饱读军书，在军事方面很有天赋，而这种人才正是赵雍所喜欢的，便留在身边为参谋。

果然一切不出乐毅所料，齐宣王一听换地乐得不行，直接就答应了，那魏襄王和韩宣惠王对此很是恐惧，心中产生了一点点小涟漪。

可是魏襄王太窝囊，事情都发展到这一步了他还是不敢轻易动齐国，其实这也不能全怪他，放眼整个魏国，谁不害怕齐国？魏国人实在是被当初的田忌和孙膑打怕了。

可几日以后，魏襄王还是斩掉了心中的那一丝恐惧，果断和韩、赵结盟，共同攻打身在燕国的齐军。

那这魏襄王又为什么突然有了勇气了呢？

要知道，害怕强齐的可不只有魏国和韩国，南方大鳄楚国也怕啊。楚怀王为了坚定魏襄王抗齐的决心，特意割让给魏襄王六座城池，让他去打齐国。

在危机和重利的双重压力下，魏嗣这才下定决心攻打齐国，他主动联络了韩宣惠王，说明利害。

韩宣惠王本来面对一个秦国就够他受的了，这又来了个齐国，他怎能不害怕？所以想都没想便同意了魏襄王的请求。

于是，二人一起派使者去赵雍处，请求赵雍和他们一起抗击强齐。

如此，公元前314年，三晋再次结盟，以匡扶燕国王室为口实攻打燕地齐军。

当三晋联军出兵的同时，全天下的诸侯国全紧密注视着这次战役，秦国和楚国连续派遣了好几批斥候部队，为的就是记录下这场战役的所有细节，了解三晋部队和强齐军队的行军打仗作风。

可正当天下人全都关注着这场战役的时候，齐宣王却没敢接战，直接命燕地的齐军全线撤退了。

这还不算，走的时候还沿途将燕国掠夺一空，彻底将燕国给"三光"了，使得本来就不富裕的燕国一下子被掏空了。

三晋兵不血刃便占领了燕国全土。

三晋大军占领燕国以后，赵雍将几年以前燕国放在赵国的人质公子职送回了燕国，准备扶立其为新的燕王，这便是在历史上赫赫有名的燕昭王姬职。

要说这个燕昭王那绝对是燕国从立国到亡国最英明的君王，在他的英明领导下，懦弱的燕国即将走上富强的道路，最后甚至差点儿灭了强大的齐国。当然了，这都是后话，咱们暂且不表。

7.9　岸门之战

强齐撤退了，全天下都笑了，而这里面笑得最猖狂的便是秦国了。

就在三晋刚刚率兵回到本国以后，秦惠文王立马对魏国发动了侵略战争，猖狂的秦惠文王同时出动两路大军同时攻打焦和曲沃，两军的主帅便是秦国军界双星，司马错和樗里疾。

魏嗣闻听秦国虎狼之师来犯，当即大惊失色，一面派遣士兵去西线防守秦军，一面派人前去韩国和赵国请求援军。

最终，三国商议的结果是这样的，因为三晋刚刚和齐国撕破脸皮，现在三晋要是全去迎战秦国，齐国必定会在后面狂揍他们仨，再加上秦国对付骑兵相当有手段。所以，三晋商定，由韩国派遣援军前去救援魏国，而赵国则是派遣精锐骑兵团驻扎在东河附近，只要齐国稍有异动，赵国骑兵便会用其杰出的机动力牵制齐国。

计划定下，韩宣王不敢有一丝迟疑，立即组织大军前去救援魏国，他的第一个支援目标正是司马错所攻打的曲沃。

韩军主将认为，只要拔掉攻打曲沃的司马错，那么攻打焦的樗里疾便会不攻自破。

这名韩军主将还制订了一个精密的计划，那便是从西向北行军，再从岸门向东，绕一个大圈子去救援曲沃，这样的话便会出现在司马错的背后，到时候和曲沃的部队里应外合，全歼司马错而扬名天下便不是梦想。

这名将领的策划是不错的，可是他完全低估了用兵如鬼的司马错。

要论秦国史上最强悍的三位将领的话，第一毫无争议便是战神白起，第二便是司马错了。

韩国将军还以为自己挑了一个软柿子（司马错虽然名头不小，但是也没有樗里疾的名头响亮，那可是当初率领秦军抗击联军的秦国大元帅），岂料他正在面对的是秦国的超强将领。打从他带领援军出征的一刹那起，他的悲剧命运就已经注定了。

司马错用兵极为谨慎，他在出兵以前会习惯性地派出众多斥候，监视所有能对他造成威胁的周边国家和领地。所以，韩国那边一有动作，司马错便知道得一清二楚了。

司马错反应迅速，立马来了个将计就计，他首先在正在攻打的曲沃周围插上很多秦军旗帜，用以疑兵，然后在一个夜晚亲自带领一大半的军队极速前往韩军的必经之地——岸门，以待敌军。

几日以后，韩军主帅终于率众抵达了岸门，由于时间紧迫，所以韩军基本上都是以小跑的形式行军，此时的韩军已经成了名副其实的疲军。

可就在韩国援军刚刚抵达岸门时，突然发现司马错的部队已经在前面等着自己了，韩军主帅异常吃惊，可是他并没有慌乱，而是命令韩军将士们有序地建起营地，准备在岸门和秦军决战。

可司马错怎么会给他这个休养生息的机会，还没等韩军开始安营，他就亲自带着秦军开始向韩军展开突击。

看着凶猛异常的秦军，韩军主帅没有丝毫退意，因为他早就料到司马错不会让他轻易安营。所以他命令韩军摆出方阵死守秦军突击，然后命后面的韩国弓弩手拼命向秦军后军招呼。

韩军弓弩虽猛，可是秦军悍不畏死，顶着箭矢冲到了近前，两军开始陷入惨烈的白刃战。

按理来说，论单兵作战能力，现在天下好像没有一个国家的士兵是秦国士兵的对手，尤其是善远不善近的韩国士兵更是如此。

可那天秦国士兵却被韩国士兵杀得阵形大乱，丢盔弃甲，司马错一看大事不妙，忙敲响金锣，秦军将士在金锣响起的同时便落荒而逃了。

看到此情此景，韩军主帅别提多兴奋了，新秦军！这可是商鞅变法以后的新秦军！貌似到现在他们也没在大型战役上失败过呢，如果这次我能将这些秦国虎狼之师全歼，那我便是天下第一人了！

抱着这种想法，韩军将领也不再考虑其他，而是命令全军将士紧追秦军，势要将其全歼！

看着秦军狼狈之师的背影，韩军主帅得意地哈哈大笑，可此时司马错的嘴角却是慢慢地翘起。

一个跑，一个追，两军很快就路过了一片茂密的森林。可就在这时，随着咚咚咚的鼓声雷动，突然从一旁的树林中杀出了一群身穿黑铁甲的冲击骑兵。

这队冲击骑兵动若奔雷，直接插向韩军的侧翼。

噗噗噗，韩军被秦国冲击骑兵杀得一片血雾，硬生生将整个韩军截成了两半，而此时正在逃跑的秦军也不跑了，而是露出了他们本来的面孔，掉转枪头杀向韩军。

面对这突然的一幕，韩军直接就被打蒙了，由于整个队伍被切成了两半，韩国军队一片大乱。

这种情况下面对着两面夹击的秦国士兵，韩军全军覆没。

韩国援军被司马错全歼在岸门以后，司马错率军回到了曲沃，紧接着便对曲沃展开了疯狂的进攻。

不到一个月，焦和曲沃双双陷落。

韩国已经完全暴露在秦国人的眼前（焦和曲沃是魏国在西河河东的最后两个军事据点）。

韩宣王号令全国一级戒备，将所有的韩国士兵全移往西线。

可就在这时，齐宣王派出亲善使者至三晋，明确说明了不会在背后偷袭他们，让他们放心地抵抗秦国。

这便是以其人之道，还治其人之身了，战国的这些国君，哪有一个是傻的？得到了齐宣王的承诺，三晋信心大定。魏国的部队也源源不断地开到东线，准备和韩国共同抵抗秦国的进攻，而北面的赵国也将身在东线的骑兵团全部撤回，转而从邯郸向西南，准备在西南线牵制秦国的后方。

就这样，三晋全部准备完毕，打算在这一年和秦国决出一个生死。

可诡异的情况却出现了，那秦国二十余万大军，气势汹汹地吞掉焦和曲沃以后却不再行动了。

三晋等啊等，等啊等，就是等不到秦国的侵略。

等了三个月以后，极西的义渠国却传来了震惊天下的消息，因为秦国在攻下曲沃和焦以后，竟然悄悄地将矛头对准了心腹大患义渠国，并且一口气吞掉了义渠国二十五座城邑，占领了义渠国一半的领土。

那这是怎么回事儿呢？我们还要将时间再往前推五个月。

7.10　声东击西

五个月以前，咸阳王宫的秘密会议室，只有四个人在此（秦惠文王、张仪、樗里疾、司马错）。

秦惠文王阴着脸说道："义渠，这个心腹大患，他在咱们的身后咱们就别想再向中原扩张，不除义渠，我秦国统一天下的梦想便是空谈！我想要整合全国的兵力讨伐义渠，势必灭了这个西戎方国！你们有什么看法？"

听了秦惠文王的话，其他三人紧皱眉头，默然不语，貌似都在思考着什么。过了一会儿，张仪拱手道："主公，平定义渠是必要的，但是什么时候讨伐是一个比较关键的问题。还有，讨伐义渠有几大难点，主公是否考虑清楚了？"

"哦？有什么难的？丞相请说。"

"第一，义渠多为平原，正是义渠骑兵发挥优势的场所，想要彻底拿下义渠便要准备好对付骑兵的办法；第二，义渠国土辽阔，想要一举灭掉义渠国便要准备好最少支撑大军连续不断征战三年的粮草；第三，我们讨伐三晋的背后有义渠，讨伐义渠的背后还有三晋，如果咱们这边讨伐义渠的时候，三晋突然联兵来袭，我想请问，到时候咱们怎么处理？"

听了张仪的话，秦惠文王叹息一声道："丞相言之有理，第一难不是问题，咱们秦国人从建国开始就和这些西戎人打交道了，对付骑兵是咱们最擅长的；第二难也不是什么问题，商君变法以后，咱们秦国国富民强，前几年吞掉了巴蜀，更是使咱们秦国的粮仓都冒了，别说三年，就是五年，咱们也是有这个资本的。可就是这背后问题，这可真难倒我了。"

就在大家都愁眉不展的时候，司马错突然对秦惠文王一躬身，然后道："臣有一计，可就是有些冒险，不知道大王可否听取。"

秦惠文王那是相当喜欢司马错，一听他有意见要说，赶紧道："将军有何话？但说无妨！"

司马错道："禀报大王，咱们秦国现在南郑有南北调度军五万，在巴蜀有镇守军十三万，蓝田大营有军十五万，西国界驻防军五万，西河驻防军五万，全国士兵总和为四十三万，其中骑兵数量为十万。我的计策是抽出蓝田大营和西河驻防军，共二十万分兵两路，由我和樗里疾大人分别率领，同时进攻魏国的曲沃和焦，作出要大举侵犯中原的态势，凭借我二人的实力，秦军将士之英勇，拿下此二地定不费吹灰之力！"

听到这儿，秦惠文王皱眉道："嗯……将军分析得很有道理，可是我现在要打的是义渠，想要在没有后顾之忧的情况下才打中原啊。"

司马错微微一笑，"大王别急，我还没有说完，我前面所说为疑兵之计，实际上要打的却是义渠国。咱们大规模出兵中原的时候，义渠国王定然以为咱们会和中原打上几年的拉锯战，所以国内防御定会松懈，可就在我和樗里疾将军攻打魏国的时候，大王可秘密调集南郑调度军和全国的骑兵，让他们集结在西国界驻防军大营，然后我和樗里疾大人会在攻陷曲沃和焦之后急速奔赴西国界，率领此地的所有大军突袭义渠，突袭之下，义渠国王必然慌乱，定会仓促组织部队前来阻击我军，而这个时候才是这次攻打义渠的关键，咱们就这样，然后再这样……"

司马错说完，在场众人都眼前一亮，秦惠文王更是拍案叫好，遂命司马错和樗里疾统率二十万大军，分兵两路前去攻打二城。

攻下二城以后，司马错和樗里疾将二十万大军留下虚张声势，之后连夜奔赴西国界军营，并在第二日一早就率军突袭义渠国。

因为义渠国以为秦军的主力部队全在中原，所以全无防备，外加上秦军的速度极快，竟然以"一日百里"的速度连下五城。

直到这时候，"来去如风"的义渠国才知道秦军已经杀上门来了。义渠国王慌忙之下调集了举国之兵前去迎击秦军。

双方在鸡头山（今宁夏回族自治区六盘山稍南）展开了激烈的大战，秦军主帅樗里疾一改往日强攻的作风，在鸡头山设营架垒，靠着秦军强劲的弓弩和顽强不屈的意志与义渠军打起了消耗战。

由于樗里疾的营寨守得密不透风，使得义渠军几波攻势都毫无效果。无奈之下，义渠国王只能采取围营断粮的方式，打算就这样耗死秦军。

可就在双方处于对峙状态的时候，义渠后方突然传来了噩耗。

原来秦军在义渠主力大军到来以前便已经分兵两路了，樗里疾带领主力部队继续从大道往前，作势要在鸡头山攻打焉氏塞，进而向义渠国都挺进，可这个部队实际上是吸引义渠主力的，真正的主攻部队是司马错率领的近八万骑兵军团。

因为主力全被樗里疾部所牵制，所以司马错的长途奔袭简直就是一马平川，他从南向北，偷渡泾水河畔，然后对义渠国侧翼发动突然袭击，打了义渠国一个猝不及防。外加上司马错都是骑兵，所以机动性超强，竟然在五天之便连下义渠十城，这令义渠举国震恐。

消息传到了前方战场，义渠国王大惊失色，他想要回兵救援，可是前面有樗里疾牵制着他，令他不敢轻易撤退。

最后，义渠国王决定分出五万骑兵部队火速前去后方救援，自己则在原地与樗里疾对峙，只要救援部队能够顺利消灭司马错的部队，失地便会轻松收回，秦军也将会被自己全歼。

要知道，在骑兵方面，他们这些少数民族可以说得上是中原人的祖宗，那五万骑兵对付司马错的八万骑兵还不是轻松吗？可是义渠王错了，过分地小看中原人使他付出了极为惨痛的代价。

要知道，秦国人在春秋时期的骑兵水准就不比戎人差多少了，虽然中间有一段时期弃了骑兵，但是重新组织起来的秦国骑兵比以前更加强大。再说司马错运用骑兵的水平相当高超，所以义渠王打算用五万骑兵来歼灭秦军的八万骑兵，这简直就是天方夜谭。

果然，司马错听闻敌军援兵来救，便统率秦国骑兵团主动迎击，和义渠骑兵团在义渠平原上展开了一场亮剑式的相互冲杀。

最后，秦军士兵凭着自己的勇猛无畏战胜了义渠军，竟歼敌一半有余，其他的义渠士兵都落荒而逃。

司马错趁着大军士气正旺，继续向北挺进，竟然又拿下了十座义渠城池。而身在前线的义渠王这时候再也坐不住了，他派遣使者前去秦惠文王处，说义渠国从今以后愿意年年对秦国上贡，并且再不追究丢失二十五城之事（他也得有这个实力啊），只求秦军能够退兵回国。

秦惠文王一看义渠王服软了，直接借坡下驴，将司马错和樗里疾的部队全调回了秦国，准备继续征伐中原的事宜。

那秦惠文王为什么要撤兵回国呢？一举解决掉义渠国不好吗？为什么还要留下义渠这个安全隐患呢？

其实秦惠文王这么做也是迫不得已。要知道，秦国一举拿下义渠二十五城的事已经弄得天下皆知了，而这时候曲沃和焦地的秦军还默不作声，这说明什么？说明秦军双星已经身在义渠了，东线的部队没有名将坐镇，如果这个时候三晋联合来犯，你让秦惠文王派谁去抵挡？

当然了，秦国从古至今都不缺乏统兵的将领，但是您让一般人出征秦惠文王也不放心不是？

还有，义渠国虽然丢掉了二十五城，但是损失有限，主力兵团还在，再加上秦国突袭的战略目标已经达成，樗里疾和司马错的部队也已经完全暴露，如果秦惠文王继续攻打义渠，义渠势必会狗急跳墙。

要知道，兔子急了还会咬人呢，那就更别提战斗力强悍的义渠了，到时候整个西戎和东胡人全来支援义渠，让秦惠文王怎么抵挡？所以，秦惠文王才直接撤兵回国了。

而三国联军这时候在干吗？他们一看秦国不继续向东面侵略，直接就解散了。

秦惠文王是一个天生的枭雄和阴谋家，在他的心中，谁都无法得到自己真正的信任。正所谓居安思危，秦惠文王在这方面做得不可谓不到家。这不，西线刚刚取得了完美的大捷，他又不放心南面了。

这南面自然就是巴蜀了。

秦惠文王自从得到巴蜀以后，不断地派兵前往驻守，可是巴蜀山高皇帝远，秦惠文王的一个政令甚至要一个月的时间才能抵达，这让他坐立不安。

如果关中主力大军在出击作战的时候，巴蜀郡守趁机作乱，估计士兵打到自己的汉中自己都不知道呢，不行！必须派遣一个信得过的人前去镇守巴蜀。

于是，秦惠文王派遣了自己的儿子公子通前往巴蜀总督，可令秦惠文王始料不及的是，正是他这个举动给以后的巴蜀叛乱埋下了伏笔。

7.11 所谓六百里

公元前313年，把义渠打老实以后的秦国又开始将魔爪伸向了赵国的蔺地，因为只要将此地拿下，秦国北伐就有了根据地，并且会起到整合之前所吞并的河东之地的作用。

可是在出兵以前，秦惠文王还要做一件事，那就是把韩国和魏国这两个国家给稳住，要不然自己出征赵国的时候他们再来支援可就不好办了，自己虽然不惧三晋联兵，但是能少损失点儿兵力还是少损失点儿为妙。

秦惠文王派遣张仪前去韩国和魏国威胁两国君主，要求韩国与魏国和秦国同盟。

韩宣王和魏襄王怕秦国已经怕到骨子里面了，当然不敢拒绝，窝窝囊囊地同意了秦惠文王的要求。

收服了魏国和韩国这两个小弟以后，秦惠文王终于可是放心大胆地出兵攻伐蔺地了。

那蔺地是赵国和秦国之间的门户，赵雍岂能轻易让给秦国？所以，赵雍动用了一支庞大的军队前去支援蔺地。

对这场战争的细节史书上并没有记载，只说秦国最后将蔺地给拿下了，并且将赵国名将赵庄也给俘虏了。

赵国大败以后，秦国彻底打通了北伐的门户。

可就当秦军想要再次向北的时候，东面的齐宣王却和南面的楚怀王结成了同盟，这让身在咸阳的秦惠文王吓得浑身哆嗦："这要是让他们两个巨头结成联盟那还了得？到时候他们再勾结三晋一起打我，我怎么对付？好不容易拿下的河东之地又要被夺回去？我嬴驷又要龟缩回函谷关里面？不行，绝对不行！"

想到这儿，秦惠文王大吼道："来人！"

"在！"

"给我传令下去，命前线的主力部队赶紧回来，没有我的命令不准再继续向北深入了！"

"是！"

"等会儿！你再把张仪给我叫过来，我要放狗咬人了！"

几日以后，张仪乘坐着秦惠文王赐给他的豪华车驾出使楚国了，其目的便是拆散齐楚联盟。

接下来咱就看看张仪使用什么样的骗术去欺骗楚怀王吧，张仪就是因为这件事儿才开始被天下人漫骂和唾弃的。

听到张仪来了，楚怀王当然知道他此行的目的是什么，楚怀王本不想见这个名声不太好的家伙，但碍着双方是联姻国，这才勉强一见。

张仪得到了楚怀王的召见以后，昂首阔步地进入了楚国的王宫，见到楚怀王，张仪先是躬身一礼。

可是楚怀王根本就没搭理张仪，他也懒得和张仪废话，开门见山便问："我说张仪，你到我楚国干吗来了？我可没什么和你说的。"

张仪看到楚怀王对自己这个态度，也不和楚怀王兜圈子了，直接道："尊敬的楚王，张仪这次前来并没有什么别的事情，只是请求楚王能够与齐国解除同盟。"

楚怀王一听张仪这话，猖狂地哈哈大笑："哈哈哈，我说张仪啊，你们家秦王可真有意思，他是不是认为自己是天下霸主了？管闲事儿竟然管到我楚国来了？我已经和齐国结成了同盟，想让我两国解除同盟是不可能的！"

楚怀王态度虽然坚决强硬，可是张仪并没有被吓倒，反倒是嘿嘿一笑道："哎，大王不要把话说得那么绝嘛，我家秦王对于大王尊敬得很，怎么可能阻碍贵国的外交呢？我们当然是有偿的，只要大王能与齐国断绝外交，我们秦国愿意献出商於六百里土地！大王难道不想要吗？"

六百里，这可不是开玩笑的，这是什么概念？那等于是宋国这种国家一大半的土地。

楚怀王一听张仪这话立马双眼放光地道："真的？这事儿你能做主？"

张仪心中冷笑，可脸上还是阳光灿烂地道："那必须的。"

一听张仪这话，楚怀王别提多高兴了，立马就答应了张仪的请求，并且设国宴招待，好吃好喝好款待。

为了表示自己的诚意，楚怀王当即便派使者去齐国宣布和齐国断绝外交。

张仪的任务成功完成，便对楚怀王告辞，起身回国了。

而楚怀王呢，对张仪的话深信不疑，只派一个使者随张仪前往秦国交接商於之地，之后便大开宴席和楚国诸臣一起庆祝即将得到的商於之地。

可就在大家都说楚怀王英明神武的时候，一个不和谐的声音出现了。

"大家笑得太早了吧，依我之见，这事儿不只不值得庆祝，反倒是应该担忧才对！"

这话一说，场中一片寂静，大家都惊出了一身冷汗，心说："这是谁呀？胆子太大了，难道不知道咱家大王最讨厌有人败兴吗？"

那么这个不识时务的人是谁呢？正是楚国谋士陈轸。

陈轸被赶走以后到了魏国，和公孙衍一起为魏惠王出谋划策，可自从公孙衍和魏惠王死去以后，陈轸在魏国失去了靠山，最后辗转来到了楚国。他在楚国混得还真不错，很快就成楚国大夫了。

因为陈轸曾经多年和张仪打交道，所以对于张仪的德行他是知道得一清二楚。这才对楚怀王发出了劝谏之词。

那楚怀王对自己的臣下很是和善，在楚国威望也很高，但属于好大喜功那种类型的。

所以，宴会好好的气氛被陈轸破坏以后他非常生气，阴冷地道："呵呵，这我就不懂了，我不费一兵一卒一刀一枪便白得了六百里土地，为何不能庆祝？为何还要担忧呢？"

要说楚怀王这时候是真的生气了，可是陈轸一是为了楚国好，二是真心厌恶张仪，所以便装作没看到楚怀王的脸色继续道："大王！那张仪是什么德行我比谁都清楚，他算什么，也能代表秦王？再者说，秦国为什么派张仪来破坏咱们和齐国之间的同盟？那不就是因为害怕两国结盟给他们秦国带来威胁吗？如果咱们和齐国始终绑在一起，他秦国就是再过一百年也不敢和咱们叫嚣。可如果咱们没有了齐国这个坚定的盟友，大王您信不信，他秦王马上就会派兵来攻打咱们。秦国自从商鞅变法以后战力得到了飞一般的提升，巴蜀和义渠强不强大？不是很快就被秦国给灭了吗？恕臣直言，就凭咱们楚国现在的实力，想要单挑秦国还真就不够格。再者说，如果背弃了齐国的盟约，齐国将不会再和咱们结盟，天下还有谁会相信咱们楚国的信义？并且张仪此人毫无信义，他就是个大骗子（说此话时声色俱厉，由于太激动，竟有要哭的冲动）！我当初在秦国深受其害，对于这种满嘴谎言的人，主公且不能轻信！现在主公需要做的就是马上将已经派出去的使者给追回来，取消这次荒唐的行为。"

陈轸虽然说得"情真意切"，可是楚怀王却不以为然。

看出楚怀王对自己的话不怎么理会，陈轸只能无奈地道："如果大王一定要与齐国背弃盟约的话，那也请大王能留一手，正所谓'害人之心不可有，防人之心不可无'，大王先把使者给追回来，咱先不和齐国彻底断交，如果秦国真的给了咱们六百里土地，那时候再断交也不迟。"

可是楚怀王根本不听，怒吼道："你净在这胡说八道，本大王相人无数，那张仪一看就是个正人君子，绝不会骗我。再说了，要是真按照你的办法，那咱们楚国就是没有诚意，秦国要是知道这事儿定然不会履行约定，你就看我是怎么收了这六百里土地的吧！"

陈轸看到楚怀王跟着了魔似的，根本就不听自己的话，只能叹息一声退去了。

画面转到齐国，此时的齐宣王阴狠地看着下面哆哆嗦嗦的楚国使者，冷冷地问道："为什么好好的联盟要解除呢？给我一个原因。"

看着齐宣王杀气腾腾的黑脸，楚国使者赶紧跪地将张仪和楚怀王的对话原原本本地告知了一遍。

齐宣王听完以后直接愣住了，然后哈哈大笑地道："哈哈哈，你家楚王实在是傻了，这种骗术都能将他给骗了。行了，我也不和你说了，回去告诉你家楚王，他的商於之地是一定得不到了，而我们齐国也被他这种幼稚的行为激怒了，以后再也不会和他结盟了。"

画面再转到秦国，张仪带着楚国的那个使者回到秦国以后，没有马上交接商於之地，而是对那名楚国使者道："兄弟，我现在先去和我家主公汇报一声，等汇报结束以后我就来找你交接。"

张仪说得合情合理，楚国使者也不怀疑，对张仪一躬，便回楚国驻秦大使馆休息去了。

进了咸阳宫殿以后，张仪那是满面春风。秦惠文王一看张仪这个表情就知道他肯定是把事办成了，于是也乐呵呵地和张仪道："张子，看你如此得意，难不成，成了？"

张仪嚣张一笑："哈哈，本人出马，哪有不成之理？"

秦惠文王哈哈大笑："好你个张子，真不愧是天下第一辩才，这么难搞的事都让你给搞定了，我要好好赏你，我一定要好好赏你，快说说，你小子是怎么把楚怀王给说服的！"

看到秦惠文王如此高兴，张仪将本次事情的来龙去脉和他说了一遍。

张仪在秦惠文王面前说得是唾沫横飞，可是秦惠文王的表情一开始阳光灿烂，然后晴转多云，之后便是飞雪连天了，那边张仪话音刚落，秦惠文王便大吼道："你是个什么东西？你凭什么私自许诺给熊槐六百里商於之地？你信不信我现在就杀了你！"

张仪看到秦惠文王急了，也没着急，反倒是嘿嘿笑道："大王您别急啊，听我说完再杀也不迟嘛。"

秦惠文王想想也是，张仪从来没让秦国吃过亏，怎么会白白给楚国六百里呢，于是一声冷哼，"哼，那你说！"

张仪笑道："大王啊，我怎么可能真的给熊槐六百里土地呢？我又不傻，我真正的意图是这样……"

"哈哈哈，虽然你这么做会对咱们秦国的信誉产生些不好的影响。可是，我喜欢！"

话毕，两人相视而笑。

和秦惠文王商议完毕以后，张仪驾车出宫，可就在张仪的马车行驶到家门口他准备下车的时候，张仪一个"马失前蹄"直接从车上摔了下来。

这一下可真是"摔惨了"，据张仪自己说，他连骨头都摔出来了，估摸着半年都下不了床了。

从那以后张仪别说去见楚国使者了，连朝他都不上了。

那边楚国使者等张仪的交接等得是心急如焚，可是张仪"骨头都摔出来了"，他也不好这时候去打扰，只能先在大使馆等待。

一个月过去了，两个月过去了，三个月过去了，使者实在是等不下去了，便带着一大堆礼物亲自前往张仪的相府拜会，可是相府的下人却将使者拒之门外，说张仪还是下不了床，谢绝见任何客人。

这一下子，楚国使者可就开始怀疑了，你别说把骨头摔出来，三个月就是残废了也能勉强见客了吧？

因此，楚国使者怀疑张仪是有意拖着他，打算赖着商於不给了。

于是，使者将这件事情报告给了楚怀王，楚怀王一听使者这话也是心里打鼓的，同时也怀疑张仪是不想给自己商於之地了。

如果这时候楚怀王赶紧和齐国认错也许还来得及。可他竟然以为是自己的心不够诚，没有和齐国彻底绝交，使得张仪对自己产生怀疑，这才不给商於之地的。

于是，楚怀王打算再次派使者出使齐国，而这次出使齐国是要干什么去呢？呵呵，是要当众指着齐宣王的鼻子骂，表明立场去了。

楚怀王的这个举动可给楚国的众多大臣吓坏了，这可是掉脑袋的差事，谁敢去啊，为此，楚国大夫屈原还和楚怀王争论了一次，说楚怀王此举简直就是葬送楚国。

楚怀王也是怒了，直接就把屈原赶出了王宫。

但是楚怀王和屈原的关系非常好，只要过了这天，两个人的关系还会和睦如初，可不怕没好事儿就怕没好人，就在屈原刚刚走出大殿之时，楚国的那些个守旧派贵族在昭睢的带领下全蹦了出来，他们说屈原犯了欺君之罪，又说他和齐国人"私通"，所以想尽办法挑拨秦楚之间的关系。楚怀王虽然脑袋一根筋，但是他不傻，屈原对楚国的忠诚他是知道的，但是他今日在朝堂之上太不给自己面子，外加上这些小人一撺掇，使得楚怀王恼羞成怒。

正所谓天子一怒血流成河，楚怀王于是直接将屈原给流放到了汉北地区（今河南省西峡县、淅川县、内乡县一带），希望通过这次的挫折能让脾气如同烈火的屈原冷静冷静。

讲到这儿，我想我有必要好好介绍一下屈原了。

屈原，芈姓，屈氏，字灵均。他生于公元前340年，卒于公元前278年，是战国时期楚国的诗人和政治家，也是春秋时期楚武王熊通之子屈瑕的后代。

他出身楚国宗室贵族，可是他从来没有那些贵族后代的陋习，从小便博览群书，志向远大，立志要让楚国成为天下第一强国。

在公元前321年的时候，楚国和秦国之间的边境线总是发生小摩擦，而屈原在那个时候就于秦楚边境线率领民兵和秦国人交战，并且总能取得胜利，从这一点来看，屈原还是称得上文武双全的。

公元前320年的时候屈原初入楚国官场，当上了鄂渚县丞，那鄂渚县之前是什么模样史无记载，可自从屈原来了之后，仅仅用了半年的时间，就让鄂渚县变得繁华。

屈原治理鄂渚的成功，使得楚怀王发现了这个大才，便任命其为自己的左徒。

当上了楚怀王的私人"秘书"，屈原便有更多的时间和楚怀王近距离接触了，屈原崇拜吴起，更崇拜他曾经为楚国做出的改革，甚至连性格都和吴起非常相近，他总是在单独和楚怀王一起的时候劝说楚怀王改革，说改革怎么好，现在楚国有多么需要改革。

楚怀王虽然有点儿头脑简单，但在他的内心中还是希望楚国强大的，所以便答应了屈原的请求，并命其全权负责楚国的变法事宜。

屈原的变法条例是这样的。

第一，奖励耕战。

第二，举贤能，唯才是举。

第三，反壅蔽。

也就是要破除君臣与老百姓之间的沟通障碍，要让楚王下达的命令准确及时地传达到地方，而地方府衙也在第一时间把王宫下达的命令传达给广大百姓，让楚王与百姓更趋于透明，打破君王被奸佞所包围的态势，君主能清晰明快地了解民生疾苦，不偏听偏信，而臣民的意见也可以迅速地直达天廷。

第四，禁朋党。

什么叫朋党呢？其实就是一群官员勾结在一起，他们相互帮持，狼狈为奸，对政见不同的大臣大肆攻击，对于自己有利的政策便大肆鼓吹。而楚国的朋党在整个华夏是最为严重的，如果这种情况还是不能杜绝，楚国很有可能会走晋国与姜齐的老路。故而屈原要以律法的形式加以杜绝。

第五，明赏罚。

无论是法家的商鞅抑或是兵家的吴起，都注重用严格的律条来约束将士的功过，正所谓没有规矩，不成方圆，而屈原也学习吴起的做法，加强了军队的功赏与错伐。

第六，移风易俗。

屈原对楚国不正之风深恶痛绝，那些楚国的贵族官员们一个个能言善辩巧言令色，不惜损害国家的利益也要投机取巧。屈原就是要用法律的手段将这股不正之风给彻底消灭。而这些条例很明显会触动贵族们的利益，这也就使得屈原成了楚国贵族的"全民公敌"，也就有了前面昭睢等楚国贵族陷害屈原这一说。

屈原还是中国历史上第一位伟大的爱国诗人，中国浪漫主义文学的奠基人，被誉为"中华诗祖""辞赋之祖"。

他是"楚辞"的创立者和代表作者，开辟了"香草美人"的传统。好了书归正传。

最后，楚怀王也不知道从哪儿找来一个叫宋遗的人出使齐国去骂齐宣王。

那宋遗到了齐国以后，得到了齐宣王的接待，可就在齐宣王准备和楚国言归于好的时候，宋遗却突然指着齐宣王鼻子痛骂。

齐宣王气疯了，发誓从此不再和楚国结盟，并且要找机会教训楚国。

这回楚国和齐国算是真的撕破脸了，张仪你该给地了吧。

事实也确实如此，当张仪听到此消息以后那是哈哈大笑，立马主动去找楚国的使者。

只见张仪相当豪爽地道："来人！给我拿地图来！"

一看张仪这么豪迈，使者大喜，赶紧凑上前去看地图。只见张仪比比画画地说："看到没有，这儿，到这儿，从今以后全是你们楚国的了，这可是秦王赏赐给我的封地，足足六里地呢。"

听了张仪这话，使者直接蒙了，愣在原地久久不能言语，大脑一片混乱。

张仪看到楚国使者愣在原地，嘿嘿笑着说："还愣着干吗？哈哈，没事儿，拿去吧，我们秦国不差这六里地。"

使者这时候反应过来了，知道自己被骗了，顿时暴跳如雷，愤怒地吼道："你不差六里地？我们楚国也不差！我要的是六百里商於之地，不是这六里破地！"

看到使者怒了，张仪也把脸拉了下来，故作阴冷地道："六百里？我什么时候答应六百里商於之地了？当初明明说的就是六里！我告诉你，别和我在这争论，六里就六里，地图我放这儿了，你爱要要，不要滚，我还不想给呢。"

张仪说完还装出了一副很珍惜的样子，赶紧把地图收起来了。

使者真是被张仪气疯了，见过无耻的，没见过这么无耻的，可是现在在人家的地盘，使者不敢发作，冷哼一声便直接回楚国了。

7.12   愤怒

楚怀王这时候就是再笨也知道自己是被张仪给耍了，他气得是七窍生烟，立即就要发兵攻打秦国。

可就在这时候，大夫陈轸又说话了，他对楚怀王道："大王不可！当初咱们五国联军都打不过人家秦国，现在就咱们一家那更不是秦国人的对手了。"

楚怀王怒气冲冲地说："那怎么办？还能就这么算了？不行，咽不下这口气！"

本以为陈轸会出什么好主意，岂料他再一次"不识时务"，抱着语不惊人死不休的态度道："不如再给秦国一座城池。"

楚怀王一听这话暴怒异常，"什么？你再说一遍？"

"我说不如再给秦国一座城池！"

"呸！我为何要再给他城池？我疯了？"

"唉，主公，当初我劝你你不听才有如此结局，可是此一时彼一时了，咱们之前已经将齐国彻底得罪了，还不如就再也别和好了，那田辟疆已经放出话说要攻打咱们楚国，我看咱不如就和秦国联合，一起攻打齐国，这样既能得到齐国的土地，还能让齐国不敢再和咱们叫嚣，可谓一举两得。"

可是楚怀王这次依然没有听陈轸的建议，他现在已经被愤怒冲昏了头脑，不给秦国和张仪一点颜色看看他是誓不罢休。所以楚怀王大吼道："不行！从我出生到现在也没人敢这么耍我，这次我必须要打秦国"

陈轸一看楚怀王要冲动，还想再劝，可是楚怀王不会再给他这个机会了，他抢在陈轸劝谏之前大吼道："屈匄！"

"在！"

"给你十万部队攻打商於六百里，该是我的就是我的!"

"是！"

"景翠！"

"在！"

"给你十万兵，你给我北上拖住韩国，至于魏国我自有办法。别在咱们打秦国的时候他们两家再来捣乱。"

"是！"

于是，屈匄率领十万兵直奔秦国的商於之地，景翠则率领十万楚军北上攻韩国雍氏（今河南省禹县东北），用以牵制。

那魏国怎么办呢？谁来牵制他呢？

楚怀王自然有只有他才能想出来的办法。

他这时候竟然又想到屈原了，又把屈原请了回来，让他前往齐国游说齐宣王，请求齐国一起出战，让齐国趁机攻打魏国！

说实话，屈原真是不想去，可为了楚国，脸面算得了什么？命又算得了什么？屈原原本以为这次出使好则会被齐宣王臭骂一顿，歹就直接交代在齐国了，可没承想，屈原一到齐国，齐宣王非但没有一点怒气，反倒是痛快地答应了楚怀王的请求。不但如此，齐宣王还对屈原好吃好喝好招待。

齐宣王为何不计前嫌，难道是他懦弱？

各位要是这么想，那可就太低估齐宣王了。

没错，当初齐宣王是发誓再也不和楚国结盟了，但那只是一时之气，真正英明的君主不会被愤怒冲昏头脑的。他所做的一切都要从本国的利益出发，这也是《孙子兵法》和《韩非子》评价一个国君优良与否的第一标准。

那么冒着违背自己誓言和楚国和好会有什么样的好处呢？

第一，齐宣王看出了西方秦国的威胁，最近这几年秦国的风头实在是太盛了，如果再不遏制，很有可能会在不久的将来威胁到自己。

第二，齐宣王也知道张仪的厉害，同时也知道楚怀王有多么简单，所以也就不和楚怀王一般见识了。

不得不说，齐宣王真是个明主。

按说屈原这次的外交成果如此惊人，楚怀王哪怕是不给人家加官晋爵也至少应该官复原职吧。

可楚怀王只封了屈原三闾大夫之职（楚国特设的官职，是主持宗庙祭祀，兼管贵族屈、景、昭三大氏族子弟教育的闲差事），更是从此冷处理屈原，使得屈原从此慢慢地淡出了楚国的政治中心。

7.13 乱战

再说齐宣王，他为了配合楚国的军事行动，命齐国第一大将匡章为主将，出七万技击大兵（齐国特种兵，名声相当于当初魏国的魏武卒和现在秦国的铁鹰锐士，只不过和前两种兵种相比，技击真正的实力还差不少），联合宋国包围了魏国的煮枣（今山东省东明县南）。

齐、楚、宋三国三十万大军共同攻击秦国。

对于齐、楚、宋的联合入侵，秦惠文王很快做出战略部署，他发兵三路。一路由庶长魏章率领秦军五万救援商於；一路由甘茂率领五万秦军攻占楚国的汉中，卡住楚国的通信路线，只要把汉中给拿下了，楚国的主力兵团要想和中央取得联系，那要多走好多的路；最后一路则是由秦国双星之一的樗里疾率十万主力秦军救援韩国雍氏，等解了雍氏之围以后再率领韩国南下反攻楚国。

那魏国呢？魏国就不救了？

救，自然要救，可那要等到秦韩联军打败楚国以后再救，魏国现在唯一的任务就是拖住齐宋联军。如果等秦韩联军战胜楚国以后魏国还在抵挡就救，如果魏国挡不住那只能让你听天由命。

秦国这次出现了两张新面孔，那就是魏章和甘茂。那这两个人究竟是谁呢？为何派他们不派司马错呢？

因为这时候司马错正率领五万军队在秦国内部"警戒"赵国突袭。

魏章的背景史书上并无记载。

甘茂又是何许人也呢？

甘茂，下蔡人（今安徽省颍上县甘罗乡）。曾侍奉下蔡的史举先生，向他学习百家学说。后来通过张仪、樗里子的引荐得到拜见秦惠文王的机会。

秦惠文王接见甘茂以后，感觉甚是投缘，便提拔他为将军，派他带兵。

公元前312年，秦、魏、韩与齐、楚、宋的多国大乱斗正式开始。那屈匄带领的楚军行动迅速，很快便杀到了商於，可秦将魏章本土作战，必然是先一步到达商於，并在此地据城坚守，打算和屈匄打一场守城战。

屈匄指挥楚军对魏章军发动了一波又一波的猛攻，可是秦军士兵实在彪悍，屈匄军虽然占有人数优势，但是面对不怕死的秦国锐士，他的士兵还是被打退，不管进攻几次都是一样。

为免自己的军队再受打击，屈匄决定，先在此地和魏章军对峙，抓紧打造攻城器具，并准备在两个月之内攻陷商於。

所以，南边战线的屈匄军和魏章军就这么对峙上了，一时之间我不攻，你不出，谁也奈何不了谁。

南线两军打起了太极拳，北线的樗里疾可不磨叽，他率领十万秦国主力军团一刻不停地直奔韩国雍氏。景翠听闻秦军来援，不敢怠慢，分出五万士兵继续围攻雍氏，另外五万士兵则向西奔袭，主动迎击樗里疾的十万锐士，结果大败。

樗里疾趁势直奔雍氏，速度快到雍氏那边的楚军刚刚收到后方战败的消息，秦军就杀过来了。

驻守雍氏的韩军一看秦军主力部队来援，直接打开城门和秦军一起对楚军来了一个两面夹击。楚军一触即溃，景翠带领楚军将士慌忙南逃。

干掉景翠的部队以后，樗里疾带领着韩国军队直接南下，打算和魏章合兵一处，全歼屈匄楚军。而这时候连一个月还没到呢。

那边屈匄一听景翠军大败，秦、韩联军正直奔自己而来，也不敢再继续攻打商於了，现在可不是装好汉的时候，到时候被魏章和樗里疾的部队给两面夹击可就坏了。

可樗里疾岂会轻易放过败逃的楚军？他到了商於以后便和魏章的军队合兵一处，狂追屈匄楚军。

一个追，一个逃，楚军很快便逃到了丹阳（今河南省淅川县丹水和淅水交汇处一带）。可到了丹阳以后，屈匄竟然奇迹般地停下了。

难道他想凭借十万军队就和十八万秦韩联军打一场？（樗里疾十万，魏章五万，韩军三万弓弩手）是什么给了屈匄如此"盲目"的自信呢？

原来，景翠的部队除了主动迎击那一次损失惨重以外，其他的都是一触即溃，并没有被樗里疾围歼，所以，他的楚军得以成功逃脱，最后清点下来竟然还有七万可用之兵。

景翠兵败，怕回国受到楚怀王的严惩，便率领残兵败将前去商於，打算和屈匄合兵一处对战秦军，以此将功抵罪。

可谁承想，他这边刚刚到达丹阳就碰到正在逃亡的屈匄，两个难兄难弟就这样在丹阳合兵一处。

两人一合计，现在秦韩联军是十八万，而我军是十七万，两军相差不过一万，这仗兴许能打，便在丹阳修整部队，打算在此地和秦韩联军决一死战。

（注：其实他俩不打也不行了，因为丹阳乃是连接秦国和楚国的军事要地，要是撤退的话丹阳那是百分之百要被秦国夺去了。而秦国一旦夺取丹阳，那一定会势如破竹一般杀进楚国）

所以二人坚定了决心，打算在丹阳打一场不是你死就是我亡的大决战。

7.14 丹阳之战

公元前312年某日的一个清晨，丹阳平原一片肃静，可这个肃静的平原却是被一股肃杀之气所笼罩，周围的小动物好像提前感知到了危险，早早便"举家逃亡"。

在西面，大片身穿黑色衣甲的士兵们包围着些许身穿着天蓝色衣甲的弓弩手站在一方（秦韩联军）。

而西面则是一片碧绿的海洋。身穿金色铠甲的屈匄正骑着骏马穿梭于楚军之间，一边疾驰还一边在喊着："我楚国的儿郎们！看看对面！那是虎狼之国秦国的畜生们！你们现在脚踏的地方名叫丹阳，而丹阳后面就是咱们楚国的大好河山！你们的妻子，你们的儿女，还有你们的父母全在后面等待着你们归去！可如果失败的话，对面的畜生便会踏平咱们的家园，他们会践踏你们的妻子，虐杀你们的父母和孩子，你们告诉我，你们应该怎么做！"

屈匄真是一名了不起的演说家，他在激励士气的时候，楚国的士兵们全身都在颤抖，双眼血红一片，当他喊完以后整个楚军阵营沸腾了，杀伐之声遍布整个战场。

我相信，如果单靠士气就能打胜仗的话，秦韩联军必败无疑。

就在屈匄于阵中慷慨激昂地激励士气的时候，身处西面高地的樗里疾却是轻蔑一笑，然后轻轻挥了一下手。

咚咚咚，秦鼓敲响的同时，秦韩联军动了，樗里疾的中军慢慢向前推进，而左军魏章部和右军则以小跑的速度向左右两侧迅速移动。

他们跑得很快，远远地拉开了和中军的距离，这种情况就好像是两支部队彻底将中军抛弃一样。

更令人难以置信的是，本应该在中军做掩护的两万骑兵部队却远远地绕开了战场，直接跑到楚军的大后方，堵住了楚国撤退的道路。

嚣张！狂妄！不知所谓！这应该就是屈匄现在内心深处的想法。要知道，《孙子兵法》有云："十倍于敌方可围之。"虽然说的是攻城战，但野战想要打这种围敌的歼灭战，兵力也起码要多出敌方不少才行。最要命的是他的军队是慢慢悠悠明目张胆地进行围歼部署。这是赤裸裸的蔑视。

屈匄一看樗里疾这架势，气得他怒发冲冠。

这屈匄也不是什么省油的灯，直接命景翠的上军前去盯住魏章，逢侯丑的下军盯住秦右军，再分出千余辆战车部队盯住后面的骑兵部队，他自己则率领中军前去和樗里疾的部队单挑。

就这样，楚中军和秦中军都在缓缓地向对方移动。可就在双方距离正面交锋还有一千米的时候，楚军突然发生了异变，前排的士兵在毫无征兆的情况下急速向一旁闪开，而从他们身后轰隆隆地杀出来三千余辆兵车，这三千兵车不管是马的装备还是人的装备都是全身铁甲，防的就是远程伤害。

这还不算，这些战车的车轴处全凸出来一根将近一米的细长滚刀，这要是被这滚刀扫一下，保管全身稀碎。楚国不愧为春秋时期战车水平数一数二的国家。

可到了战国时期，军事早已经过了大改革，中原诸侯各国的战车也早就不怎么用了。

屈匄一声令下，三千辆战车轰隆隆地杀向秦军，那阵势简直都能把第一次上战场的新兵给吓傻了。

可秦军根本没有半点儿紧张，就在战车冲到距离秦军不到百米的时候，秦中军突然从后排杀出近万的秦军，这些秦军身材魁梧，全光着上身。而最扎眼的还不是这些，而是这些士兵每个人手中都握着一杆非常锋利的短枪，他们对着冲自己冲过来的战车部队就是一顿扎。

嗡嗡嗡，伴随着恐怖的破风声，这些短枪如雷霆一般扎向这些楚国的战车部队。

"嘶……啊！"伴随着马儿和楚国士兵惨绝人寰的叫声，这些短枪穿过了厚重的铁甲，扎进了马和人的肉身里。

这些战车部队在这一时间失去了控制，翻车的、失控的、往回跑的，可谓丑态尽出。

咚咚咚！秦军鼓响，秦国锐士闻到鼓声，手持大戈直接冲上去就是一顿猛砸，然后收割头颅。

一大批冲锋的战车部队就这样被击败，屈匄的脸色别提多阴冷了，他怒哼一声，对着手下一挥手。

咚咚咚！楚国鼓声大作，将近四万人的弓兵列队而出，正当他们要对秦军放箭的时候，突然在秦军中军反倒射过来铺天盖地的箭矢，这些箭矢的杀伤力极强，身穿轻皮甲的楚国弓兵凡是中箭者非死即残，第一时间便失去了继续作战的能力。

屈匄定睛一看差点儿没气"死"，只见对面身穿天蓝色服装的士兵正不停地往己军的阵营里射箭。他们射出的箭不管是杀伤力、射程还是准度都不是楚国弓箭手能够比拟的。

屈匄死死地握紧了自己的拳头，凶狠地盯着这些韩国来的弓弩手，气得手指甲扎进肉里他都没有发现。

战车大阵被破，远程射不过，屈匄别无他法，只能命令全军士卒冲锋向前，企图用"人和"的优势杀尽秦军。

可是充足的士气在强大的战斗力面前只是摆设，楚军表面上喊叫得挺吓人，可实际上却是外强中干，而秦军只是往前行进，军中却寂静得吓人。

秦国的锐士在楚国士兵对他们冲锋的同一时间就组成了方阵，并且还能保持方阵以整齐划一的形态向前推进。那些外表"凶狠"的楚军如同疯了一般冲向秦军，可当两军正式交锋的时候他们才无奈地发现，不管自己怎么拼命都无法突破秦阵前排的大盾，反倒是被后面的秦国锐士用大戈砸死了不少人。

秦军配合极为默契，后面的战友刚砸死一群楚军，前面的大盾部队就借机向前推进一步，还时不时地抓住空隙，用手中的短剑扎一下，整个前线真可谓血雾弥漫，可这些血，大部分是楚军的。

眼看秦军好像屠狗一样屠杀着自己的士兵，屈匄再也无法忍耐了，他亲自率领自己的近卫队杀向秦军，企图能以自己的冲锋激励楚军士气，使得楚军反败为胜。

可再高的士气在绝对的实力面前也是枉然，屈匄的冲锋不只没有起到反败为胜的作用，自己反倒是被秦军生擒活捉。

主将被活捉，原本士气就一点一点消失的楚军更是雪上加霜，他们有的跪地投降，有的转身就跑。

楚国中军大败以后，上军和下军，还有那一千的战车部队也转身逃亡，因为谁都不会为了去打一场必败的战役而白白丢掉性命。

可秦军不管你投不投降，樗里疾更不管你是否逃亡。只见他大手一挥，早就准备好的左右二军和在后方的秦国骑兵团一起向中间冲杀，逃跑的要死，投降的也要死，除了那些楚国的高级将领，只要被秦国人抓住就没有一个能活命。

看着秦军一个个眼睛放光地割掉楚兵人头，前来助战的韩国士兵不禁吓得双腿发抖，因为他们现在实在是分不清秦国士兵到底是人还是禽兽。

丹阳之战，秦军斩杀八万楚国人，俘虏了屈匄、逢侯丑等七十余名楚国高级将领，而这些将领的命运也是悲惨的，他们被秦惠文王下令全杀，一个没留。楚国可以说在这场战役输了个底朝天。

屠杀掉楚军以后，秦韩联军直奔汉中，联合正在攻打汉中的甘茂部不到一个月就拿下了所有汉中的地盘。

此后，秦惠文王在此地设置了汉中郡，并采取了移民政策，楚国彻底失去了进攻秦国的最好据点。

拿下汉中以后，樗里疾马不停蹄，继续向东奔袭，准备联合魏军一口气吞掉正在围攻煮枣的匡章部队。

樗里疾的秦韩联军速度极快，一个多星期便杀到了煮枣，他们没有休息，而是到了煮枣便对匡章展开了疯狂的冲击。

煮枣守军一看援军来救，士气大盛，当即便打开城门杀向齐军。匡章畏惧秦魏韩三国联军势大，只能仓皇而逃。

就这样，本次天下关注的六国混战就这么结束了，结果以秦、魏、韩三国联军完胜告终。

当全天下的人都以为这次战争告一段落了的时候，楚怀王又一次以他的"大无畏"精神延续了这次战争。

当楚怀王得知丹阳一战自己被杀了八万人以后大怒，他不甘心失败，更不甘心赔了夫人又折兵的屈辱，所以楚怀王一怒之下调集了全国之兵讨伐秦国。

这次带兵的主帅是谁史书上没有记载，战役具体怎么打的史书上也没有说明，总之楚军最后是打到了秦国境内，并在蓝田被秦军打的惨败收场。而秦惠文王这头恶狼当然不会放过这种痛打落水狗的好机会，就在楚怀王大军在蓝田被秦军击败以后，秦国再次联合魏国和韩国出重兵从北向南挺进，在楚国最虚弱的时候往楚怀王的怀里面狠狠地插了一刀。

联军"所向披靡"，所过之处无人能挡（应该说没人挡），竟一连夺取了楚国数座城池，大军直打到邓地。

楚怀王无奈，只能用外交策略请求秦惠文王罢兵回国，并答应将楚国在春秋时夺取的巴国两个军事重镇献给秦国，秦惠文王这才罢兵回国。

可这就奇了怪了，那秦惠文王是个什么德行？他怎么可能只为了两座城池就不去打正处于虚弱时期的楚国呢？

那当然是有比攻打楚国更重要的事需要他去做了。因为就在秦惠文王联合魏韩攻打楚国的时候，秦国的大后方反了，秦国的大后方是哪儿？自然是蜀。那造反的人又是谁呢？史书上没说，只说是蜀国反了，可本人有理由认为，反叛的人便是公子通，因为只有他才有那个能力和煽动力。

7.15 比智商，你不行

那这个公子通为什么要反叛呢？自然是为了争夺秦王这个至尊宝座。近些年来，秦惠文王的身子骨是一天不如一天，眼看就有驾鹤西去的趋势，如果再不出手的话，自己梦想中的位置很有可能就要被太子嬴荡给"霸占"了。

于是，在秦军刚刚于丹阳大胜的时候他就在南边反了。

秦惠文王一听公子通在南方反了，立即借坡下驴地答应了楚怀王的求和申请，并迅速将正在楚国的秦军调回，以镇压南边的叛乱。

公子通是怎么叛乱的，秦军是怎么镇压的，史书上并无记载，不过可以肯定的是公子通失败了，因为以后的历史中再也没有出现公子通这个人，而嬴荡也顺利地继承了秦王的宝座。

平定了蜀地的叛乱以后，秦惠文王又把目光瞄准了楚国，不过这次他不是要对楚国动武，而是想要和楚怀王换地。

换什么地呢？就是要用武关以外的商於六百里土地换取楚国的黔中之地。

黔中，大小和商於也差不了多少，并且还没有商於的土地肥沃，那么秦惠文王为什么要这么干呢？

因为黔中处在秦国的东南面，紧挨着巴地，而巴地的面积太大，受敌范围太广，一旦楚军对巴地展开侵略，巴地就要多点防御楚国人的进攻，这实在是太费事儿了。

而商於则不一样了，商於虽然比黔中的土地肥沃一些，但是他身后挨着武关。如果想从商於攻打秦国的话，就必须先攻克武关，而防御一个武关那可比防御整个巴地简单多了。

再者，黔中之地紧挨着楚国的旧都郢城，如果将郢城拿下，再将三山之地全部拿下，楚国将无险可守。放眼望去都将是楚国最繁华的地界，秦惠文王能不动心吗？

可楚怀王竟然和秦国使者说："回去告诉你们家秦王，这地方我不想换也不会换，可如果秦王能答应我一个条件的话，哪怕不给我商於我也会将黔中之地白白奉上！"

秦国使者一听这话双眼直放光，赶紧问道："楚王但说无妨。"

"哼！我别的不要，只要一个人！那就是你秦国的丞相张仪！"

说完，再不和使者废话一句，拂袖而去。

秦国使者一听楚怀王这话也没辙，只能怏怏地回到咸阳，并将此事报告给了秦惠文王。

秦惠文王一听楚怀王这态度也是眉头紧皱，他可不能将张仪送过去，楚怀王对张仪有多憎恨全天下都知道，这要是把张仪送过去还不得被千刀万剐了？可要是不送，黔中之地就得不到，这可怎么办呢？

而这时候张仪也在秦惠文王的身边，他看到秦惠文王表情严峻，也没有害怕，反倒是笑呵呵地和秦惠文王道："我说大王啊，用我一个人便能取得整个黔中之地，这买卖实在是太划算了，您不派我去是不是太亏了？"

秦惠文王听了张仪这话明显一愣，呆呆地问道："你知道不知道现在问题的严重性？你知不知道你去楚国会有什么后果？"

岂料张仪淡然一笑道："大王，首先只要为了咱们秦国，我就是上刀山，下火海也在所不辞。再说，我张仪这次去楚国未必就会被楚怀王所杀。"

秦惠文王听了张仪的前半句还真挺感动，可当他听了后半句以后揍张仪的心都有了，"我说张子啊，你是真糊涂还是假迷糊？你知不知道楚怀王恨你已经恨到什么地步了？"

张仪嘿嘿一笑道："大王，咱们秦国强，他们楚国弱，再加上我是您身边的红人，只要有您在，他楚怀王还真就未必敢动我！退一步说，就算您不能震慑楚王，我还是有办法脱身的。"

秦惠文王被张仪说出了兴致，忙问："哦？张子还有什么好的办法？可与我说来听听？"

"那熊槐乃是个痴呆之人，没什么大脑，身边只有陈轸、屈原等几个忠臣而已，可就这他还不知道任用，而是亲近愚忠贪财的靳尚以及贱妃郑袖而疏远忠臣。凡是那靳尚和郑袖的话，他熊槐就没有不听的时候，而我又和靳尚关系密切，靳尚又与郑袖走得很近，有这层关系我怕什么呀？"

秦惠文王听了张仪这话，那简直就是欣喜若狂："好！我就在咸阳恭候着张子，见证你创造奇迹的时刻！"

于是，张仪就这么大摇大摆地来到了楚国，并且第一时间就到了楚国的王宫，请求面见楚怀王。

张仪现在在楚国那可是第一名人，就连楚国的百姓都知道其人，所以楚国"外事办"的官员看到张仪的时候很意外，没想到他真的还敢再来楚国。

此时的楚国王宫，楚怀王正在和王公大臣们商议国事。就在这时，一名侍卫急匆匆地跑了进来，口齿不清地道："报……报……报……报告大王，秦国张仪来见！"

"什么？"

侍卫话音刚落，楚怀王腾地从龙椅上站了起来："这小子还真敢来，去！你给他带上来，我倒是要看看他这次要玩什么把戏！"

侍卫转身便要走，可是楚怀王好像又想到了什么，赶紧道："你先别走！"

侍卫再次回身下跪，聆听旨意。

"你别把他带过来了，直接给我扔到大牢里面，我不想见他，等我想好一个新鲜的办法再来处置他！"

"是！"

就这样，那个王宫侍卫带着几个侍卫气势汹汹地往宫外跑了。

张仪就这样进了楚国的大狱。

张仪下狱以后，整个楚国都是欢天喜地，只有一个人满面愁容，这个人是谁呢？便是楚怀王的宠臣靳尚了。

靳尚，生年不详，卒年为公元前311年，是楚怀王非常倚重的大臣。

那么靳尚为什么满面愁容呢？难道他真的和张仪关系好到了这种程度吗？

事情当然不是这样，靳尚愁的是秦国现在的强大。

要知道，这个张仪是秦国的国相，还是秦惠文王身边的第一红人，这要是将张仪杀了，楚国会是个什么下场？靳尚是想都不敢想。

他很想在第一时间就劝说楚怀王释放张仪，听听他到底有什么话要说，可是一看楚怀王那个德行，他就知道这一次楚怀王是下定决心要除掉张仪了，自己不管说什么都没有用。

于是，靳尚想出了曲线救国的办法，那就是从郑袖的身上下手，让这个楚国的第一夫人，通过吹枕边风的方式释放张仪。

如此，靳尚在下朝以后第一时间就跑去找了郑袖。

郑袖和靳尚私交相当不错，所以郑袖很热情地招待了靳尚。

可是靳尚这次一来就满面愁容，好几次欲言又止的样子。郑袖从来没见过靳尚这个样子，料想是有什么不好的事了，并且这事儿八九不离十还和自己有些关系，便急切地问道："先生怎么了？咱们这关系还有什么可隐瞒的呢？"

靳尚故作愁眉，"唉……夫人啊，大事不好了。"

"怎么了？哎呀先生您就不要再吊我的胃口了，有事儿赶紧说！"

靳尚一看时机已到，便装作下定了决心的样子道："唉！实话和夫人说了吧，今日张仪来咱们楚国了，而大王并没有召见张仪就将他扔到大狱了，所以我说大事不好了。"

郑袖一听这话大喜，"哈哈，先生这是何意啊？那张仪被抓了还不好？咱们楚国上到大王下到百姓，哪一个不是恨张仪恨得牙痒痒，要我看，这事儿不但不是坏事，反倒是天大的好事。哼！张仪那个大骗子，等大王处置他那天，我也要亲自到场看看他是怎么死的。"

靳尚赶紧道："哎呀，我的夫人啊，你还在这高兴呢，你难道不知道？秦王在派出张仪出使楚国之前就已经想好了救出张仪的办法，那就是集齐巴蜀六个县的美女献给咱们楚王。要是等这些美女到咱们楚国哪里还有您的位子啊，话已至此，别的我也就不说了，您看着办吧。"说完，转身就要走。

听了这话，郑袖原本容光焕发的脸一下子就黑了。

"是呀！巴蜀之地的女子，那可都是以火辣闻名的啊，这要是让这群'川妹子'来我们楚国的后宫，就凭我家大王那个德行，不行不行，绝对不行！"

想到这儿，郑袖赶紧把正要转身走掉的靳尚拉了回来，"先生，你可不能这么一走了之，咱到底应该怎么应对，您必须给我出个主意！"

靳尚皱眉："现在唯一能保住您地位的办法就是放走张仪。那张仪一旦安全回国，秦王就不会把这些女子送过来了。"

郑袖苦笑："先生说笑了，难道您还不知道吗？大王现在最恨的就是张仪，只怕这时候就是我说也不管用了。"

"我有一计，可保大王必放张仪！"

"哦？先生有什么计谋？快些教我！"

"咱们就这样，然后这样！"

夜已深，可楚后宫依然灯火通明，每一个娘娘都打扮得花枝招展，希望楚怀王能够驾临她们的"温室"。

砰砰砰，随着有节奏的敲打声，郑袖闺房外传来了楚怀王的声音："袖儿，我来了，快些开门，为夫有些难耐了。"

"门没关，大王自行进入即可。"

楚怀王推开了房门，可入室一看，简直被眼前的画面惊呆了，一个绝世女子正背对着他，用梳子轻轻梳理那乌黑的秀发，这女子肤如凝脂，杨柳细腰，这背影让人浮想联翩，再配合着特意布置的暗红色光线，楚怀王第一时间便晕眩。

那么这个女子是谁呢？正是打扮以后的郑袖。

楚怀王快速地奔向郑袖的身后，一把抱起了她，打算行夫妻之事。

郑袖也不反抗，只是把脸埋藏于楚怀王的怀内，时不时还传来轻轻啼哭的声音。

楚怀王大惊，将郑袖温柔地放在了床上，可当他仔细一看以后就更是欲罢不能。只见郑袖眼边有了微微的泪痕，可那泪痕并没有丑了郑袖的容颜，反倒是给郑袖增添了楚楚可怜的气质。

楚怀王简直不能自已，他赶紧说："美人儿，到底是谁把你惹哭了？为夫明儿个便将他五马分尸！"

可是郑袖并没有马上回答楚怀王，而是轻轻地搂住楚怀王的胳膊，无限温柔地道："哦，我威猛的大王，请您不要再说了，就让咱们再温存这最后一刻吧。"

楚怀王大急，"美人儿为何如此说话？咱们的好日子还长着呢，怎么就成了最后的温存？"

说到这儿，郑袖又掉下了几滴温柔的眼泪，"大王，当年张仪欺骗你是因为各为其主，可我听靳尚说张仪此次前来是要促进秦楚两国通好的，现在大王根本不听张仪的解释就将其困在了牢中，而且要杀掉他，这样秦楚两国势必会水火不容，秦王嬴驷如虎狼一般，必会领大军前来征伐。大王，不是臣妾说话难听，咱们楚国现在确实不是秦国的对手，到时候秦国人进入咱们楚国以后必定会烧杀抢夺，我和孩子也会成为秦国人刀下的孤魂，为了避开秦国人，我请求过了今夜以后就将我母子送往江南隐居，从此以后便永别了吧。"

郑袖这一套说得很是有理，再说楚怀王现在根本无法理智，只能答应放了张仪，并承诺明日听他张仪有何高见。

次日，楚怀王再次召开朝会，并将张仪请到王宫之中，听他有何高见。

张仪这人最怕别人不给他机会讲话，可只要他这话匣子一开，那天下基本上无人可挡。所以他根本就不用整理思路，那是张口就来。

张仪对楚怀王拱了拱手，"大王，我知道，现在有很多人都在撺掇您联合其他国家攻打秦国，可是现在的秦国是什么？那就是天下猛虎，您这么做，无异于领着一群绵羊来和猛虎抗争。那齐国厉不厉害？匡章的名声如何？不照样被我大秦雄师击溃吗？再加上三晋中的魏国和韩国现在都听命于我家秦王，试问天下还有谁能抵挡我秦国？正所谓识时务者为俊杰，大王您如果执意要和大秦抗争，那您的楚国可就危险了。"

这张仪一改往日之不羁，话说得震慑云霄，强势至极，一时之间竟将楚怀王给镇住了。

可是楚怀王这一辈子最爱的就是面子，他张仪现在当着众大臣的面儿威胁他，怎能不让他气愤？

一看楚怀王要发怒，张仪也不给他机会，马上又说道："大王您先别急，听我把话说完。试问，如果秦国和楚国现在开战的话，秦国会在北方调集韩国和魏国对您进攻，然后秦国出举国之兵于巴蜀之地沿岷江而下，一日可行百余里，不到十天就能兵临扞关，扞关一丢，由此以东的地区将会全部暴露在秦国的面前，首当其冲的便是黔中与巫郡，得了二地以后，秦国便会以此为根据地，配合武关分两路大军兵进楚国，再有魏、韩两路大军从北方牵制。不是我张仪说话难听，估计到那时候，楚国都撑不过三个月，而现在唯一能救援楚国的便是齐国，可是齐国距离楚国很远，距离西线战场更是遥不可及，算上调集士兵与粮草，齐国最快也要半年才会抵达，到时候什么都晚了，还救援个什么？可如果大王答应与我秦国换地便不同了，张仪可再次发誓，以毕生之力为秦国和楚国的和平而周旋，使得秦楚两国永为兄弟之邦，从此不再征伐！"

听了张仪的话，楚怀王确实动心了，但他信不过张仪，于是楚怀王和张仪道："这事儿太大，还请张先生先去馆驿等候，不管结果如何我都会通知先生。"

张仪一拜之后便离去了。楚怀王则问计于群臣，想听听他们作何感想，可这些大臣也拿不准主意。就在这时，靳尚站了出来："我王不必忧愁，这事儿其实很好解决！"

楚怀王不信任张仪，但是对于靳尚是万分信任的，听他这样一说，眼前一亮，忙问道："哦？先生有何高见，速速说来。"

"大王之所以犹豫不决，无非就是信不过那张口就来的张仪，臣请先口头答应秦国的条件，并承诺一年以后交换土地，臣则跟随张仪入秦，如果他确实为了秦楚之间的关系而努力的话，咱们就换了这块土地，可他张仪胆敢再行骗，我就直接在秦国杀了他！"

楚怀王一听这话连忙拒绝："不行！这绝对不行！你如果杀了张仪，那秦王必将你五马分尸，你是我的爱臣，我怎忍心让你进这等龙潭虎穴？"

靳尚对楚怀王拱了拱手，"主公，臣这一生有幸遇到您是我的福气，可如今乃是多事之秋，如果没了我一个却能造福楚国，那我便是死十次也值了！臣意已决，还请大王不要推辞！"

看到靳尚如此决绝，楚怀王只能忍痛答应。

次日，楚怀王也给张仪封了一个大官，并派靳尚和张仪一起出使秦国。

就在张仪和靳尚刚刚离去之时，楚怀王的一个贴身奴仆开始在背后搞小动作了。这个奴仆和靳尚是仇人，他对驻楚魏国外交官张旄说："凭张仪的才智，并且有秦、楚两国的重用，这两个国家一定会成为兄弟之邦，一旦两国交好，魏国定会变得可有可无，那么您在楚国的身份地位便会大打折扣，我看您不如派刺客提前埋伏于张仪与靳尚的必经之路，找个机会直接把靳尚给杀掉。靳尚是楚王的爱臣心腹，只要他一死，楚王一定会迁怒张仪，两国便永远都不可能友好，那时候他们一定都会争取魏国的支持，您的身份也将水涨船高，并且魏国也没有后患了。"

张旄听得连连点头，遂派人在前往秦国的路上刺杀了靳尚。

楚怀王因此大怒，他认为，靳尚的死百分之百是张仪在秦王的授意下干的，便发誓和秦国不死不休，而两国互相较劲的时候都希望魏、韩这两个国家能帮助自己，所以张旄的身份也确实是水涨船高了。

楚怀王硬气得很，撸胳膊挽袖子地要和秦惠文王再打一次，可秦惠文王也不是好欺负的，你要打那就打呗。

可就当秦、楚大战即将再次开打的时候，秦惠文王突然在某一天大口吐血，然后经医治无效死亡。

7.16 纵横家之死

秦惠文王死后，他的儿子嬴荡继承了王位，这便是赫赫有名的秦武王了。

这个秦武王，从小便天赋异禀，他虎背熊腰，那一双大铁臂更有千斤之力，一拳就能打死一头牛，十几个锐士都不是其对手。

秦武王虽然外表粗野，可是也不乏心思细腻之处，他在位时间虽然很短，但是平蜀乱、拔宜阳、置三川、更修田律、修改封疆、疏通河道、筑堤修桥，哪一件不是利国利民的大事？可惜天妒英才，一个文武双全的盖世君王却最终死在了大鼎之下，这不得不说是大讽刺。

这都是后话，咱们暂且不表。

这个秦武王野心极大，最大的愿望就是能在有生之年一统天下，可在一统天下以前最先要做的便是打通三川，进逼周朝，将象征着天下权威的大禹九鼎弄回秦国，紧接着再一个国家一个国家地横扫，最终统一六合。

可出征之前必须先解决秦国的心腹之患，那便是和秦国抗争了好几百年的义渠了。

所以，秦武王即位的头一年便出大军进攻了义渠国。

秦国这些年来军事实力那是飞一般地增长，秦武王认为，凭着秦国的强大，横扫义渠会很容易，可事实却不是如此。

这场讨伐义渠的战役谁是主将，过程怎样，史书上统统没有记载，只简单地说明了派兵攻伐义渠部族，扩张西北部疆域。

秦武王西征大军回国以后，心情并不怎么样，倒不是因为西面的战役，最重要的是他特别讨厌自己身边的一个重臣。这个人位高权重，整日口若悬河，都给他烦"死"了。这个人不是别人，正是秦国丞相张仪。

那秦武王从小就光明磊落，很有些老秦人的样子，他最讨厌的便是言而无信之人，而这个张仪呢，正是言而无信的典范，秦武王又怎么可能喜欢这样一个人呢。

正所谓一朝天子一朝臣，张仪深明此理，外加上他在官场上摸爬滚打多年，早就练出了一副火眼金睛，对于秦武王的冷淡他看在眼里，惧在心中。

为了得一个善终，张仪在某一天找到了秦武王："大王，为了您考虑，只有东方发生事变，大王才能趁机多得一些土地，臣听说东方的齐王特别憎恨臣下，曾说出我居住在哪国他便出兵攻打哪国之言，臣请求让我这个不祥之人到魏国去，齐国必然会对魏国发动攻势，到时候齐魏相争，大王便可以趁机攻打韩国，打通三川，进而进逼成周，挟持天子，掌握天下版图，这可是帝王的大业啊，望大王恩准！"

秦武王正看张仪不顺眼，哪有不答应之理，便派张仪前去魏国担任国相。魏襄王畏惧秦人之威，自然不敢不收张仪。

于是，张仪再一次成为魏国的国相。可齐宣王当初的话可不是开玩笑的，张仪在秦国我管不着，可是你魏国胆敢接收张仪，那打你便没说的。

魏襄王听闻此事以后非常惧怕，正想要派人前去秦国请求援军，可是张仪却云淡风轻地和魏襄王道："唉，大王何必再去欠秦国的人情呢？我这里有一条计谋可不战而屈人之兵。"

魏襄王听罢眼睛一亮："相国有何计？还请教我。"

张仪嘿嘿一笑："简单，咱们这样这样……"

魏襄王听罢大喜，遂从张仪之计。

于是，在某一天，张仪给了一名心腹很多金银，让他连夜前往楚国，拜访了一名负责和齐国外交的楚国外交官，并将那些金银全交给了这名外交官。

这名外交官收了财物必然办事。于是，在一次日常的外交活动中，这名外交官和齐宣王有了如下的对话。

外交官："小人听说大王最近正在集结兵力，打算攻打魏国？"

齐宣王："正是如此。"

外交官："大王啊，这你可就中了张仪之计了！"

齐宣王不明所以，忙问为什么。

外交官："小人听说，这个张仪离开秦国本就是他与秦王的计谋，他们想让齐国和魏国相互攻伐，从而使得秦国能放开手脚攻打韩国，并打通三川，进逼周王室，从此胁迫天子称霸天下。大王您想想，您之所以攻打魏国不就是因为憎恨张仪吗？可您这边打仗，又是劳民伤财，又是得罪近邻，反倒是让西边的秦国成了最大的赢家，如果事情真的到了这一步，张仪定会被秦王所器重，然后重新回到秦国当上丞相，您这不是助长了张仪的气焰吗？"

齐宣王听了这话恍然大悟，当即便取消了进攻魏国的计划，魏国因此逃过一劫。

可就在那个楚国外交官成功说服了齐宣王以后，张仪却死了。

张仪，一生玩弄天下诸侯于股掌之间，他确实以这些欺诈的手段破坏了中原各国一次又一次的联合，也使得秦国更加强大，他是秦国名副其实的英雄。但至于这个人到底是好是坏，每个人心中自有论断。